算数 1

大きい数

なまえ　4年　組

答え→169ページ　月　日

時間 20分　合かく 80点　とく点　点

1 次の数字を漢数字になお 5点）1つ5

(1) 3840002400052

[　　　　　　]

(2) 8450230080067

[　　　　　　]

(3) 780000003290000

[　　　　　　]

2 次の漢数字を数字になおしなさい。（15点）1つ5

(1) 五億(おく)二千四十万三百八　[　　　　　　]

(2) 三十兆(ちょう)五億六千九百六万　[　　　　　　]

(3) 七千四十兆八十五億七万五百

[　　　　　　]

3 次の数を数字で書きなさい。

(1) 1兆を3こと，1万を4257こ合わせた数（5点）

[　　　　　　]

(2) 1000億を45こ集めた数（5点）

[　　　　　　]

(3) 38億と75億の和と差(さ)（10点）1つ5

和[　　　　　　]　差[　　　　　　]

4 次の数を数字で書きなさい。（12点）1つ4

(1) 10兆より7大きい数　[　　　　　　]

(2) 5兆より10万小さい数　[　　　　　　]

(3) 1000兆より2000億小さい数

[　　　　　　]

5 次の計算をしなさい。（18点）1つ3

(1) 42億＋13億　(2) 100兆－28兆

(3) 1000億×100　(4) 600兆÷10

(5) 5千億×100　(6) 81兆÷10

6 下の数直線上で，↑のところの数を書きなさい。

（20点）1つ4

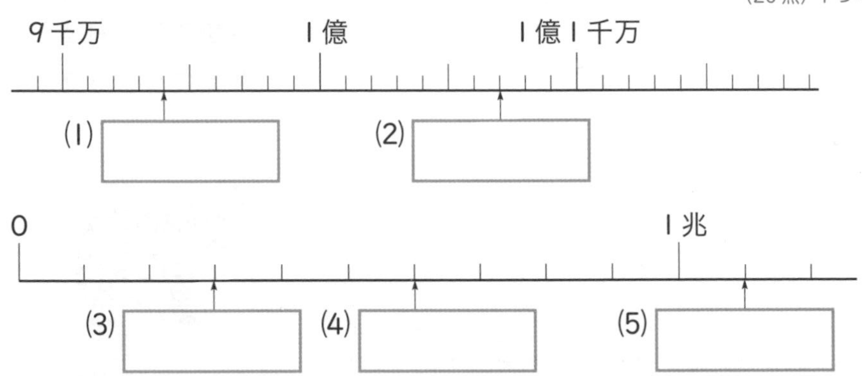

算数
理科
社会
英語
国語
答え

思考力トレーニング

算数①　あなあきかけ算

答え→169ページ　月　日

問題　[　]にあてはまる数を書きなさい。

目標時間　5分

(1) 7×[　]=21　　(2) 4×[　]=24

(3) 6×[　]=66　　(4) 8×[　]=72

(5) 5×[　]=20　　(6) 2×[　]=24

(7) 9×[　]=36　　(8) 3×[　]=30

(9) 6×[　]=12　　(10) 7×[　]=77

(11) [　]×6=18　　(12) [　]×9=36

(13) [　]×4=40　　(14) [　]×2=42

(15) [　]×3=39　　(16) [　]×5=5

(17) [　]×8=80　　(18) [　]×7=63

(19) [　]×6=24　　(20) [　]×5=55

算数 2

わり算の筆算 ①

なまえ　4年　組

答え→169ページ

月　日

時間 20分　合かく 80点　とく点　点

1 75÷3 の計算のしかたを，次のようにすることがあります。□の中に，あてはまる数を書きなさい。(45点) 1つ3

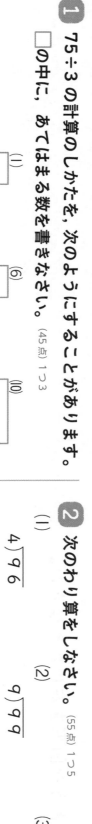

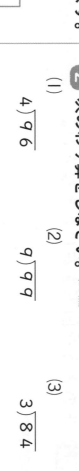

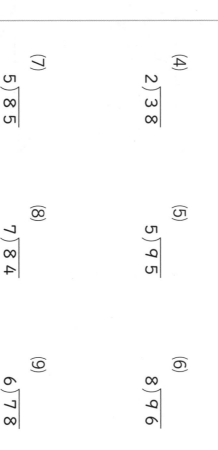

3)75 → 十の位から計算を始める。

→ 3)75　(1)□　(2)□　(3)□
十の位に (4)□ をたてて，(5)□と□ をかける。

→ 3)75　(6)□　(7)□　(8)□
7から (9)□ をひく。5をおろす。

→ 3)75　(10)□　(11)□　(12)□　(13)□　0
一の位に (14)□ をたてて，(15)□と□ をかける。

2 次のわり算をしなさい。(55点) 1つ5

(1) 4)96

(2) 9)99

(3) 3)84

(4) 2)38

(5) 5)95

(6) 8)96

(7) 5)85

(8) 7)84

(9) 6)78

(10) 3)450

(11) 2)356

算数　理科　社会　英語　国語　答え

図形をかく（ます目を使って）①

答え→169ページ 月　日

問題　下のような図形を右にかきなさい。

目標時間　5分

(1)

(2)

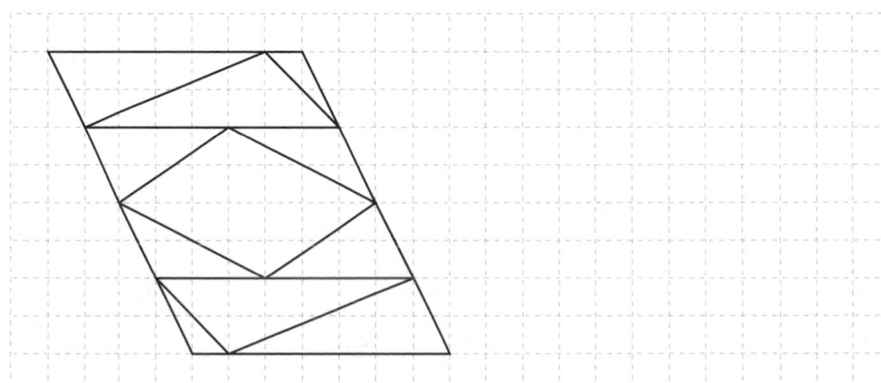

算数 3

わり算の筆算 ②

なまえ　4年　組

答え→169ページ　月　日

時間 20分　合かく 80点　とく点　点

1 次のわり算をしなさい。 (60点) 1つ5

(1) 3)69　(2) 5)55　(3) 6)78

(4) 4)96　(5) 4)512　(6) 6)846

(7) 5)635　(8) 7)784　(9) 3)255

(10) 6)384　(11) 8)344　(12) 4)308

2 ある数を次の数でわったとき，あまりはどんな数になりますか。あてはまる数全部に○をつけなさい。 (10点) 1つ5

(1) 3でわったとき

(1, 2, 3, 4, 5, 6, 7, 8, 9)

(2) 7でわったとき

(1, 2, 3, 4, 5, 6, 7, 8, 9)

3 336まいのメダルを，8人で同じ数ずつ分けます。1人分は何まいになりますか。 (20点)

[　　　　]

4 次のわり算をしました。答えのたしかめを[　]にしなさい。 (10点) 1つ5

(1) 50÷8＝6 あまり 2

[　　　　]

(2) 188÷8＝23 あまり 4

[　　　　]

思考力トレーニング

算数 ③

虫食い算（たし算）①

答え→169ページ

月　日

問題　□にあてはまる数を書きなさい。

目標時間　5分

(1)

		6	□
+		□	7
	1	1	6

(2)

		□	3
+		5	□
	1	5	1

(3)

		4	6
+		7	□
	1	□	0

(4)

	1	□	3
+	2	3	□
	□	2	8

(5)

	3	4	□
+	□	6	5
	7	□	3

(6)

	5	7	9
+	□	□	4
	9	0	□

一の位（くらい）から順（じゅん）に考えていこう。

算数 4

およその数と見積もり

なまえ　4年　組

答え→169ページ　月　日

時間 20分　合かく 80点　とく点　点

1 次の数を，切り捨て・切り上げ・四捨五入をして，上から2けたまでのがい数にしなさい。 (36点) 1つ4

	切り捨て	切り上げ	四捨五入
19736	(1)	(2)	(3)
383838	(4)	(5)	(6)
2999	(7)	(8)	(9)

2 四捨五入して，(　) の中の位までのがい数にしなさい。 (8点) 1つ4

(1) 6859 (百)　[　　]

(2) 2436219 (十万)　[　　]

3 次の□にあてはまる1けたの数を，すべて答えなさい。 (12点) 1つ6

(1) 57□41 を四捨五入で上から2けたまでのがい数にすると，58000 になった。

[　　]

(2) 4□24 を四捨五入で千の位までのがい数にすると，4000 になった。

[　　]

4 ある町の人口は，百の位を四捨五入すると，47000 人になりました。この町の人口について答えなさい。 (12点) 1つ6

(1) いちばん多いとき，何人ですか。　[　　]

(2) いちばん少ないとき，何人ですか。　[　　]

5 3642，5478 をそれぞれ百の位で四捨五入して，3642＋5478 の和を見積もりなさい。 (8点)

[　　]

6 6721，2396 をそれぞれ百の位で四捨五入して，6721－2396 の差を見積もりなさい。 (8点)

[　　]

7 四捨五入して上から1けたのがい数にして，次の積や商を見積もりなさい。 (16点) 1つ4

(1) 228×35　[　　]

(2) 475×43　[　　]

(3) 639÷58　[　　]

(4) 918÷27　[　　]

算数　理科　社会　英語　国語　答え

思考力トレーニング

算数④ 計算パズル（×と÷）①

答え→170ページ

月　日

問題　□にあてはまる×や÷を書きなさい。

目標時間　8分

(1) 30 □ 3 □ 5＝2　(2) 30 □ 3 □ 5＝50

(3) 30 □ 3 □ 5＝450　(4) 30 □ 3 □ 5＝18

(5) 36 □ 2 □ 6＝108　(6) 36 □ 2 □ 6＝432

(7) 36 □ 2 □ 6＝3　(8) 36 □ 2 □ 6＝12

×や÷をいろいろ入れて計算していこう。

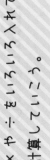

計算のきまり

なまえ　4年　組

答え→170ページ　月　日

時間 20分　合かく 80点　とく点　点

1 次の式を計算しなさい。(20点) 1つ2

(1) 400−50−200　(2) 300+90+60

(3) 600−(90+210)　(4) 70+(100−80)

(5) 5+9×5　(6) 32÷4+2

(7) 10×21−30　(8) 5+490÷7

(9) 28÷(12−5)　(10) (100−65)÷7

2 □にあてはまる数を求めて，[　]の中に答えを書きなさい。(30点) 1つ3

(1) □−5=20 [　]　(2) 8+□=13 [　]

(3) □÷7=8 [　]　(4) 4×□=24 [　]

(5) □−0.9=1.6 [　]　(6) 6×□=1.8 [　]

(7) 15−□=7 [　]　(8) 48÷□=8 [　]

チャレンジ (9) □÷8÷3=3 [　]　チャレンジ (10) (5+□)×5=60 [　]

3 次の○の中に，+，−，×，÷ の記号を入れて，式がなりたつようにしなさい。(20点) 1つ5

(1) 64+(36+25)=(64+36)○25

(2) (10+4)×5=10○5○4×5

(3) 103×56−83×56=(103○83)○56

(4) 2.3×8−2.3×4=2.3○(8○4)

4 次の問題を1つの式に表して答えなさい。(30点) 1つ10

(1) ゆきさんは120円のえん筆を5本買いました。みきさんは80円の消しゴムを5こ買いました。2人の代金は，合わせていくらですか。

(式)　答[　]

(2) 男子17人と女子18人のクラスで，5人ずつのグループをつくります。グループはいくつできますか。

(式)　答[　]

(3) みかんを86こ送ってきました。そのうち30こ残して，あとを14こずつ近所の家へあげました。何けんの家に配りましたか。

(式)　答[　]

算数⑤ 投えい図

答え→170ページ

月　　日

問題　右の立体は，さいころの形の立体を積みあげて作ったものです。
横(矢印の方向)から見たときの形をかきなさい。

目標時間　5分

矢印の方向から見たとき，
見えている面はどれかな？

(1)

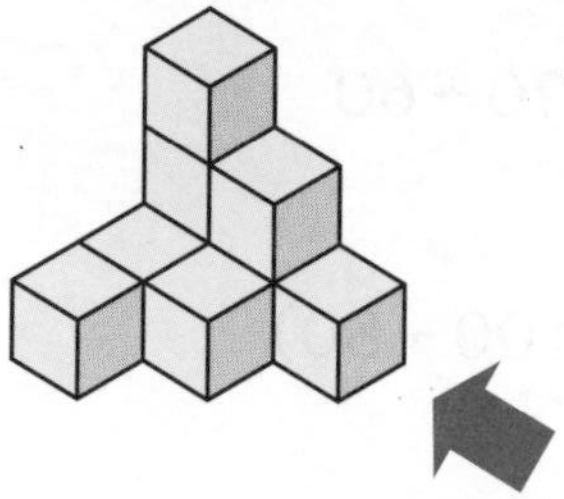

(2)

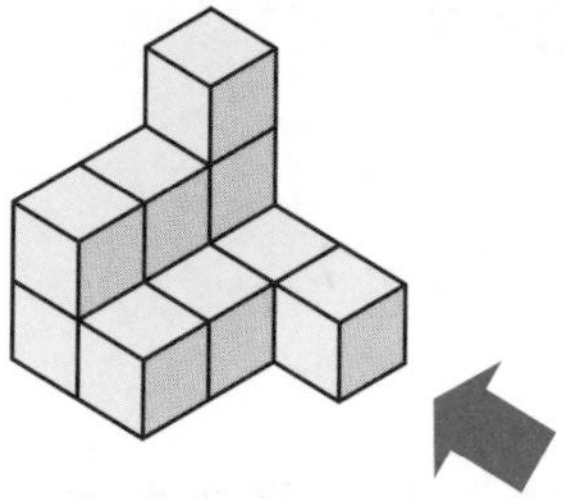

(3)

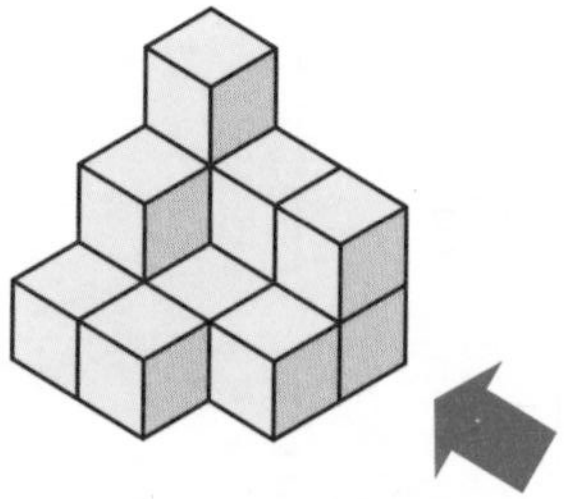

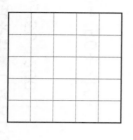

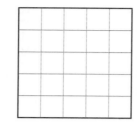

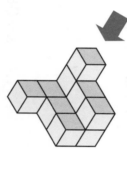

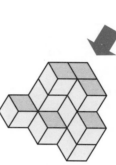

『パズル道場（トレーニングⅡ）』(受験研究社)

算数 6

角の大きさ ①

なまえ　4年　組

答え→170ページ　月　日

時間 20分　合かく 80点　とく点　点

1 次の㋐～㋓の名まえを書きなさい。 (16点) 1つ4

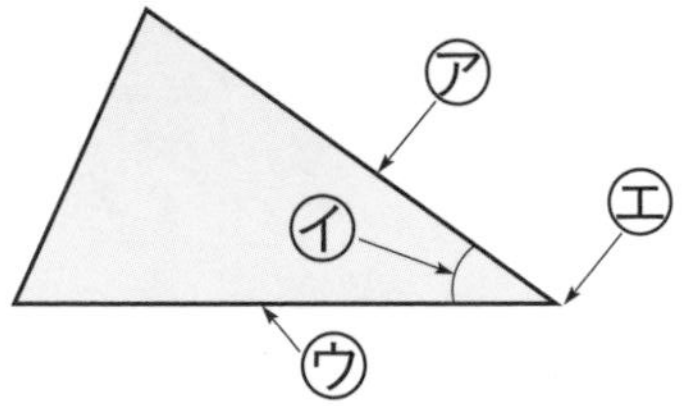

㋐[　　　]　㋑[　　　]

㋒[　　　]　㋓[　　　]

2 分度器(ぶんどき)を使って，次の角の大きさをはかりなさい。 (20点) 1つ5

(1) 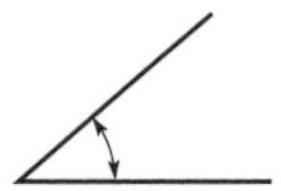 [　　　]

(2) 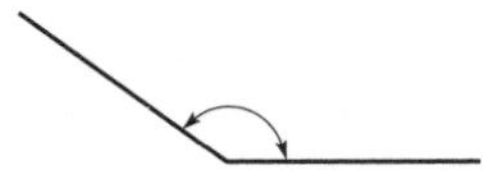 [　　　]

(3) 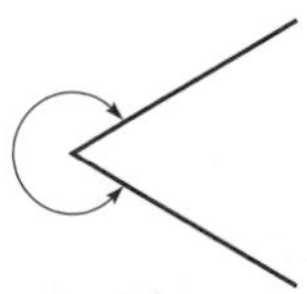 [　　　]

(4) 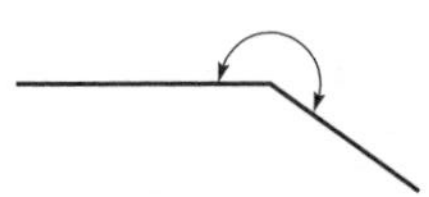 [　　　]

3 次の角を分度器を使ってかきなさい。(↖ の方向に考える。) (18点) 1つ6

(1) 35°　(2) 80°　(3) 145°

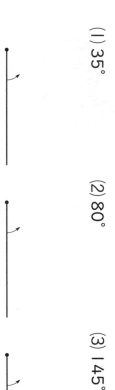

4 次の角は何直角の大きさですか。((1)は1回転，(2)は半回転です。) (16点) 1つ4

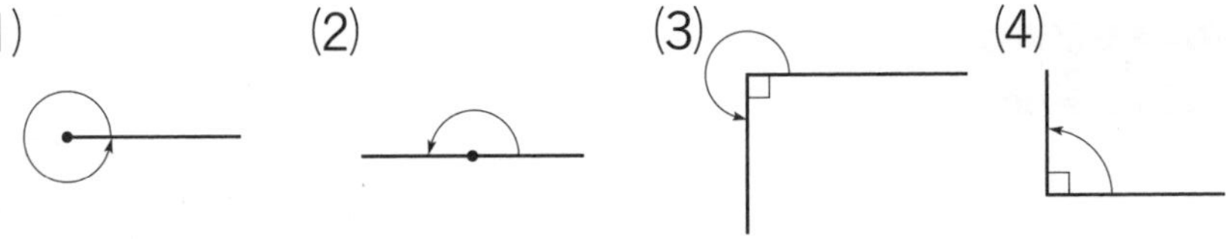

(1)[　　　]　(2)[　　　]　(3)[　　　]　(4)[　　　]

5 三角じょうぎを組み合わせて，次のような角をつくりました。㋐～㋒の角の大きさを答えなさい。 (12点) 1つ4

㋐[　　　]　㋑[　　　]　㋒[　　　]

6 2本の直線が交わっているア，イ，ウ，エの角について，次の問いに答えなさい。 (18点) 1つ6

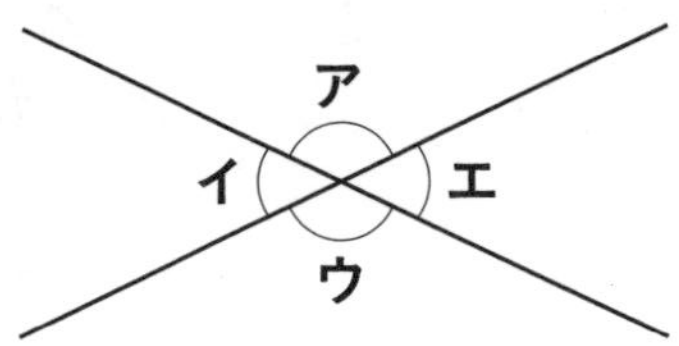

(1) 角**ア**と同じ大きさの角 [　　　]

(2) 角**イ**と同じ大きさの角 [　　　]

(3) 角**ウ**と角**エ**を合わせた大きさは，どれだけの大きさ [　　　]

思考力トレーニング

算数⑥　図形をかく（ます目を使って）②

答え→170ページ　月　日

問題　下のような図形を右にかきなさい。

目標時間　5分

(1)

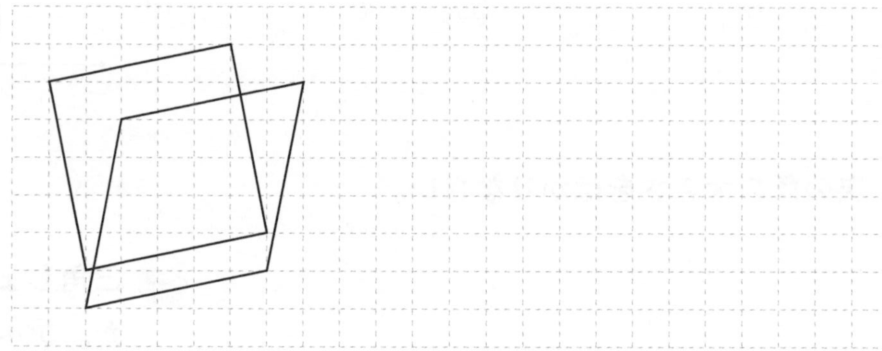

(2)

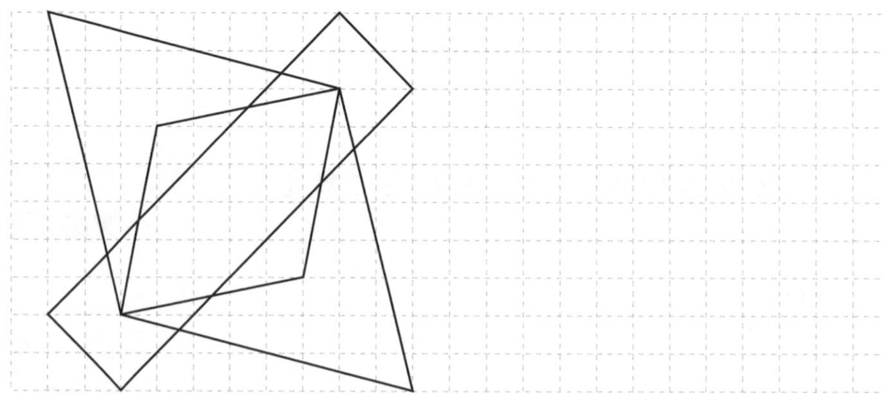

ななめの線ばかり
だからます目の数に
気をつけて！

算数 7

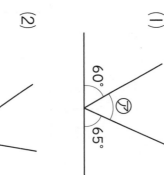

角の大きさ ②

なまえ　4年　組

答え→170ページ　月　日

時間 20分　合かく 80点　とく点　点

1 次の２つの角度について，大きいほうに○をつけなさい。 (20点) 1つ5

(1) 70°　　1直角

(2) 2直角　　140°＋60°

(3) (4直角－100°)　　(2直角＋40°)

(4) (3直角＋30°)　　(1回転の角－70°)

2 ２つの直線が交わった右の図について，分度器(ぶんどき)を使わないで，次の問いに答えなさい。

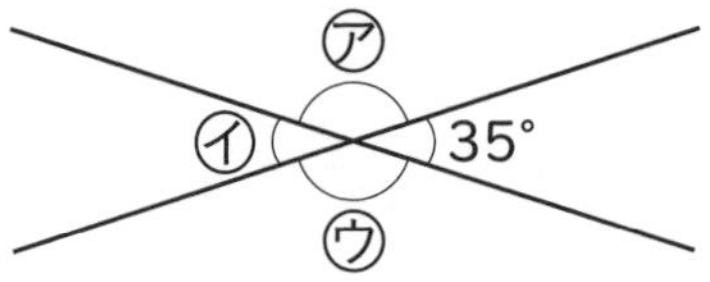

(1) 角㋐は何度ですか。(7点)

[　　　　]

(2) 角㋑は何度ですか。(6点)

[　　　　]

(3) 角㋑と角㋒の和は何度ですか。(7点)

[　　　　]

3 次の計算をしなさい。 (40点) 1つ5

(1) 60°＋45°

(2) 90°＋75°

(3) 90°－30°

(4) 180°－60°

(5) 150°＋60°

(6) 360°－270°

(7) 3直角－135°

(8) 半回転の角＋20°

チャレンジ

4 次の㋐の角の大きさを，計算で求(もと)めなさい。 (20点) 1つ10

(1)

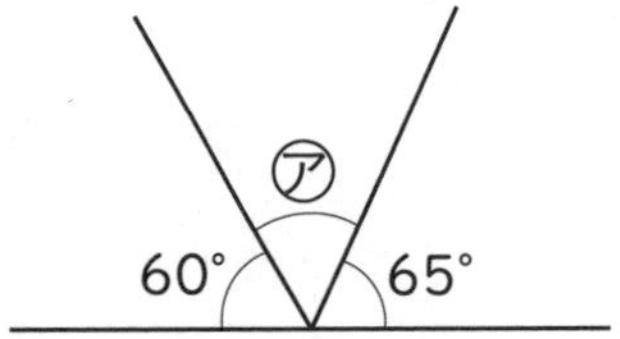

[　　　　]

(2)

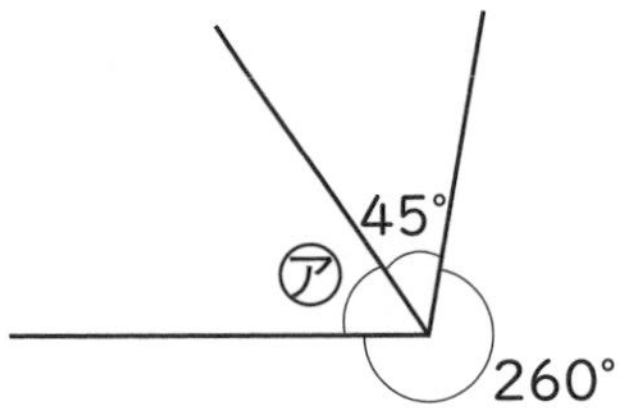

[　　　　]

虫食い算（ひき算）①

答え→171ページ　月　日

問題　□にあてはまる数を書きなさい。

目標時間　5分

(1)

	□	2
−	4	5
	3	□

(2)

	7	3
−	3	□
	□	4

(3)

	1	2	6
−		4	□
		□	8

(4)

	2	9	□
−	□	3	8
	1	□	5

(5)

	□	□	7
−	2	3	8
	2	7	□

(6)

	□	8	□
−	5	□	9
		8	3

折れ線グラフと表 ①

なまえ 4年　組

答え→171ページ　月　日

時間 20分　合かく 80点　とく点　点

1 **8月のある日の気温のうつり変わりを調べて，グラフに表しました。次の問いに答えなさい。** (60点) 1つ10

時こく(時)	7	8	9	10	11	12	13	14	15	16	17
気　温(度)	22	24	25	26	28	28	31	33	30	27	26

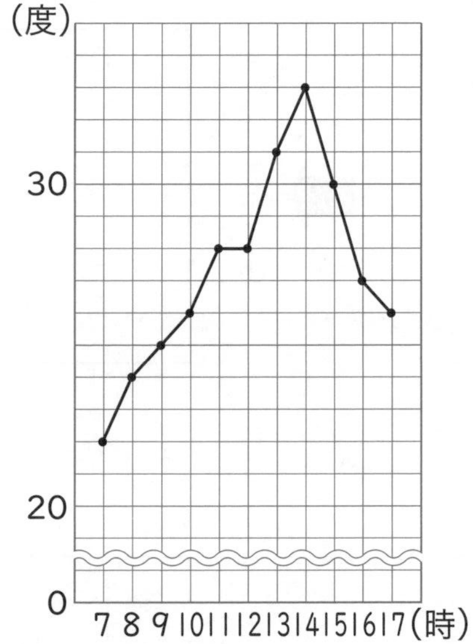

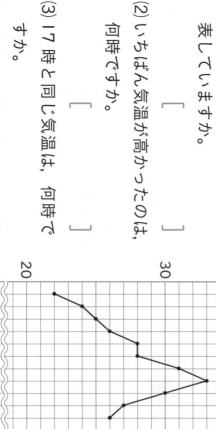

(1) たてじくの1目もりは何度を表していますか。

[　　　　]

(2) いちばん気温が高かったのは，何時ですか。

[　　　　]

(3) 17時と同じ気温は，何時ですか。

[　　　　]

(4) いちばん気温が上がったのは，何時から何時ですか。

[　　　　]

(5) 気温が変化していないのは，何時から何時ですか。

[　　　　]

チャレンジ (6) 〰〰を使うとよいわけを説明しなさい。

[　　　　]

2 **右のグラフの折れ線のかたむきのようすを見て，[　]にあてはまる記号を書きなさい。** (25点) 1つ5

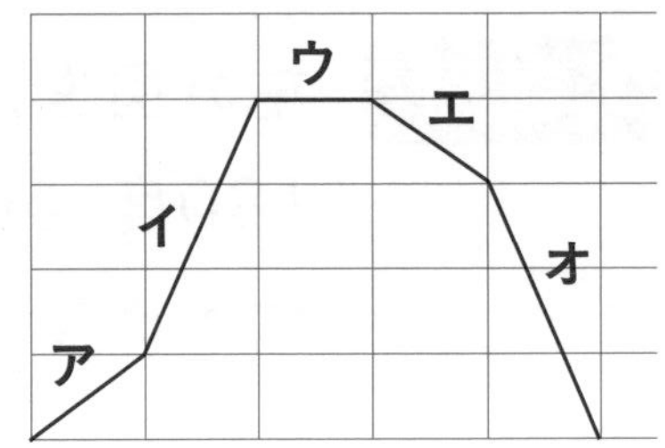

(1) ふえもへりもしない。 [　　　]

(2) へり方が大きい。 [　　　]

(3) ふえ方が大きい。 [　　　]

(4) 少しふえている。 [　　　]

(5) 少しへっている。 [　　　]

3 **下の表は，かずおさんの6月から12月までの体重を調べたものです。** (15点) 1つ5

月	体重(kg)
6	25
7	27
8	28
9	28
10	27
11	28
12	29

(1) この表を，右のグラフに折れ線でかき表しなさい。

(2) ㋐の〈　〉に，表題を書きなさい。

(3) 体重がいちばんふえたのは，何月から何月ですか。

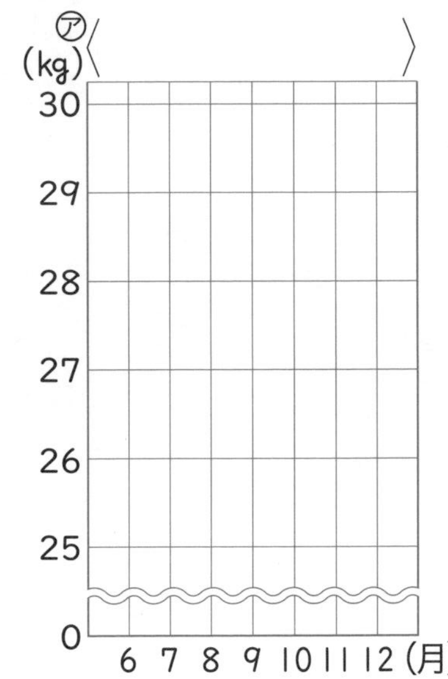

[　　　]から[　　　]

回転

答え→171ページ 月　日

問題　左の図を，真ん中の黒点のところにはりをさして，180度（1回転の半分）回転させた図を，右の図にかきなさい。

目標時間　5分

(1)

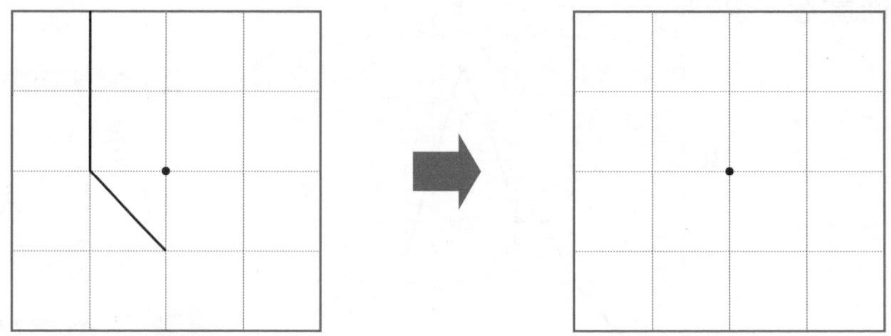

(2)

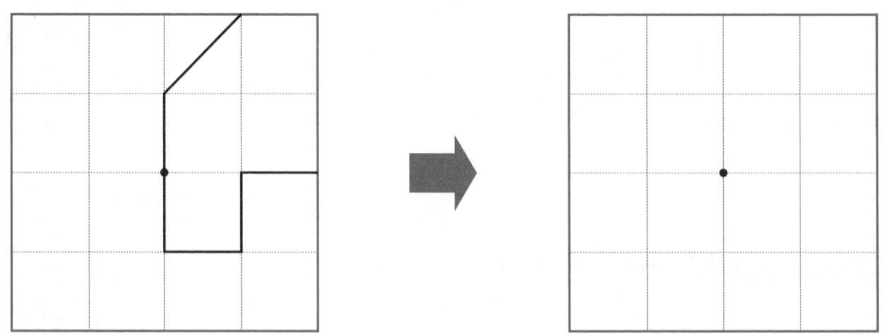

まずは，線のはしの点を180度回転させよう。

『パズル道場（トレーニングⅡ）』（受験研究社）

算数 9

折れ線グラフと表 ②

なまえ　4年　組

答え→171ページ　月　日

時間 20分　合かく 80点　とく点　点

1 **右の図の三角形の形と色を調べて，それぞれいくつあるかを，下の表に整理しなさい。** (30点)

	白	青	計
二等辺三角形（にとうへんさんかくけい）			
直角三角形			
その他の三角形			
計			

(⊾は直角，⩘は同じ長さを表す。)

2 **下の図は，「りんご」と「バナナ」の好き・きらいを調べたカードです。好きなくだものに○をつけてもらいました。** (30点) 1つ5

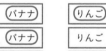

(りんご) (バナナ)	りんご (バナナ)	(りんご) バナナ	(りんご) (バナナ)
(りんご) バナナ	(りんご) (バナナ)	りんご バナナ	(りんご) バナナ
(りんご) (バナナ)	(りんご) バナナ	(りんご) (バナナ)	りんご (バナナ)
りんご (バナナ)	(りんご) (バナナ)	(りんご) バナナ	(りんご) (バナナ)

(1) 上のカードをもとに，表を完成（かんせい）しなさい。

(人)

		バナナ		計
		好き	きらい	
りんご	好き			
	きらい			
計				

(2) 両方とも好きな人は，何人ですか。　[　　]

(3) りんごが好きな人は，何人ですか。　[　　]

(4) りんごだけ好きな人は，何人ですか。　[　　]

(5) 両方ともきらいな人は，何人ですか。　[　　]

(6) 調べた人数は，全部で何人ですか。　[　　]

チャレンジ

3 **10から30までの整数を，次のように分類（ぶんるい）します。** (40点) 1つ8

㋐ ⟶ 3でわり切れる整数

㋑ ⟶ 4でわり切れる整数

(こ)

3でわる ＼ 4でわる	わり切れる	わり切れない	計
わり切れる			
わり切れない			
計			21

(1) ㋐に分類される整数を，すべて書きなさい。

[　　]

(2) ㋑に分類される整数を，すべて書きなさい。

[　　]

(3) ㋐にも㋑にも，両方に入る整数はいくつありますか。

[　　]

(4) ㋐にも㋑にも，両方に入らない整数はいくつありますか。

[　　]

(5) 右上の表を完成しなさい。

算数　理科　社会　英語　国語　答え

思考力トレーニング

算数 ⑨ 計算パズル（＋と－）①

答え→171ページ　月　日

問題　□にあてはまる＋や－を書きなさい。

目標時間　8分

(1) 20 □ 8 □ 1 □ 11 = 16

(2) 20 □ 8 □ 1 □ 11 = 24

(3) 20 □ 8 □ 1 □ 11 = 22

(4) 20 □ 8 □ 1 □ 11 = 18

(5) 20 □ 8 □ 1 □ 11 = 2

(6) 20 □ 8 □ 1 □ 11 = 40

＋と－を順(じゅん)じょよく
あてはめて計算していこう。

算数 10 チャレンジテスト 1

なまえ　4年　組

答え→171ページ　月　日

時間 25分　合かく 80点　とく点　点

1 次の計算をしなさい。 (15点) 1つ5

(1) 8500億(おく)＋2500億＝□兆(ちょう)□億

(2) 120兆－70兆＝□兆

(3) 千億×10＝□兆

2 次の計算をしなさい。(あまりがあれば書きなさい。) (50点) 1つ5

(1) 69÷3　(2) 78÷6　(3) 156÷4　(4) 246÷6

(5) 7)308　(6) 5)635　(7) 6)297　(8) 8)347

(9) 12÷4＋2×5　(10) 4×(28÷7＋14)÷24

3 四捨五入(ししゃごにゅう)して千の位(くらい)までのがい数にすると4000になる数は，いくつからいくつまでですか。 (5点)

[　　]から[　　]まで

4 次の㋐の角度は何度になりますか。計算で求(もと)めなさい。 (10点) 1つ5

(1)

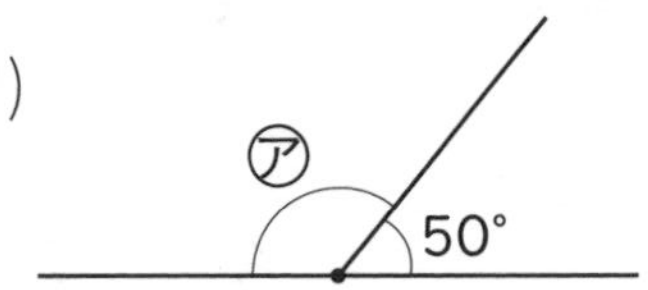

[　　]

(2)

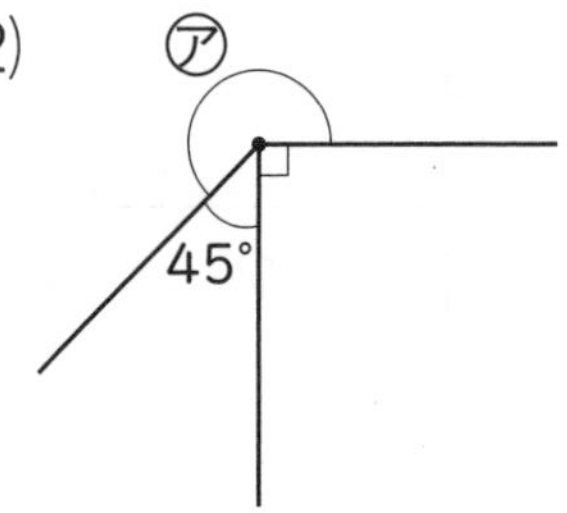

[　　]

5 次のことがらを，折(お)れ線(せん)グラフかぼうグラフで表そうと思います。どちらのグラフで表すとよいですか。折れ線グラフの場合は○を，ぼうグラフの場合は×を，[　]に書きなさい。 (20点) 1つ4

(1) ある市の毎年の人口の変(か)わり方を表す。 [　　]

(2) あるクラスの児童(じどう)の身長を高い順(じゅん)に表す。 [　　]

(3) 病気の人の体温の変わり方のようすを表す。 [　　]

(4) まさおさんの組のみんなの体重を表す。 [　　]

(5) まさおさんの身長の変わり方を4月から10月まで表す。 [　　]

虫食い算（たし算）②

答え→172ページ　月　日

問題　□にあてはまる数を書きなさい。

目標時間　5分

(1)

		6	2	□
+		□	□	7
	1	2	7	2

(2)

		□	4	9
+		2	□	6
	1	0	8	□

(3)

		□	6	□
+		6	□	4
	1	6	4	2

(4)

	□	□	5	□
+	4	6	4	2
	7	0	□	0

(5)

		8	7	9	□
+		□	2	□	7
	1	5	□	9	2

くり上がり，くり下がりに気をつけて！

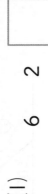

算数 11

わり算の筆算 ③

なまえ　4年　組

答え→172ページ　月　日

時間 20分　合かく 80点　とく点　点

1 次の商を暗算で求めなさい。 (12点) 1つ4

(1) 60÷20　(2) 540÷60　(3) 900÷30

2 次のわり算の商は，何の位からたちますか。商がたつ位に○をつけなさい。 (8点) 1つ4

(1) 18)270　(2) 53)523

3 次のわり算をしなさい。あまりがあれば，あまりも求めなさい。 (30点) 1つ5

(1) 12)48　(2) 21)63　(3) 38)76

(4) 90)473　(5) 53)636　(6) 65)980

4 次のわり算をたしかめる式を書きなさい。 (14点) 1つ7

(1) 256÷32＝8　[　　]

(2) 507÷23＝22 あまり 1　[　　]

5 わり算のきまりを使って，次の計算をしなさい。□にあてはまる数を入れなさい。 (16点) 1つ8

(1) 1500÷300
↓÷□　↓÷□
□÷□＝5

(2) 42000÷6000
↓÷□　↓÷□
□÷□＝□

6 次の問いに答えなさい。(□の中に，筆算もしておきます。) (20点) 1つ10

(1) リボンが8m 40cmあります。1人に35cmずつ切って配ると，何人に分けられますか。　[　　]

〈筆算〉

(2) 54Lの牛にゅうがあります。18dL入りのビンにつめていくと，ビンは何本いりますか。　[　　]

〈筆算〉

さいころの切り開いた図 ①

答え→172ページ

月　日

問題 さいころの向かい合った面の数の和は，7になっています。
下の図の［　］にあてはまる数字を書きなさい。

目標時間 5分

(1)

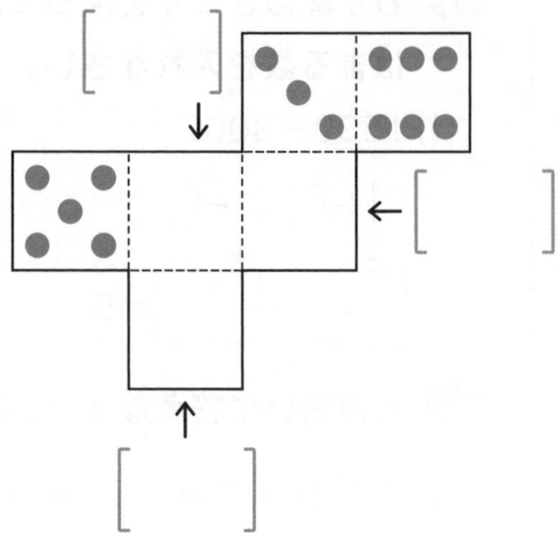

(2)

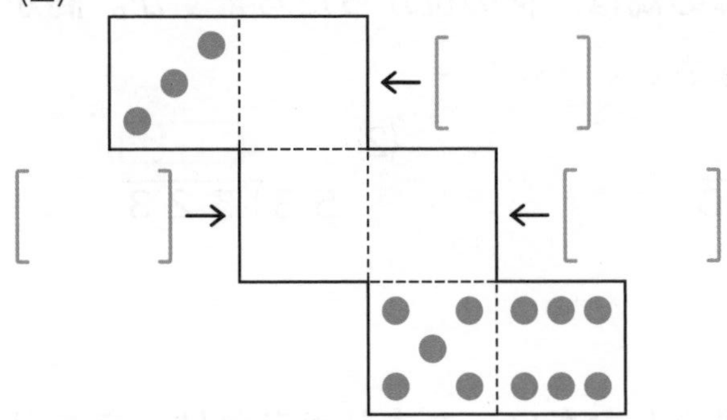

算数 12

わり算の筆算 ④

なまえ　4年　組

答え→172ページ　月　日

時間 20分　合かく 80点　とく点　点

1 次のわり算をしなさい。あまりがあれば，あまりも求めなさい。(60点) 1つ5

(1) $16\overline{)96}$　(2) $24\overline{)98}$　(3) $32\overline{)83}$

(4) $48\overline{)326}$　(5) $53\overline{)265}$　(6) $75\overline{)479}$

(7) $27\overline{)639}$　(8) $62\overline{)976}$　(9) $87\overline{)992}$

(10) $38\overline{)788}$　(11) $43\overline{)907}$　(12) $43\overline{)731}$

2 次のわり算を筆算でしなさい。(10点) 1つ5

(1) 86÷12　(2) 238÷38

3 箱が548こあります。トラック1台で21こ運べるとすると，一度に全部運ぶためには，トラックが何台必要(ひつよう)ですか。(10点)

[　　　　]

4 次の答えで，正しいものには○を，まちがっているものには正しい答えを書きなさい。(20点) 1つ10

(1) 57÷23＝2あまり1

[　　　　]

(2) 851÷37＝23

[　　　　]

算数 ⑫　天びん ①

答え→172ページ　月　日

問題　いちばん重いものといちばん軽いものの形を答えなさい。

目標時間　5分

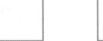

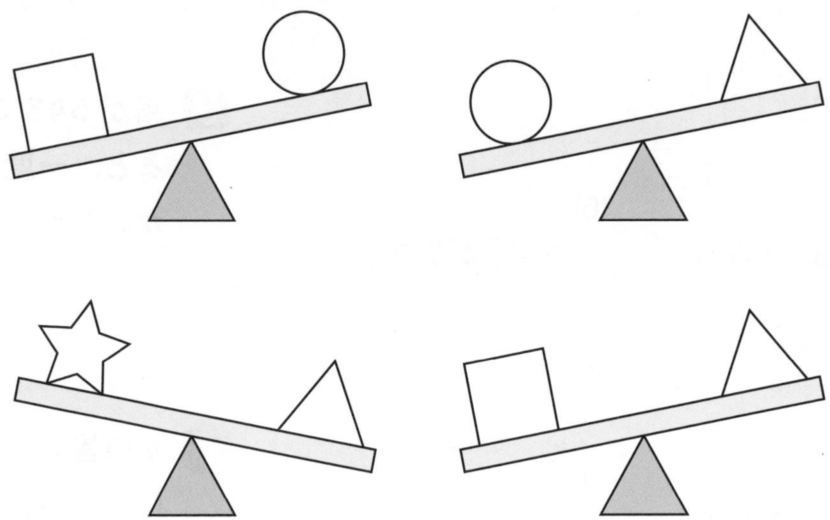

いちばん重い　□

いちばん軽い　□

『パズル道場（トレーニングⅡ）』(受験研究社)

算数 13 小 数 ①

なまえ　4年　組

答え→173ページ　月　日

時間 20分　合かく 80点　とく点　点

1 [　]にあてはまることばや数を書きなさい。(12点) 1つ4

(1) 2.8 や 5.41 などのような数を[　　　]といいます。

(2) . のことを[　　　]といいます。

(3) 1.3 の 3 の位(くらい)を[　　　]，または，[　　　]の位といいます。

2 次の水のかさは何Lですか。小数を使って表しなさい。(16点) 1つ8

(1)

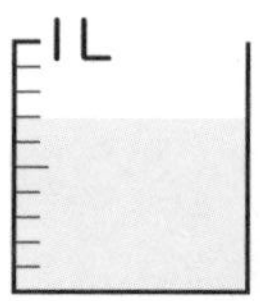

[　　　]

(2)

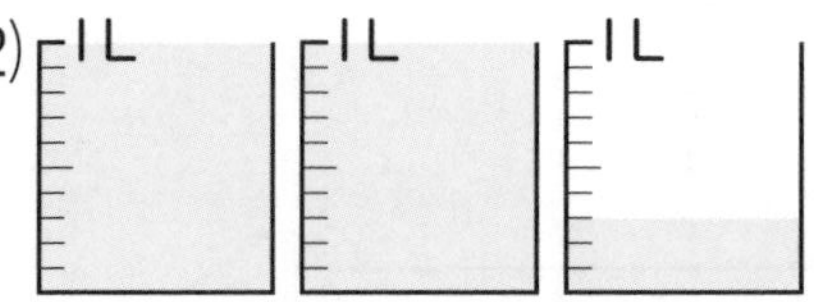

[　　　]

3 下の数直線で，↓のところの数を書きなさい。(12点) 1つ2

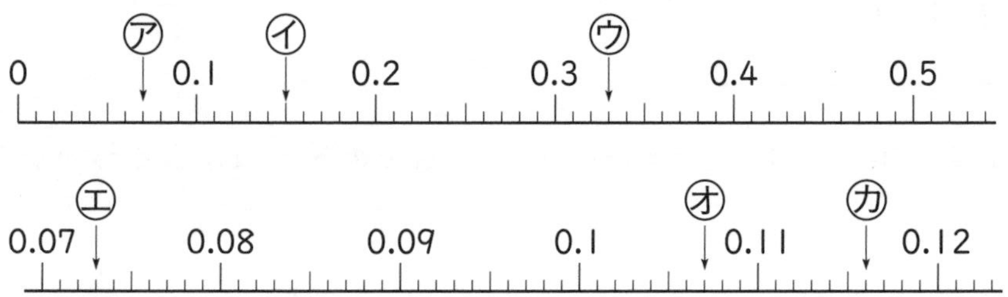

ア[　　　]　イ[　　　]　ウ[　　　]

エ[　　　]　オ[　　　]　カ[　　　]

4 次の数を，整数と小数に分けなさい。(10点) 1つ5

3.7, 2, 1.5, 0, 7.35, 10, 0.5, 10.3

(1) 整数　[　　　　　　]

(2) 小数　[　　　　　　]

5 次の数を，小さい順(じゅん)にならべなさい。(10点)

1, 5.5, 3.9, 0.8, 0

[　　→　　→　　→　　→　　]

6 □にあてはまる整数や小数を書きなさい。(40点) 1つ4

(1) 0.2 cm＝□ mm　(2) 0.4 km＝□ m

(3) 70 cm＝□ m　(4) 500 g＝□ kg

(5) 1.8 kg＝□ g　(6) 800 mL＝□ L

(7) 2 m 40 cm＝□ m　(8) 1080 m＝□ km

(9) 0.7 kg＝□ g　(10) 6300 g＝□ kg

算数⑬ まほうじん①

答え→173ページ

月　　日

問題 下の表のあいているところに整数を入れ，たてにたしても横にたしてもななめにたしても，それぞれの3つの数の和が同じになるようにしなさい。

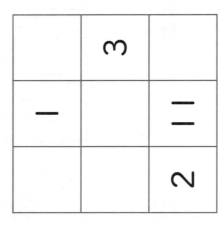

目標時間 5分

	1	
		3
2	11	

『パズル道場（トレーニングⅡ）』（受験研究社）

算数 14

小　数 ②

なまえ　4年　　組

答え→173ページ　　月　　日

時間 25分　合かく 80点　とく点　　点

1 □にあてはまる数を書きなさい。 (21点) 1つ3

(1) 8.4 と 0.06 をあわせた数は □ です。

(2) 2.045 の $\frac{1}{\square}$ の位(くらい)の数字は 4 です。

(3) 0.426 は 0.001 の □ 倍です。

(4) 0.07 より 0.001 だけ小さい数は □ です。

(5) 0.8 の $\frac{1}{10}$ は □ です。

(6) 1 が 3 こと, 0.1 が 4 こで, □ です。

(7) 1.8 は 0.1 が □ こ集まった数です。

2 次の数を大きい順(じゅん)にならべなさい。

(1) 0.4, 0.45, 4.05, 0.054, 0.54 (3点)

[　　→　　→　　→　　→　　]

(2) 8.5, 0.85, 0.658, 0.65, 0.508, 5.68 (4点)

[　　→　　→　　→　　→　　→　　]

3 次の計算をしなさい。 (64点) 1つ4

(1) $\begin{array}{r} 2.8 \\ +5.6 \\ \hline \end{array}$　(2) $\begin{array}{r} 3.6 \\ +20.9 \\ \hline \end{array}$　(3) $\begin{array}{r} 4.85 \\ +0.72 \\ \hline \end{array}$　(4) $\begin{array}{r} 0.68 \\ +3.549 \\ \hline \end{array}$

(5) $\begin{array}{r} 3.9 \\ -1.8 \\ \hline \end{array}$　(6) $\begin{array}{r} 10.6 \\ -\ \ 0.9 \\ \hline \end{array}$　(7) $\begin{array}{r} 8.57 \\ -4.48 \\ \hline \end{array}$　(8) $\begin{array}{r} 10.7 \\ -\ \ 2.685 \\ \hline \end{array}$

(9) 0.8＋0.9　(10) 3.3＋2.9　(11) 5.03＋12.6

(12) 10－0.7　(13) 15.7－3.8　(14) 7－6.02

(15) 0.746＋3.28　(16) 5.36－0.369

4 右の図の長方形について答えなさい。 (8点) 1つ4

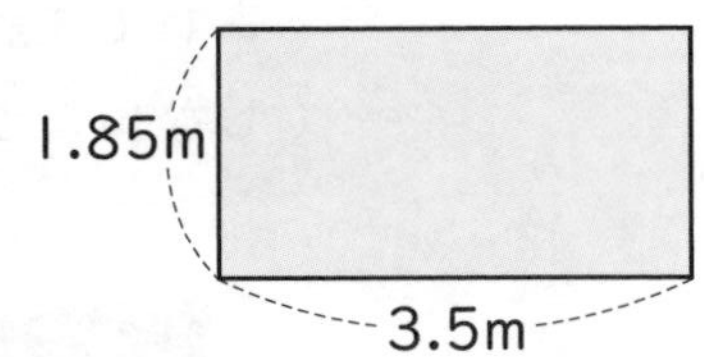

(1) まわりの長さは何 m ですか。

[　　　]

(2) たての長さは横の長さより何 m 短いですか。

[　　　]

算数 ⑭ 計算パズル（×と÷）②

答え→173ページ 月　日

問題 □にあてはまる×や÷を書きなさい。

目標時間 8分

(1) 48 □ 3 □ 4＝64　(2) 48 □ 3 □ 4＝576

(3) 48 □ 3 □ 4＝4　(4) 48 □ 3 □ 4＝36

(5) 60 □ 2 □ 5＝6　(6) 60 □ 2 □ 5＝150

(7) 60 □ 2 □ 5＝24　(8) 60 □ 2 □ 5＝600

15 垂直と平行 ①

なまえ　4年　組

答え→173ページ　月　日

時間 20分　合かく 80点　とく点　点

1 図を見て，次の問いに答えなさい。 (20点) 1つ10

(1) 直線**ア**に垂直なのは，どの直線ですか。

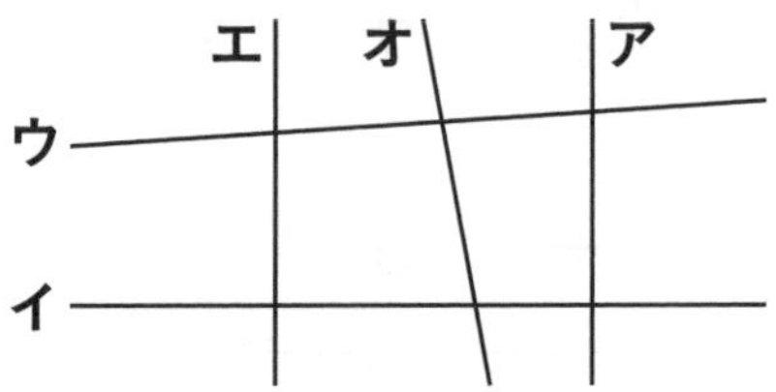

[　　　　]

(2) 直線**ア**に平行なのは，どの直線ですか。

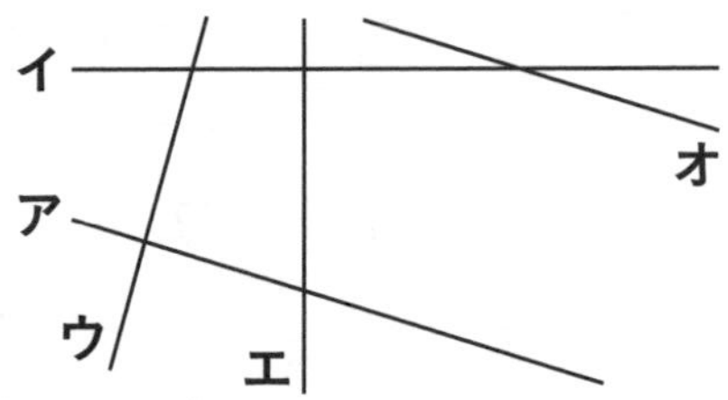

[　　　　]

2 次の□の中のことばのうちから，(1)，(2)の文の[　]にあてはまるものを選んで書きなさい。 (10点) 1つ5

平行	直角	長方形	垂直	辺

(1) 直角に交わる２つの直線は[　　　　]である。

(2) １つの直線に垂直な２つの直線は[　　　　]である。

3 紙を右の図のように，４つに折りました。２回目には，はじめに折った折り目がきっちり重なるように折りました。折り目の２本の直線は，どのように交わっていますか。 (10点)

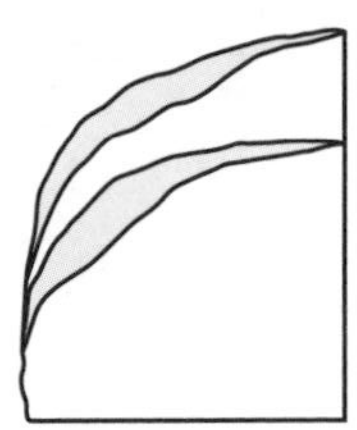

[　　　　]

4 アの点を通るようにして，次の直線をかきなさい。 (20点) 1つ10

(1) 直線イウと垂直な直線

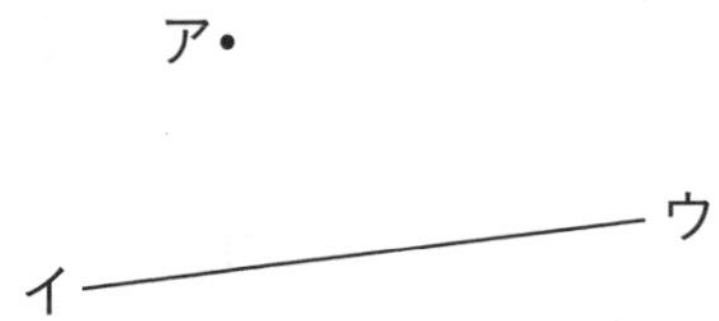

(2) 直線イウと平行な直線

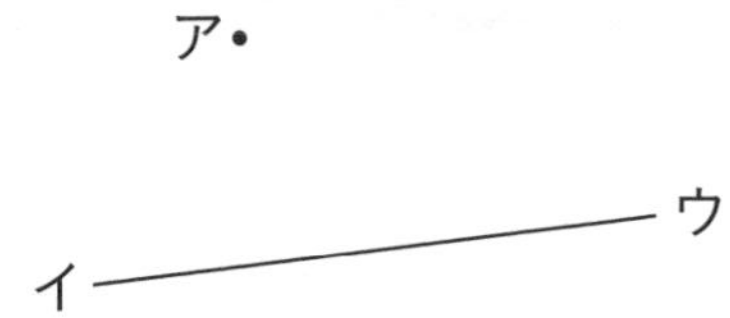

5 右の図のような長方形アイウエがあります。 (20点) 1つ10

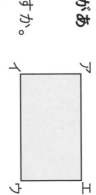

(1) 辺イウに垂直な辺は，どの辺ですか。

[　　　　]

(2) 辺イウに平行な辺は，どの辺ですか。

[　　　　]

6 右の図で，(ア)と(イ)の直線は平行です。 (20点) 1つ10

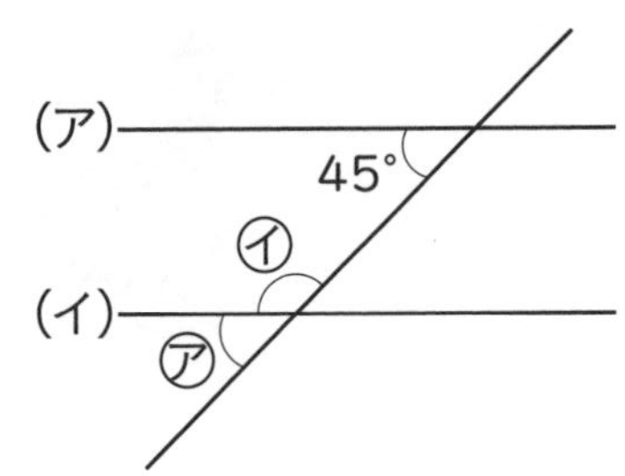

(1) 角㋐は何度ですか。

[　　　　]

(2) 角㋑は何度ですか。

[　　　　]

虫食い算（ひき算）②

答え→173ページ　月　日

問題　□にあてはまる数を書きなさい。

目標時間　5分

(1)

	□	6	□
−	4	7	5
	4	□	3

(2)

	5	□	4
−	1	7	□
	□	0	8

(3)

	7	4	□
−	5	□	3
	□	4	8

(4)

	□	2	3	5
−	5	□	3	□
		4	□	9

(5)

	8	0	1	□
−	□	0	□	9
	5	□	4	8

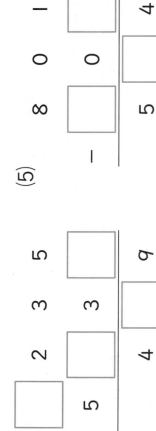

たし算とひき算，どちらを
使うか，まちがえないようにね。

算数 16 垂直と平行 ②

なまえ　4年　組

答え→173ページ　月　日

時間 20分　合かく 80点　とく点　点

1 次の□の中に，あてはまることばを書きなさい。 (30点) 1つ10

(1) 2つの直線が交わってできる角が□のとき，この2つの直線は，たがいに垂直（すいちょく）であるといいます。

(2) 1つの直線に□に交わる2つの直線は，たがいに平行です。

(3) □な直線は，ほかの直線と同じ角度で交わります。

2 ものさしと三角じょうぎを使って，次の直線をひきなさい。 (20点) 1つ10

(1) 直線アイに平行で，直線アイから2cmはなれている直線

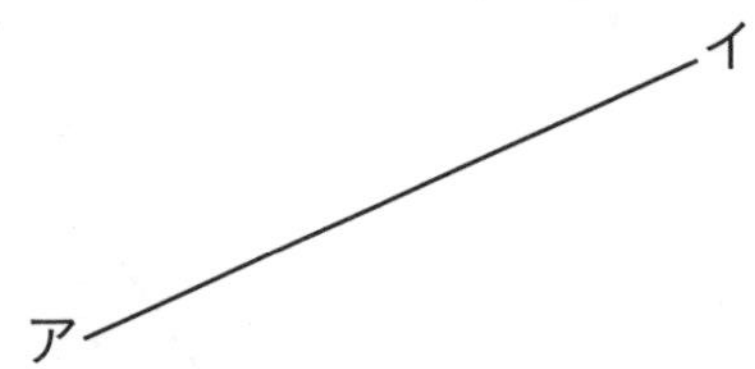

(2) 点ウを通って，直線アイに垂直な直線

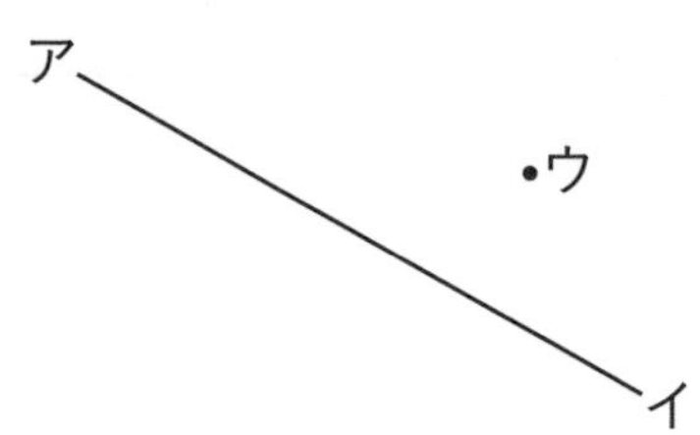

3 右の図で，直線(ア)と(イ)，直線(ウ)と(エ)はそれぞれ平行です。次の問いに答えなさい。 (30点) 1つ10

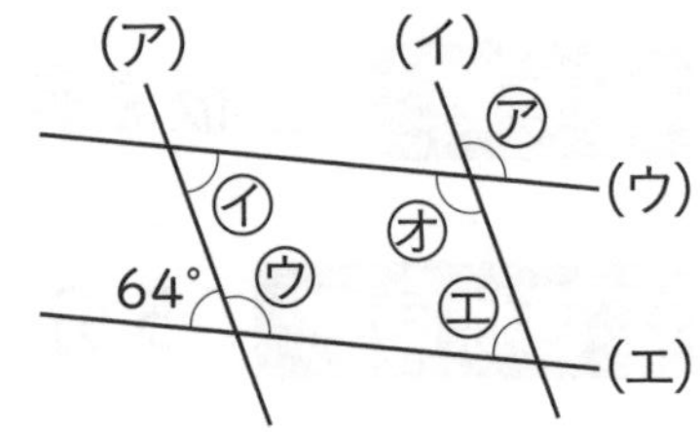

(1) 角㋐と同じ大きさの角はどれですか。すべて書きなさい。

[　　　]

(2) 角㋐は何度ですか。

[　　　]

(3) 角㋑と角㋒の和は，何度になりますか。

[　　　]

チャレンジ

4 直線(ア)と(イ)が平行であるとき，次の問いに答えなさい。 (20点) 1つ10

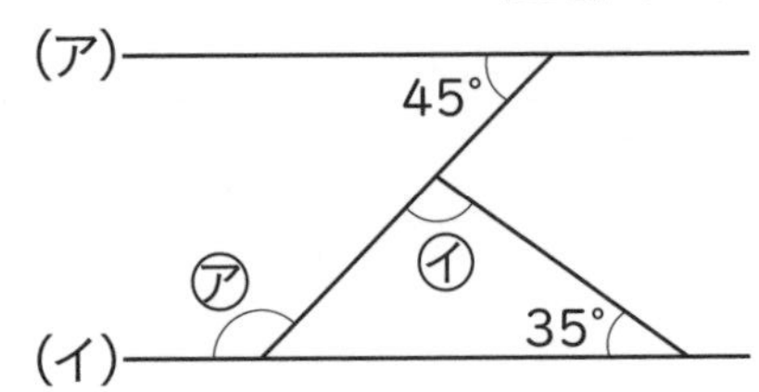

(1) 角㋐は何度ですか。

[　　　]

(2) 角㋑は何度ですか。

[　　　]

算数 ⑯ 形づくり

答え→174ページ 月　日

問題　色板を何まいか使って，右側(みぎがわ)の図形をつくりなさい。

目標時間　5分

(1)

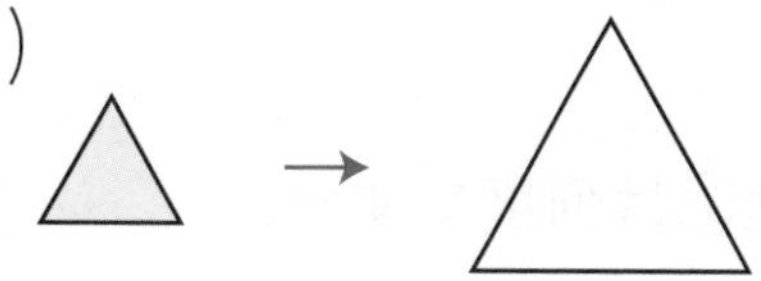

(2)

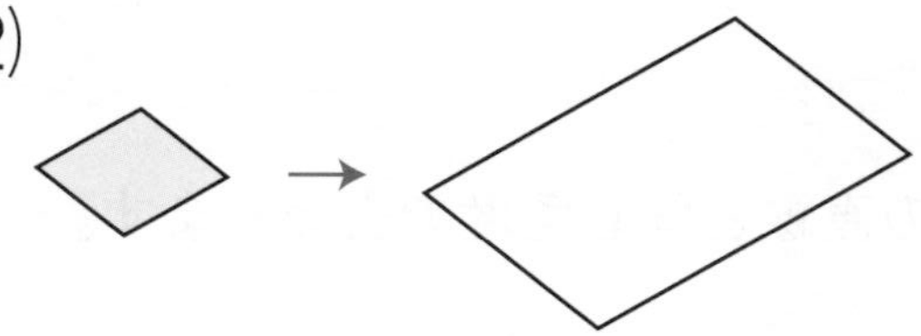

(3)

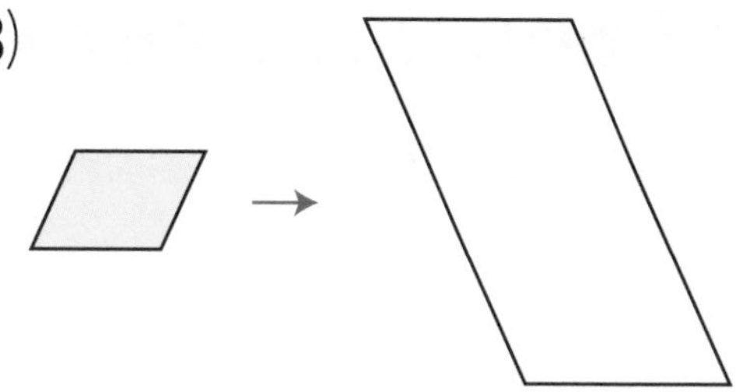

(4)

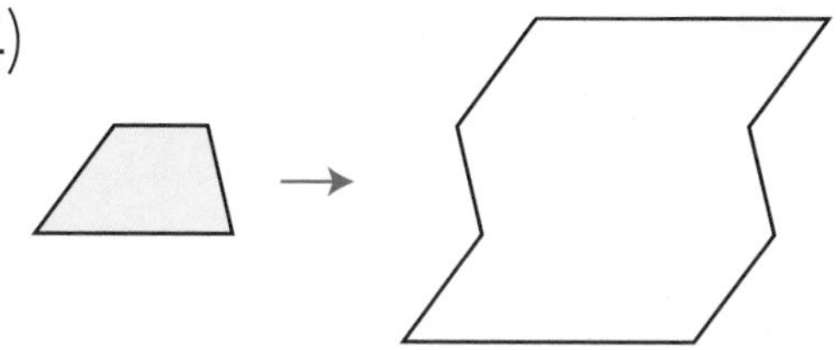

色板は回転させてもいいけど
うら返しにはしないよ。

四角形 ①

なまえ　4年　組

答え→174ページ　月　日

時間 20分　合かく 80点　とく点　点

1 下の四角形のなまえを，[　]の中に書きなさい。(20点) 1つ4

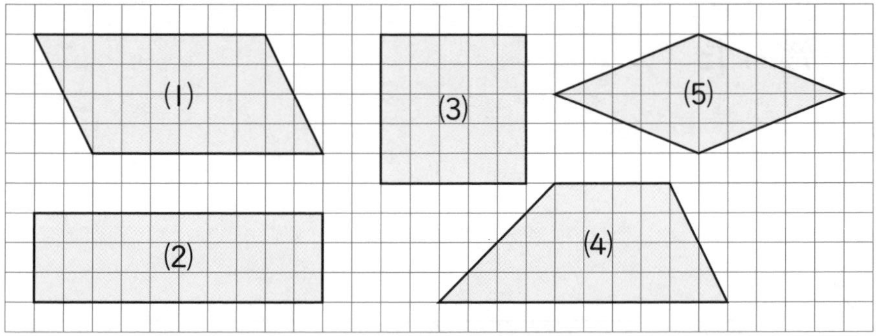

(1)[　　　] (2)[　　　] (3)[　　　]
(4)[　　　] (5)[　　　]

2 次の図は平行四辺形(へいこうしへんけい)とひし形です。㋐～㋗の辺の長さや，角の大きさを求めなさい。分度器(ぶんどき)やものさしを使わないで答えなさい。(32点) 1つ4

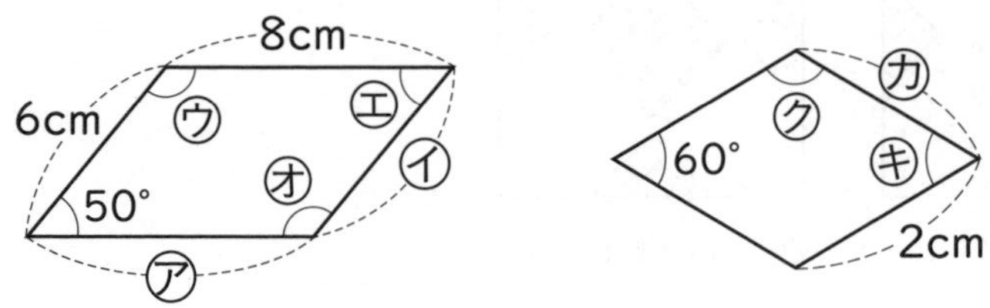

㋐[　　　] ㋑[　　　] ㋒[　　　]
㋓[　　　] ㋔[　　　]
㋕[　　　] ㋖[　　　] ㋗[　　　]

3 円の直径(ちょっけい)を対角線にして，四角形をつくります。それぞれどんな四角形ができますか。
なまえを，[　]の中に書きなさい。(20点) 1つ5

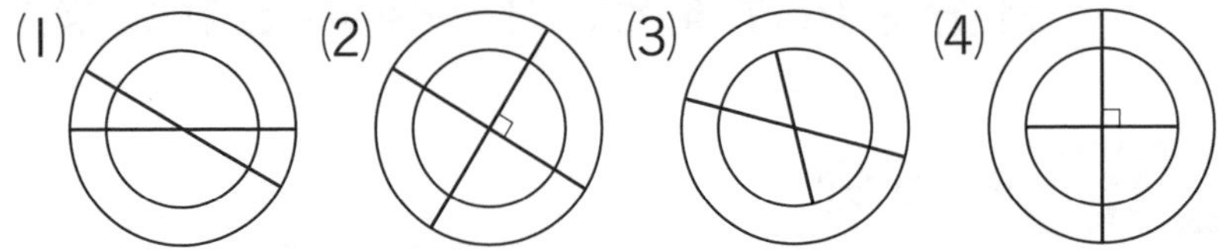

(1)[　　　] (2)[　　　]
(3)[　　　] (4)[　　　]

4 次のような表をつくりました。
いつでもあてはまるところに○をつけなさい。(28点)

	台形	平行四辺形	ひし形	長方形	正方形
向かい合った２組の辺が平行					
対角線が直角に交わっている					
向かい合った辺が等しい					
４つの辺がすべて等しい					
４つの角がみな同じ大きさ					

算数 ⑰ 紙切り ①

答え→174ページ 月　日

問題　正方形の紙を，図のように点線を折り目にして折りました。この紙から▨の部分を切り落として，残った部分を広げると，1～4のどれになりますか。

目標時間　5分

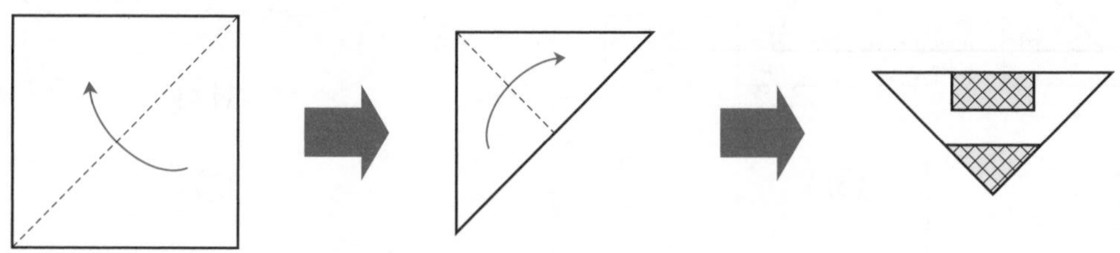

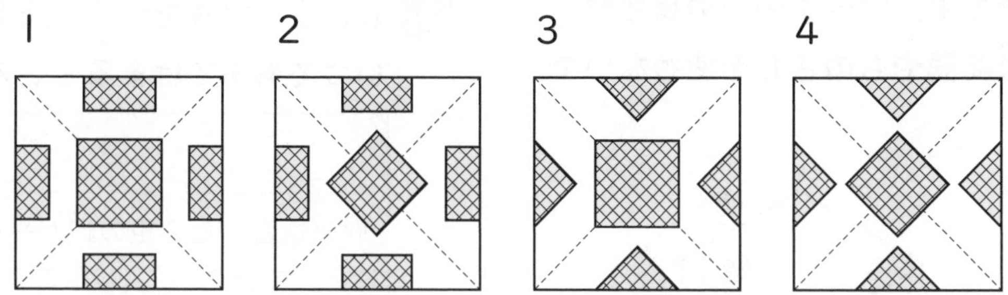

『パズル道場（トレーニングⅡ）』（受験研究社）

切った三角形と，正方形をよく見くらべてみよう。

［　　　］

四角形 ②

なまえ　4年　組

答え→174ページ

月　日

時間 20分　合かく 80点　とく点　点

1 **コンパス・三角じょうぎ・ものさし・分度器を使って，次の四角形を作図しなさい。** (32点) 1つ8

(1) 上底が2cm，下底が3cm，高さが2cmの台形

(2) となり合っている辺が4cmと3cmで，その間の角が50°の平行四辺形

(3) 1辺が3cmで，辺と辺の間が45°の角があるひし形

(4) 対角線が4cmと2cmのひし形

2 **右の図のような台形を2つつくりました。この2つの台形を重ならないように組み合わせてできる四角形の名まえを答えなさい。** (8点)

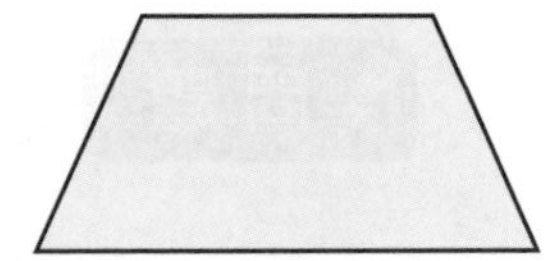

[　　　　]

3 **次の図の点アを通る直線をひいて，(　)の中の四角形をつくりなさい。** (30点) 1つ10

(1)

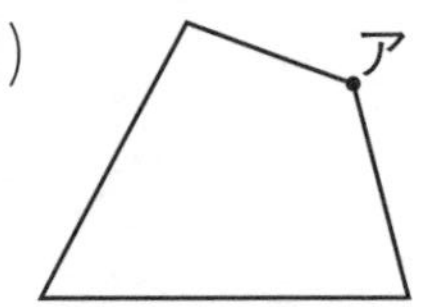

(台　形)

(2)

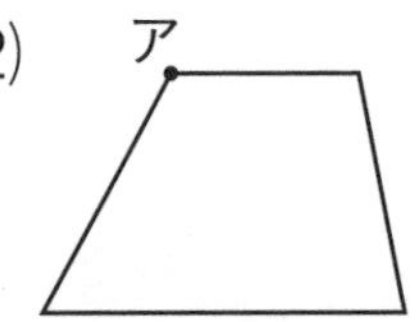

(平行四辺形)

(3)

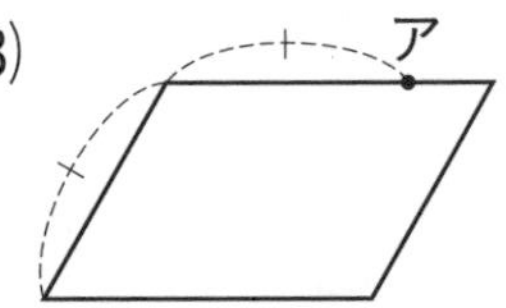

(ひし形)

チャレンジ

4 **右の図で，辺アイ，イウ，ウアの真ん中の点を結びました。辺アイとカオ，辺イウとエカ，辺アウとエオは，それぞれ平行です。次の図形はいくつありますか。** (30点) 1つ10

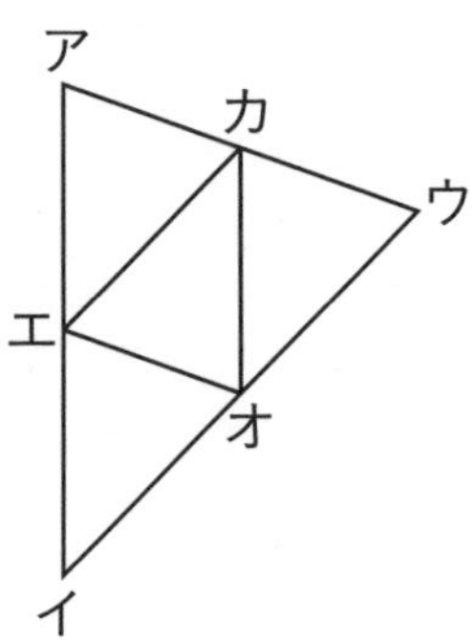

三角形 [　　　]　平行四辺形 [　　　]

四角形 [　　　]

虫食い算（かけ算）①

答え→174ページ

月　日

問題　□にあてはまる数を書きなさい。

目標時間　8分

(1)

		1	9
×		□	3
		5	□
	7	6	
	□	1	□

(2)

		2	8
×		3	□
	1	□	2
	□	4	
	□	□	2

(3)

		4	□
	×	2	7
	□	1	5
	9	□	
1	2	□	5

(4)

		3	□
	×	□	9
	2	□	7
	□	9	
1	□	8	7

かけ算も一の位（くらい）から考えるんだよ。

算数 19 チャレンジテスト 2

なまえ　4年　組

答え→174ページ　月　日

時間 25分　合かく 80点　とく点　点

1 次の計算をしなさい。（16点）1つ8

(1) 7.9＋43.08＋3.457

(2) 38.1－7.534－12.8－0.306

2 ある数を 32 でわるつもりが，まちがえて 23 でわったので，答えが 41 で，あまりが 21 になりました。正しい計算をしたときの答えを求めなさい。（あまりがあればあまりも出しなさい。）（16点）

[　　　　]

3 右の図について，次の問いに答えなさい。（12点）1つ6

(1) どの直線とどの直線が平行になっていますか。

[　　　　]

(2) どの直線とどの直線が垂直になっていますか。

[　　　　]

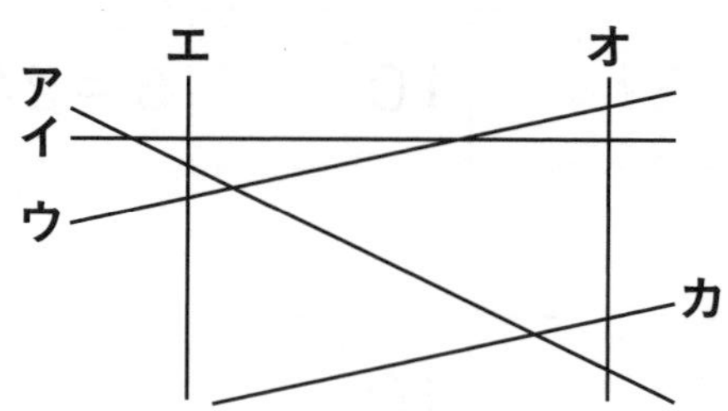

4 図を見て，下の問いにあてはまる四角形をすべて書きなさい。（24点）1つ12

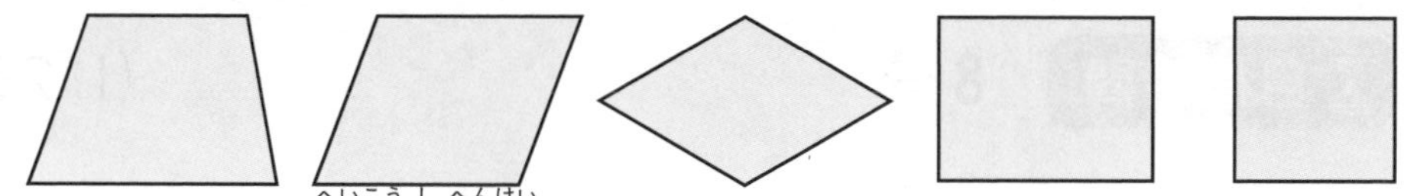

(1) 向かい合った辺が 2 組とも平行で，直角のない四角形

[　　　　]

(2) 対角線が垂直である四角形

[　　　　]

5 次の図形のまわりの長さは，どれも 20 cm です。㋐〜㋓の辺の長さは，それぞれ何 cm になりますか。（32点）1つ8

(1) 長方形

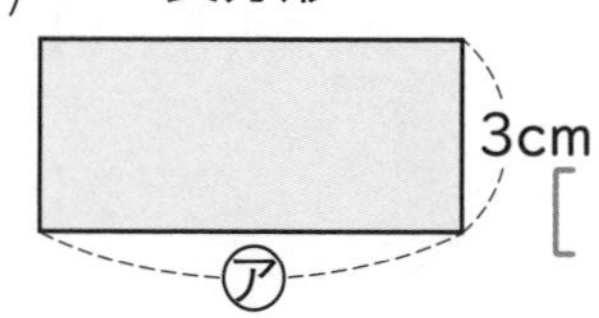

[　　]

(2) ひし形

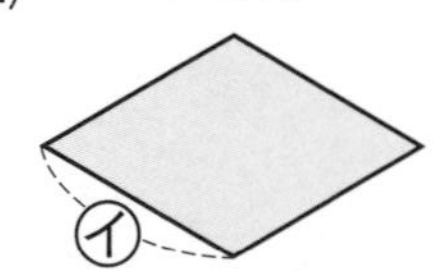

[　　]

(3) 平行四辺形

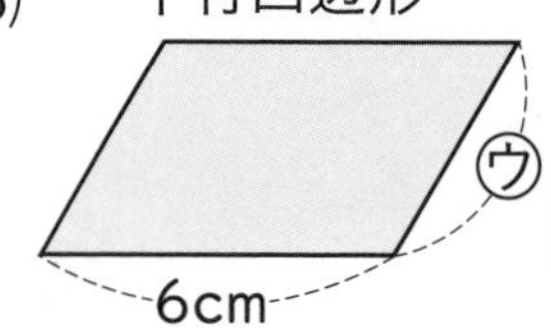

[　　]

(4) 台　形

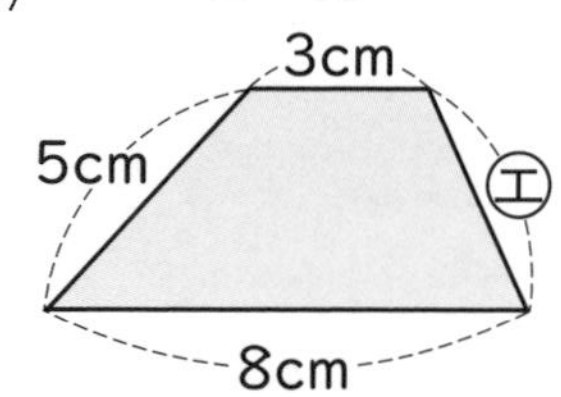

[　　]

計算パズル（＋と－）②

答え→174ページ 月　日

問題 □にあてはまる＋や－を書きなさい。

目標時間 8分

(1) 25 □ 3 □ 10 □ 6＝6

(2) 25 □ 3 □ 10 □ 6＝12

(3) 25 □ 3 □ 10 □ 6＝32

(4) 25 □ 3 □ 10 □ 6＝18

(5) 25 □ 3 □ 10 □ 6＝24

(6) 25 □ 3 □ 10 □ 6＝26

算数 20

小数のかけ算・わり算 ①

なまえ　4年　組

答え→174ページ

月　日

時間 20分　合かく 80点　とく点　点

1 かけ算をしなさい。(30点) 1つ5

(1) 1.83×7

(2) 0.96×5

(3) 1.05×48

(4) 0.675×72

(5) 0.368×505

(6) 7.75×196

2 次のわり算を，わり切れるまでしなさい。(30点) 1つ5

(1) 5)7.9

(2) 3)0.291

(3) 4)34

(4) 24)3

(5) 75)37.8

(6) 64)5.28

3 次のわり算の商を，一の位(くらい)まで求(もと)め，あまりも求めなさい。(15点) 1つ5

(1) 3)23.4

(2) 16)99.7

(3) 23)547.9

4 次のわり算の商を四捨五入(ししゃごにゅう)して $\frac{1}{10}$ の位まで求めなさい。(15点) 1つ5

(1) 37)458.5

(2) 42)68.74

(3) 58)329

5 □にあてはまる数を書きなさい。(10点) 1つ5

(1) 42÷16＝2.6 あまり □

(2) 3÷7＝□ あまり 0.06

算数　理科　社会　英語　国語　答え

算数 ⑳ さいころの切り開いた図 ②

答え→175ページ

月　日

問題 さいころの向かい合った面の数の和は，7になっています。
下の図の［　］にあてはまる数字を書きなさい。

目標時間 5分

(1)

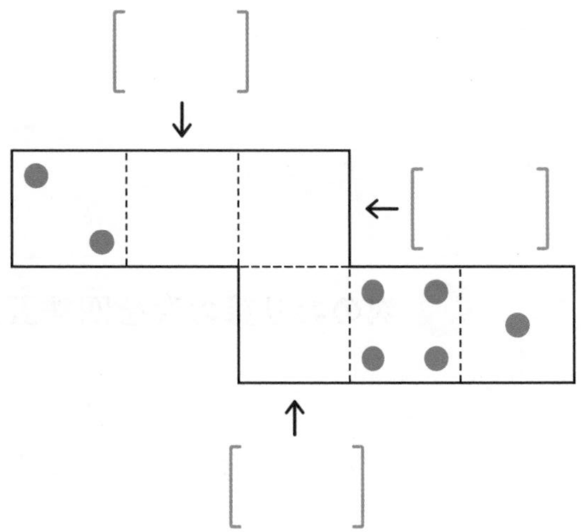

(2)

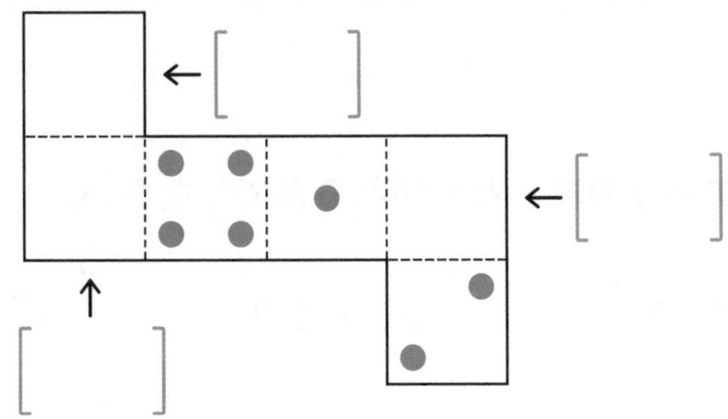

組み立てたさいころを想ぞうしてみよう！

算数 21

小数のかけ算・わり算 ②

なまえ　4年　組

答え→175ページ　月　日

時間 20分　合かく 80点　とく点　点

1 次の問いに答えなさい。(30点) 1つ10

(1) 橋の長さを 1.82 m のぼうではかったら，ぼうの長さの 15 倍ありました。橋の長さは何 m ですか。

[　　　　]

(2) 毎日 1.85 kg の米を食べる家では，1 年間(365 日とする)では，どれだけの米を食べることになりますか。

[　　　　]

(3) ジュースを16 等分して，コップに入れました。コップには，1.75 dLずつ入っています。ジュースは，はじめにどれだけありましたか。

[　　　　]

2 横の長さが 18.5 cm の長方形の紙を，右の図のように，1 列に 6 まいつなぎます。のりしろを 0.5 cm とすると，つないだ紙全体の横の長さは，どれだけになりますか。(20点)

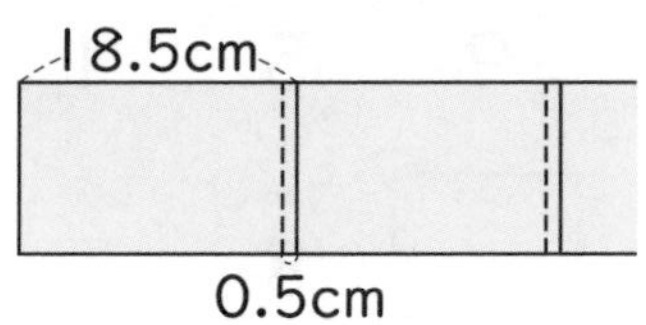

[　　　　]

3 次の問いに答えなさい。(30点) 1つ15

(1) 長さ 8.5 m のぬのがあります。このぬのから 0.25 m 切って使い，残(のこ)りで，手ぬぐいを 11 まいつくろうと思います。手ぬぐい 1 まいの長さは，何 m にするとよいですか。

[　　　　]

(2) メロンが箱に 24 こ入っています。全体の重さは 14.12 kg で，箱の重さは 2.6 kg です。メロン 1 この重さは何 kg ですか。

[　　　　]

チャレンジ

4 ある数を 24 でわるところを，まちがって 42 でわったので，商が 2.85，あまりが 0.3 になりました。このとき，正しい計算の答えを求(もと)めなさい。(20点)

[　　　　]

虫食い算（かけ算）②

答え→175ページ　月　日

問題　□にあてはまる数を書きなさい。

目標時間　8分

(1)

		7	□
	×	5	6
	4	4	4
3	□	0	
4	□	4	4

(2)

		8	9
	×	3	□
	6	□	3
2	□	7	
3	□	□	3

(3)

		3	□	7
	×		4	□
		9	5	1
1	2	□	8	
1	□	6	3	1

(4)

		3	6	□
	×		□	5
	□	8	4	0
2	5	□	6	
2	7	□	0	0

九九をちゃんと覚えていれば，数があてはめられるね。

分　数 ①

なまえ　4年　組

答え→175ページ　月　日

時間 20分　合かく 80点　とく点　点

1 □にあてはまる数を書きなさい。(21点) 1つ3

(1) $\frac{3}{8}$ の分母は□，分子は□

(2) $\frac{1}{9}$ が5こで□

(3) $\frac{1}{5}$ が□こで $\frac{3}{5}$

(4) □は $\frac{1}{7}$ の4つ分

(5) $\frac{1}{12}$ が7こで□

(6) $\frac{□}{3}$ が2こで $\frac{2}{3}$

(7) □が5こで1 $\left(または \frac{5}{5}\right)$

2 色のついた部分の長さを，分数で表しなさい。(21点) 1つ7

(1) 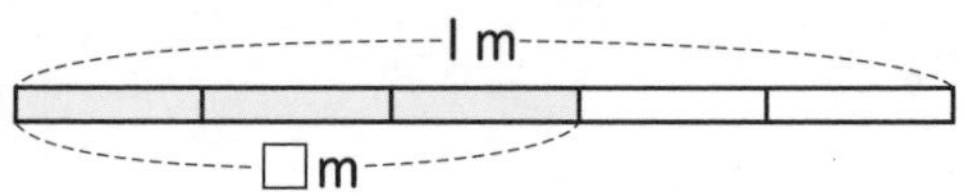

[　　]

(2) 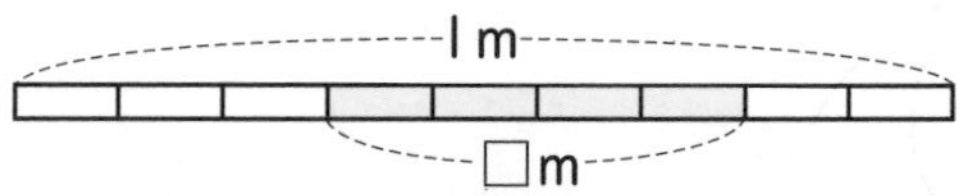

[　　]

(3) 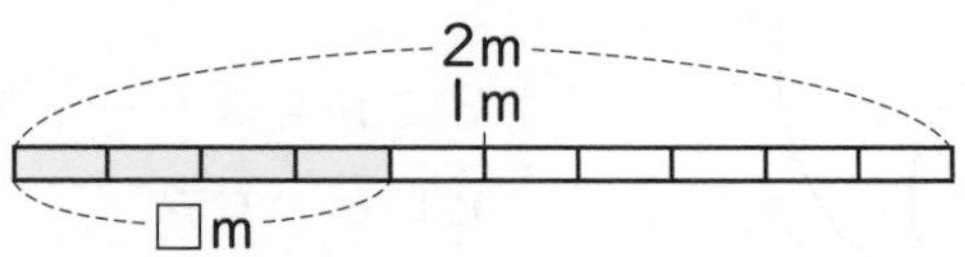

[　　]

3 下の数直線で，↓のところの数を分数で書きなさい。(20点) 1つ5

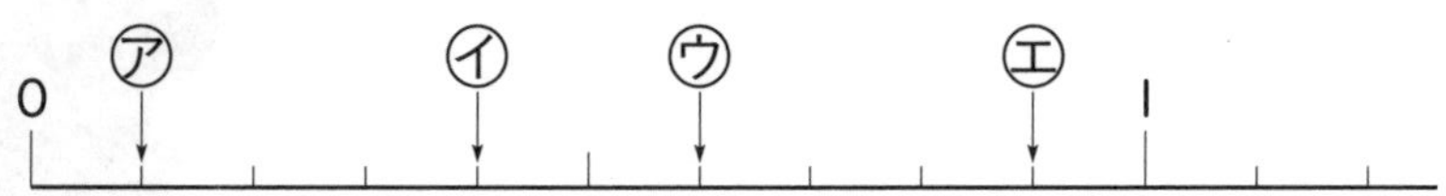

㋐[　　]　㋑[　　]　㋒[　　]　㋓[　　]

4 次の分数を，真分数，仮分数(かぶんすう)，帯分数(たいぶんすう)に分けなさい。(12点) 1つ4

$\frac{8}{7}$，$\frac{1}{2}$，$1\frac{1}{4}$，$\frac{7}{10}$，$\frac{6}{6}$，$\frac{3}{2}$，$1\frac{5}{6}$，$\frac{8}{9}$

真分数 [　　]

仮分数 [　　]

帯分数 [　　]

5 次のかさや長さを，仮分数と帯分数で表しなさい。(18点) 1つ9

(1) 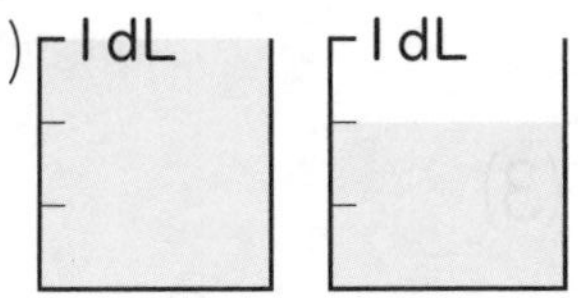

仮分数[　　]　帯分数[　　]

(2) 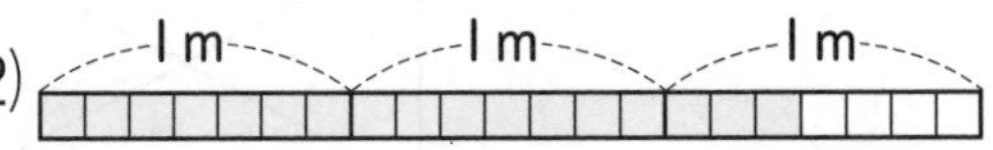

仮分数[　　]　帯分数[　　]

6 次の数は，$\frac{1}{7}$ が何こ集まった数ですか。(8点) 1つ2

(1) $\frac{4}{7}$ → [　　]こ

(2) $\frac{6}{7}$ → [　　]こ

(3) 1 → [　　]こ

(4) $1\frac{3}{7}$ → [　　]こ

算数㉒ 一筆（ひとふで）がき

答え→175ページ

月　日

問題　えん筆を図からはなさずに，どの線も１回だけ必ず通るようにしてかきなさい。

目標時間　8分

(1)

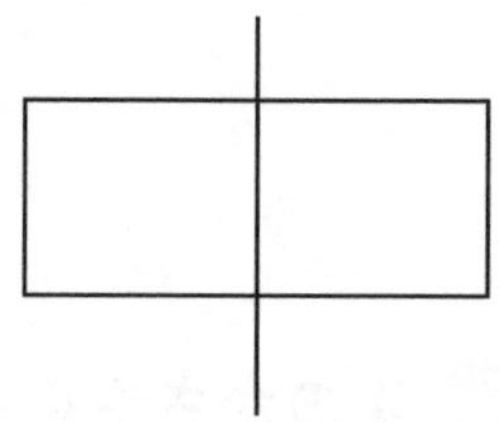

(2)

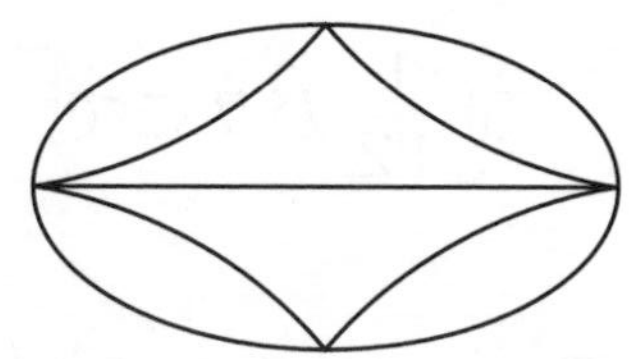

(3)

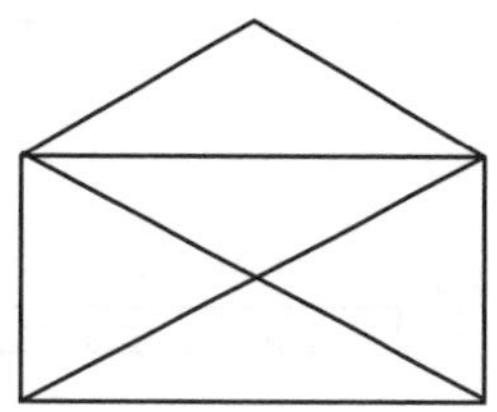

(4)

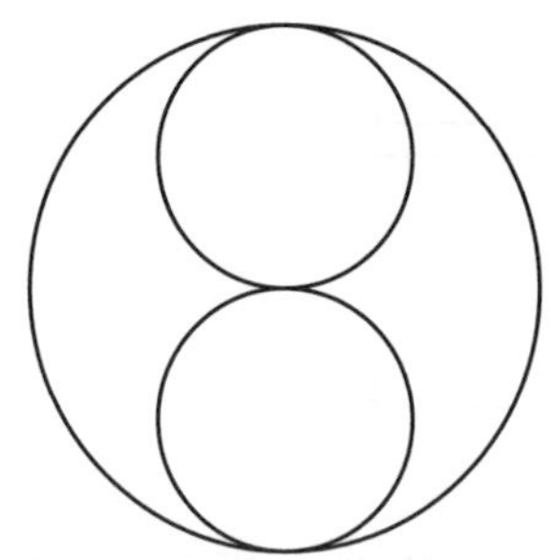

算数 23

分数 ②

なまえ　4年　組

答え→175ページ　月　日

時間 20分　合かく 80点　とく点 点

1 次の仮分数は帯分数に，帯分数は仮分数に直しなさい。(18点) 1つ3

(1) $\frac{7}{4}$ [　　]　(2) $\frac{17}{2}$ [　　]　(3) $\frac{35}{8}$ [　　]

(4) $1\frac{2}{5}$ [　　]　(5) $3\frac{1}{4}$ [　　]　(6) $5\frac{3}{7}$ [　　]

2 次の分数を，それぞれ小さい順にならべなさい。(16点) 1つ4

(1) $\frac{5}{3}$，2，$\frac{1}{3}$，$1\frac{1}{3}$　[　→　→　→　]

(2) $1\frac{1}{6}$，$1\frac{1}{4}$，1，$1\frac{1}{2}$　[　→　→　→　]

(3) $\frac{5}{8}$，$\frac{3}{8}$，$\frac{1}{8}$，1　[　→　→　→　]

(4) 1，$\frac{1}{3}$，$\frac{1}{5}$，$\frac{1}{2}$　[　→　→　→　]

3 □にあてはまる数を書きなさい。(24点) 1つ4

(1) $\frac{1}{6}$ Lの5倍は，□L　(2) □Lの4倍は，$\frac{4}{7}$ L

(3) $\frac{6}{8}$ mは，$\frac{1}{8}$ mの□倍　(4) □が6こで，1

(5) $\frac{7}{10}$ kgは，$\frac{1}{10}$ kgの□倍　(6) □は，$\frac{1}{4}$ の3倍

4 次の計算をしなさい。(36点) 1つ2

(1) $\frac{2}{7}+\frac{3}{7}$　(2) $\frac{1}{2}+\frac{1}{2}$　(3) $\frac{3}{4}+\frac{7}{4}$

(4) $\frac{2}{7}+\frac{6}{7}$　(5) $\frac{4}{5}+\frac{6}{5}$　(6) $\frac{9}{10}+\frac{3}{10}$

(7) $\frac{5}{8}-\frac{3}{8}$　(8) $\frac{4}{7}-\frac{3}{7}$　(9) $\frac{7}{9}-\frac{5}{9}$

(10) $\frac{5}{4}-\frac{3}{4}$　(11) $\frac{10}{6}-\frac{5}{6}$　(12) $\frac{17}{12}-\frac{13}{12}$

(13) $5\frac{1}{6}+\frac{5}{6}$　(14) $\frac{3}{10}+4\frac{7}{10}$　(15) $4\frac{5}{7}+\frac{5}{7}$

(16) $10\frac{3}{8}-7\frac{5}{8}$　(17) $8\frac{3}{7}-5\frac{1}{7}$　(18) $8\frac{1}{4}-5\frac{3}{4}$

5 ただし君は算数を $\frac{3}{6}$ 時間，国語を $\frac{4}{6}$ 時間，勉強しました。合わせて何時間勉強しましたか。(6点)

[　　]

算数㉓ 天びん ②

答え→176ページ　月　日

問題　２番目に重いものと２番目に軽いものの形を答えなさい。

目標時間　5分

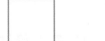

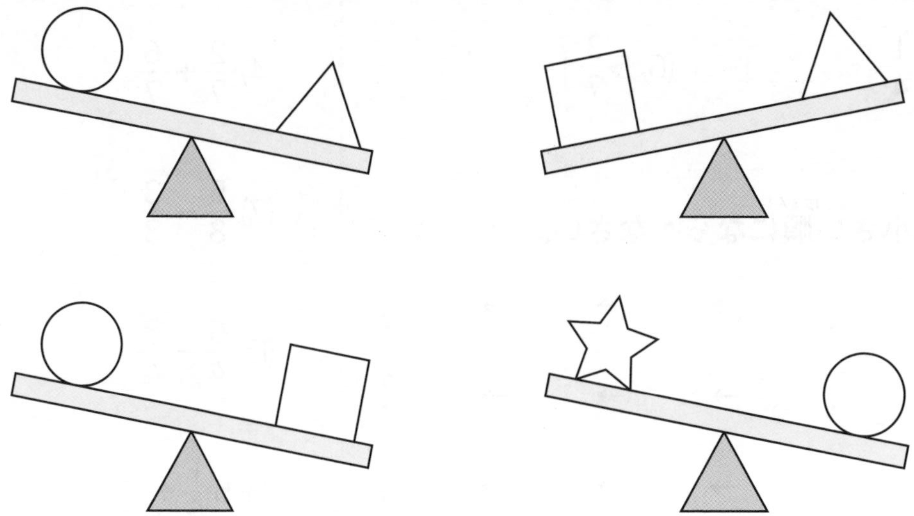

２番目に重い　□

２番目に軽い　□

『パズル道場（トレーニングⅡ）』（受験研究社）

変わり方

なまえ　4年　　組

答え→176ページ　　月　　日

時間 20分　合かく 80点　とく点　　点

1 **1だんの高さが15cmの階だんを上がります。だんの数と上がった高さの関係を表にしました。** (32点) 1つ8

(1) 表を完成しなさい。

だんの数(だん)	1	2	3	4	5	6	7	8	9	10
上がった高さ(cm)	15	30	45							

(2) だんの数を□だん，上がった高さを△cmとして，□と△の関係を式に表しなさい。 [　　　　]

(3) 15だん上がったときの高さは，何m何cmですか。 [　　　　]

(4) いま，3m 60cmの高さにいます。階だんを何だん上がりましたか。 [　　　　]

2 **8まいの色紙を，はる子さんとあき子さんの2人で分けます。次の問いに答えなさい。** (24点) 1つ8

(1) はる子さんが3まい取ると，あき子さんの取り分は何まいになりますか。 [　　　　]

(2) 2人の取り分を，下の表に書きなさい。

はる子(まい)	0	1	2	3					
あき子(まい)						3	2	1	0

(3) 2人の色紙の数の和は何まいになりますか。 [　　　　]

3 **下の図のように，面積が48 m^2 の畑があります。**

(1) □にあてはまる数を求めなさい。 (24点) 1つ8

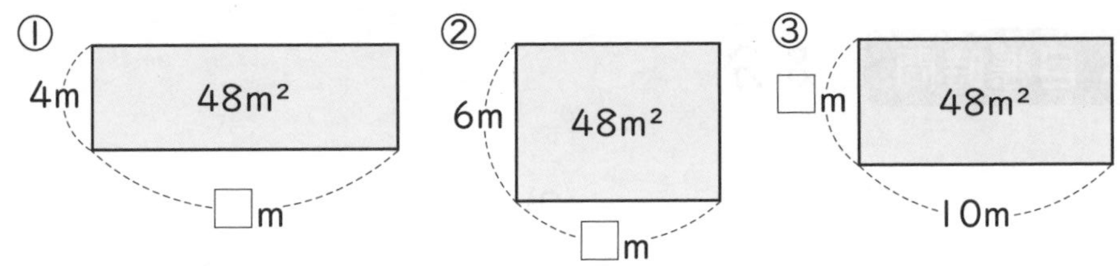

[　　]　[　　]　[　　]

(2) 長方形のたての長さを△m，横の長さを○mとすると，△と○の間にはどんなきまりがありますか。それを式に書きなさい。 (10点)

[　　　　]

4 **平ゴム㋐は，15cmから45cmに，平ゴム㋑は，25cmから50cmにのびます。どちらのゴムの方がよくのびるといえますか。** (10点)

[　　　　]

虫食い算（わり算）①

答え→176ページ　月　日

問題　□にあてはまる数を書きなさい。

目標時間　8分

(1)

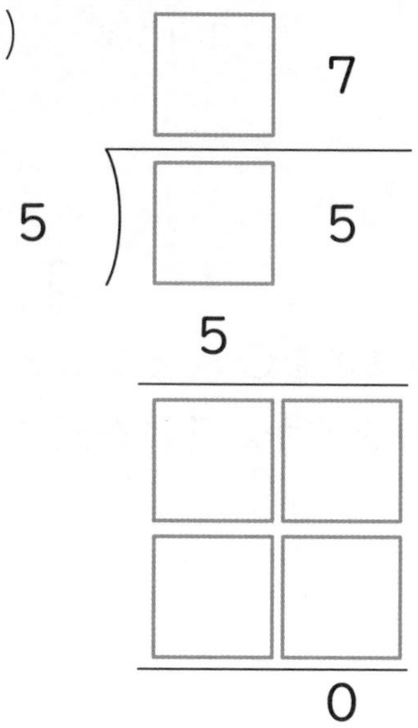

(2)

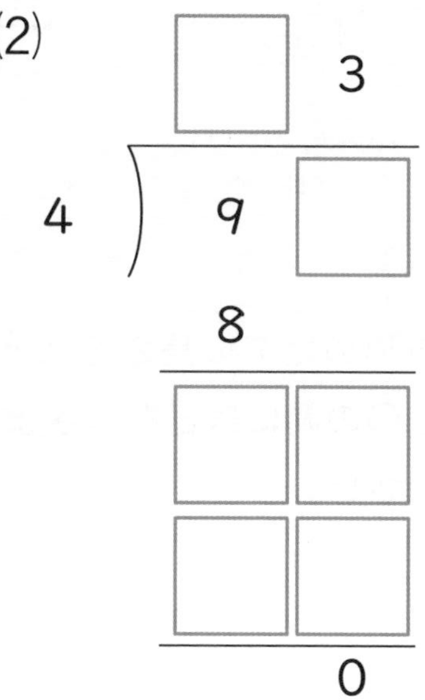

(3)

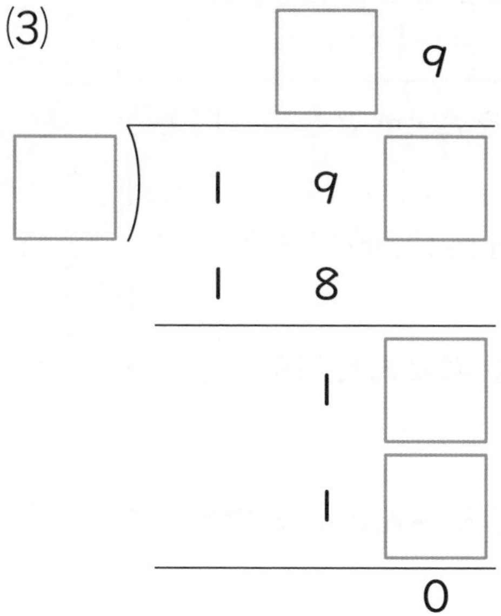

(4)

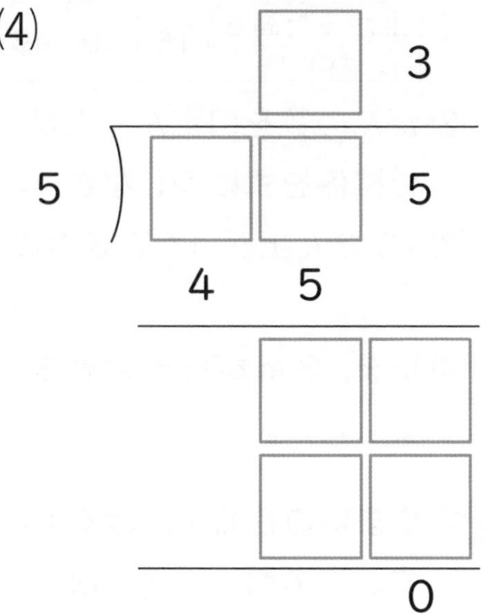

わり算は大きい位（くらい）から考えていくよ。

算数 25

面積（めんせき） ①

なまえ　4年　組

答え→176ページ　月　日

時間 20分　合かく 80点　とく点　点

1 下の方がんは，1目もりが1cmです。色をぬった正方形の面積（めんせき）は4 cm^2 で，長方形の面積は6 cm^2 です。(1)～(6)の色をぬったところの面積はどれだけですか。(30点) 1つ5

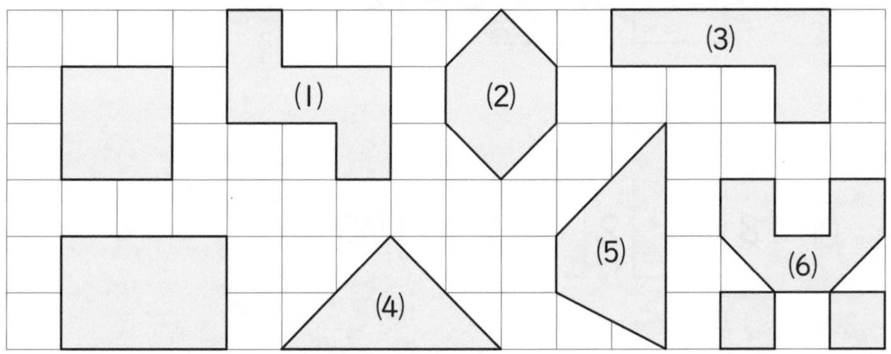

(1) [　　] (2) [　　] (3) [　　]

(4) [　　] (5) [　　] (6) [　　]

2 次の形の面積を求（もと）めなさい。(10点) 1つ5

(1)

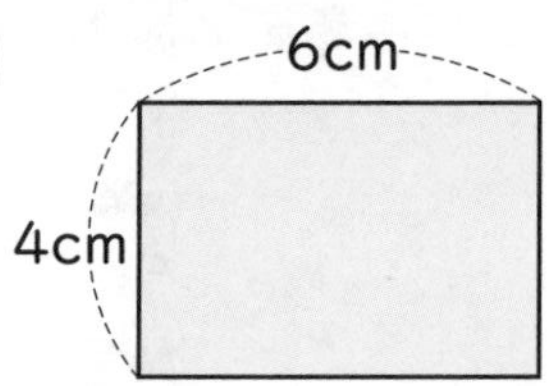

(2)

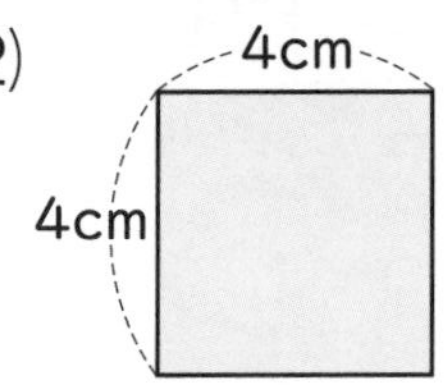

[　　]　[　　]

3 □にあてはまる数を求めなさい。(20点) 1つ10

(1)

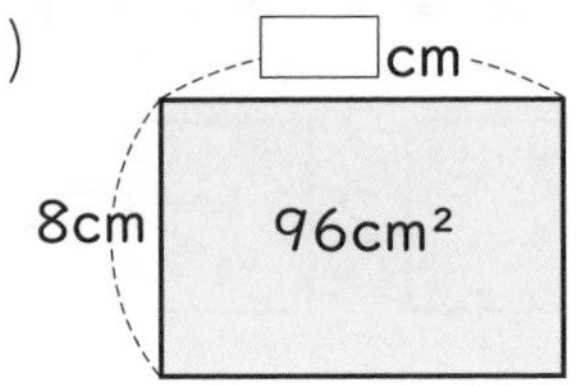

(2)

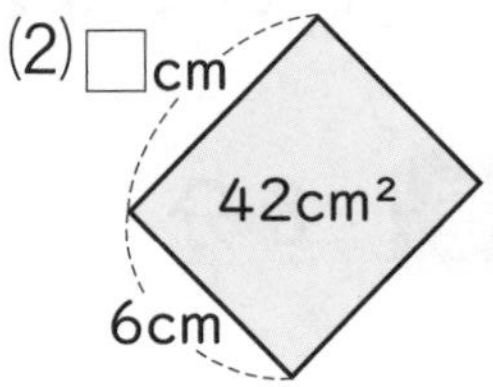

[　　]　[　　]

4 次の面積を求めなさい。(20点) 1つ10

(1) たて21 cm，横15 cmのノートの面積

[　　]

(2) 1辺（へん）が12 cmの色紙の面積

[　　]

5 たて12 cm，横8 cmの長方形と，その長方形とまわりの長さが同じ正方形があります。どちらが何 cm^2 広いですか。(20点)

[　　]のほうが[　　]広い。

算数　理科　社会　英語　国語　答え

思考力トレーニング

算数 ㉕ 計算パズル（×と÷）③

答え→176ページ　月　日

問題　□にあてはまる×や÷を書きなさい。

目標時間　8分

(1) 18 □ 2 □ 3＝3

(2) 18 □ 2 □ 3＝12

(3) 18 □ 2 □ 3＝27

(4) 18 □ 2 □ 3＝108

(5) 48 □ 4 □ 3＝576

(6) 48 □ 4 □ 3＝4

(7) 48 □ 4 □ 3＝36

(8) 48 □ 4 □ 3＝64

ためしに入れて
考えてみよう。

算数 26

面積 ②

なまえ　4年　組

答え→176ページ　月　日

時間 20分　合かく 80点　とく点　点

1 次の表を完成しなさい。(24点) 1つ3

単位	同じ広さの正方形の1辺の長さ	別の単位で表すと
1 m^2	(1)　m	(2)　cm^2
1 a	(3)　m	(4)　m^2
1 ha	(5)　m	(6)　m^2
1 km^2	(7)　m	(8)　m^2

2 □にあてはまる数を書きなさい。(24点) 1つ4

(1) 6 m^2＝□ cm^2　(2) 350000 mm^2＝□ cm^2

(3) 450000 cm^2＝□ m^2　(4) 700000 m^2＝□ km^2

(5) 0.8 km^2＝□ m^2　(6) 32000 cm^2＝□ m^2

3 次の面積を求めなさい。(12点) 1つ6

(1) 1辺12 m の正方形の畑の面積

[　　]

(2) たて16 km，横13 km の長方形の土地の面積

[　　]

4 右の図のような長方形の庭の中に，正方形の池をつくります。池のまわりの土地の面積を，池の面積の2倍にするには，庭の横の長さを何 m にすればよいですか。(12点)

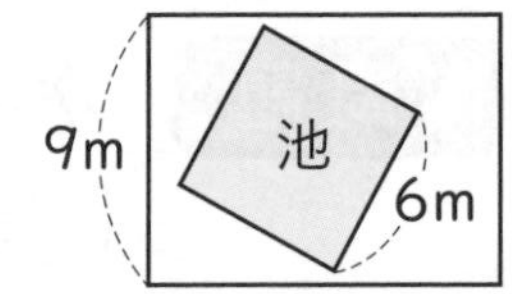

[　　]

5 右のような長方形の土地の中に，はば5 m の道を図のようにつけます。道をのぞいた土地の面積はどれだけになりますか。(14点)

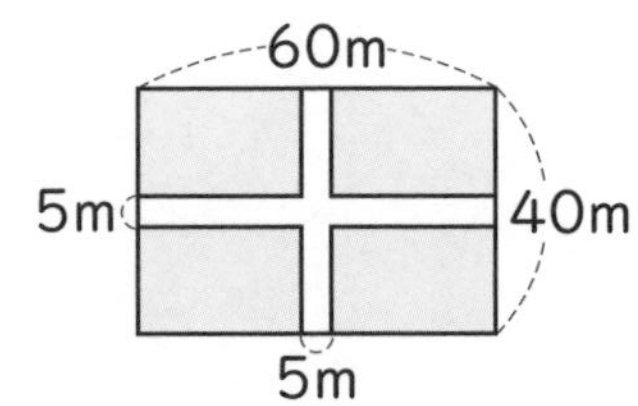

[　　]

チャレンジ

6 1辺が8 cm の正方形を2つ，図のように重ね合わせました。色のついた部分の面積を求めなさい。(14点)

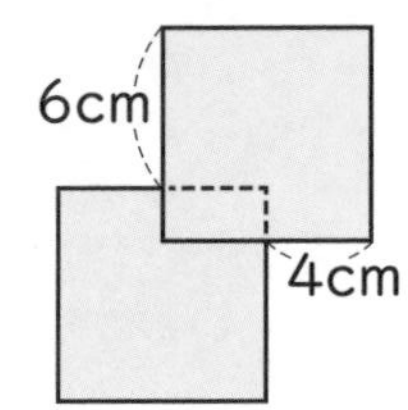

[　　]

思考力トレーニング

算数㉖ あなあき計算

答え→177ページ　月　日

問題 次の式では，数字1〜9が順（じゅん）にならんでいます。
□に＋や－を入れて，式を完成（かんせい）させなさい。

目標時間 8分

(1) 123 □ 4 □ 5 □ 67 □ 89＝100

(2) 12 □ 3 □ 4 □ 5 □ 67 □ 8＋9＝100

(3) 1 □ 2 □ 34 □ 5 □ 67 □ 8 □ 9＝100

ぜんぶたすと
100よりいくつ
大きくなるかな？

算数 27

直方体と立方体 ①

なまえ　4年　組

答え→177ページ　月　日

時間 20分　合かく 80点　とく点　点

1 □にあてはまることばを書きなさい。 (10点) 1つ5

(1) 長方形だけでかこまれた形や，長方形と正方形でかこまれた形を［　　　］といいます。

(2) 正方形だけでかこまれた形を［　　　］といいます。

2 右のような立方体があります。この形をねん土玉とひごでつくります。ねん土玉はいくついりますか。また，ひごは何本いりますか。 (18点) 1つ9

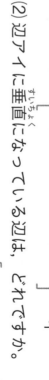

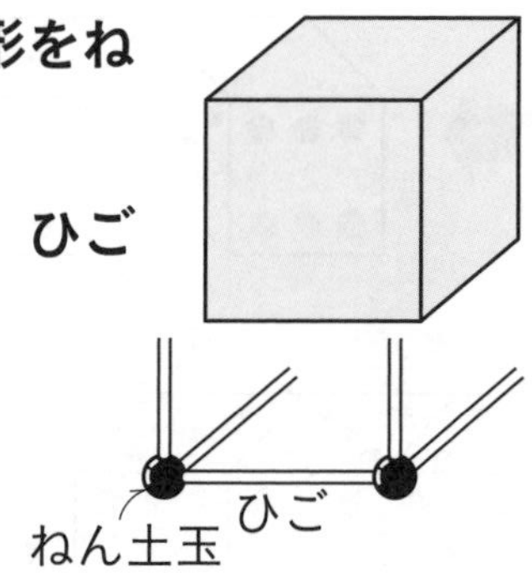

ねん土玉［　　　］

ひご［　　　］

3 右下の直方体のどの面にも，きれいにおり紙をはります。たて，横の長さが何 cm のおり紙が，それぞれ何まいずついるか，下の表に書きなさい。 (24点)

おり紙の大きさ		まい数
たて	横	
8 cm	6 cm	2 まい
cm	cm	まい
cm	cm	まい

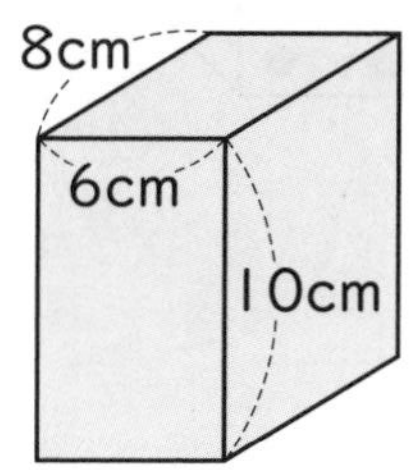

4 右の図は，直方体です。次の問いに答えなさい。 (24点) 1つ6

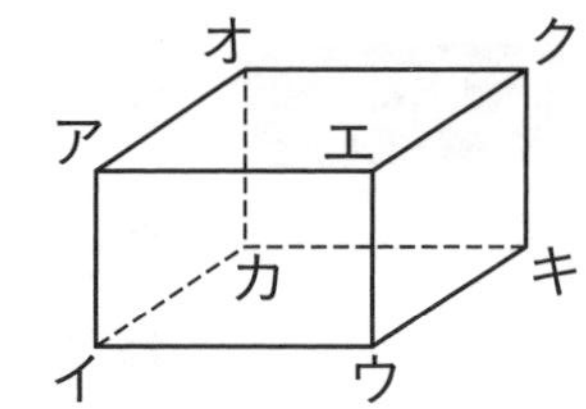

(1) 辺アエに平行な辺は，どれですか。［　　　］

(2) 辺アイに垂直になっている辺は，どれですか。［　　　］

(3) 面アイウエに平行になっている面は，どれですか。［　　　］

(4) 面アイウエに垂直になっている面は，どれですか。［　　　］

5 右の直方体で，頂点アをもとにして，辺アイを横の方向，辺アエをたての方向，辺アカを高さの方向として，次の点の位置を（横，たて，高さ）で表しなさい。 (24点) 1つ8

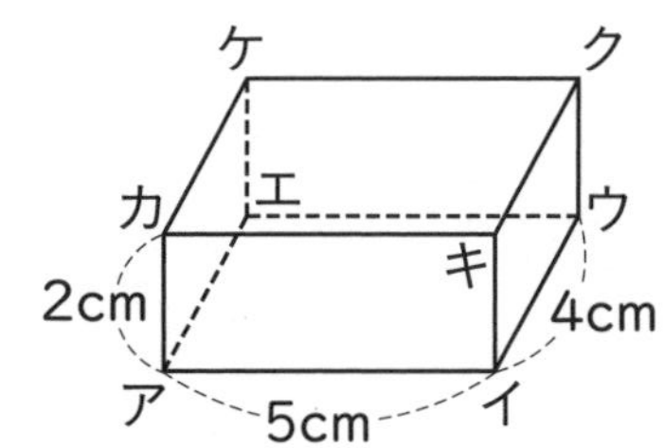

(1) 頂点ク［　　　］

(2) 頂点エ［　　　］

(3) 辺カケの真ん中の点［　　　］

さいころのかくれた目

答え→177ページ　月　日

問題　さいころの同じ目の面をくっつけてならべます。かくれた目の数はいくつですか。[ ]に数字を書きなさい。ただし，さいころは，向かい合った面の数の和が7になるようになっています。

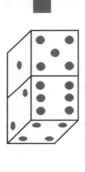

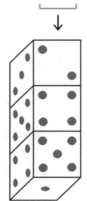

目標時間　5分

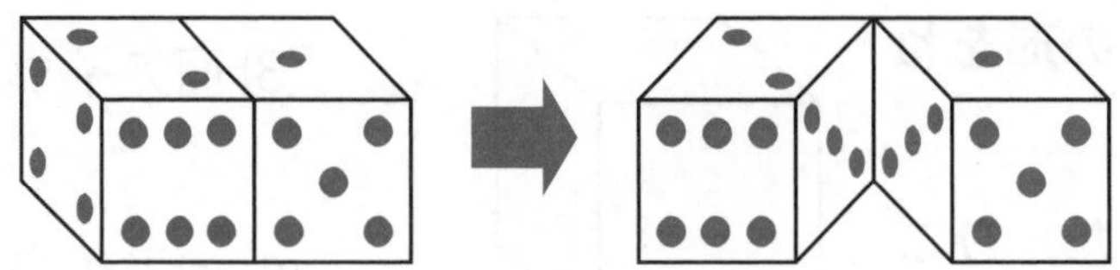

(1)

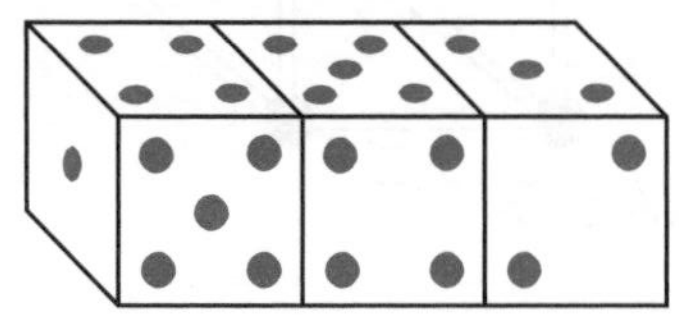

←[　　]

(2)

[　　]→

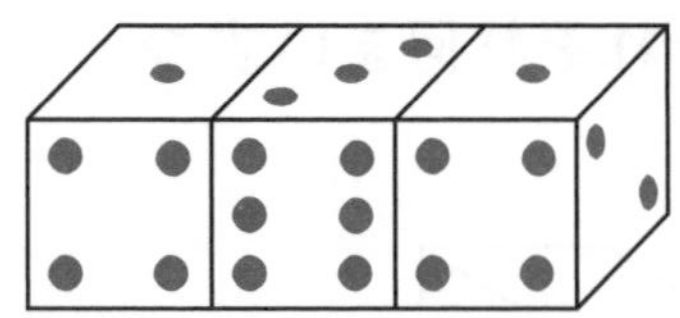

直方体と立方体 ②

なまえ　4年　組

答え→177ページ　月　日

時間 20分　合かく 80点　とく点　点

1 右のてん開図を組み立てたときにできる直方体について答えなさい。 (30点) 1つ10

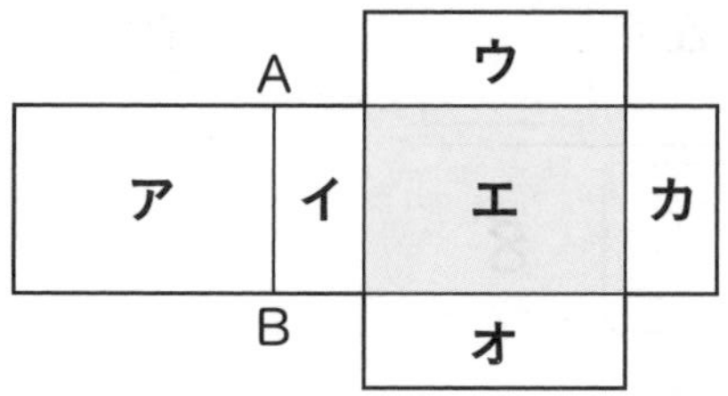

(1) 面**エ**と平行になる面は，どの面ですか。

[　　　]

(2) 面**イ**と面**ウ**は平行ですか，それとも垂直（すいちょく）ですか。

[　　　]

(3) 辺（へん）ＡＢと垂直になる面を，あるだけ書きなさい。

[　　　]

2 下の図は，直方体の見取図です。これを，てん開図に表しなさい。 (10点)

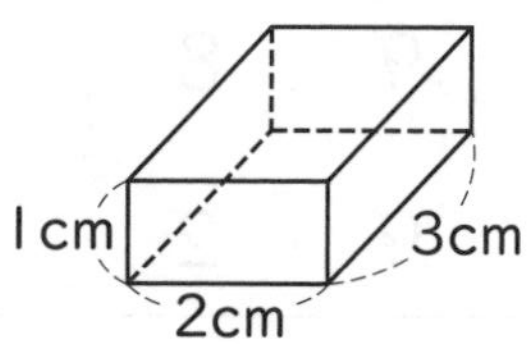

3 右のてん開図について，次の問いに答えなさい。 (50点) 1つ10

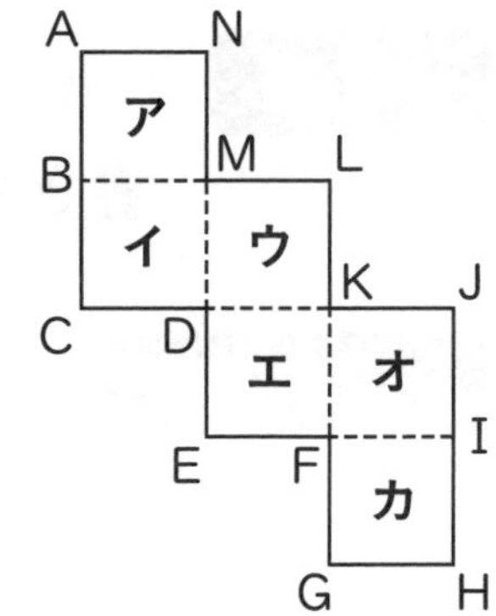

(1) 組み立てると，どんな図形になりますか。

[　　　]

(2) 面**ア**と平行な面は，どれですか。

[　　　]

(3) 面**ア**と垂直な面は，どれですか。

[　　　]

(4) 組み立てたとき，辺ＡＢと重なるのは，どの辺ですか。

[　　　]

(5) 組み立てたとき，点Ｃと重なるのは，どの点ですか。

[　　　]

チャレンジ

4 下の見取図は，３この面に線がかいてあります。この見取図をてん開図に表すとき，残（のこ）りの２つの面に，線をかき入れなさい。 (10点)

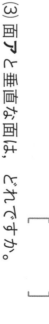

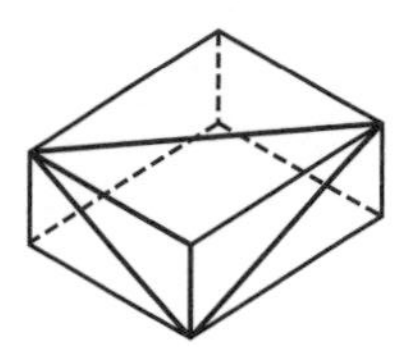

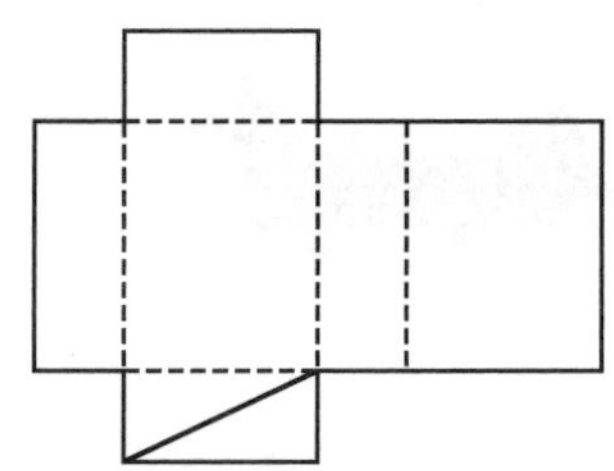

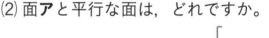

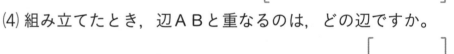

虫食い算（わり算）②

答え→177ページ

月　日

問題　□にあてはまる数を書きなさい。

目標時間　8分

(1)

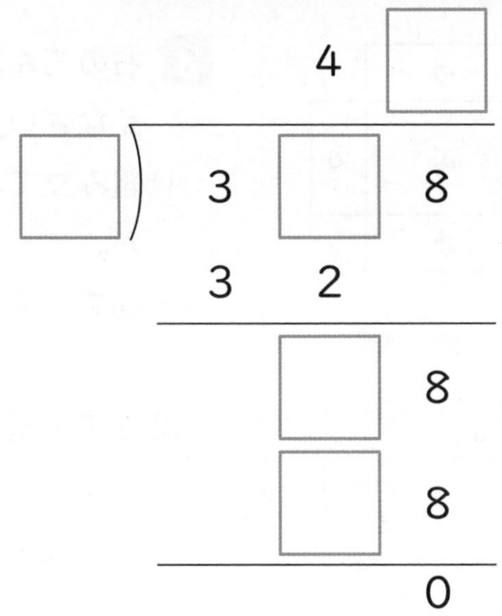

(2)

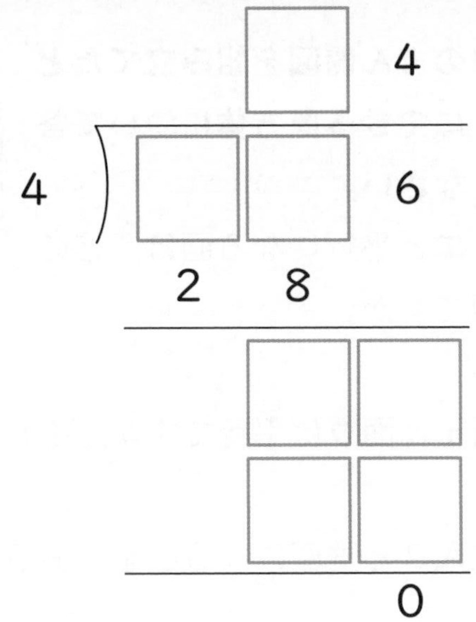

(3)

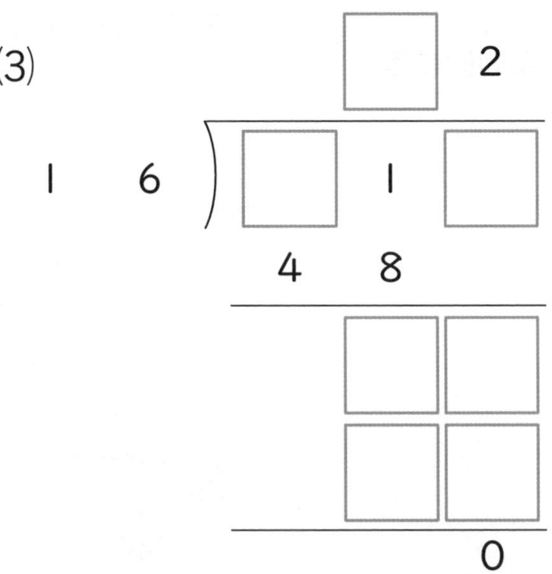

(4)

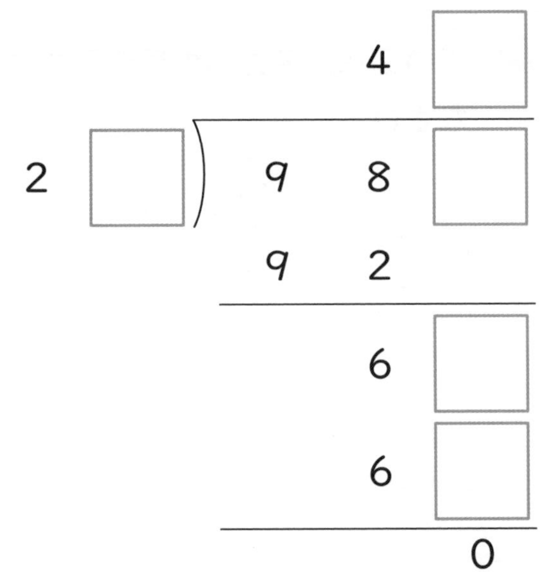

算数 29

いろいろな問題

なまえ　4年　　組

答え→177ページ　　月　　日

時間 20分　合かく 80点　とく点　　点

1 ある数から 23 をひき，その数に 8 をたすと，17 になりました。ある数を求(もと)めなさい。(10点)

[　　　]

2 次の数は，あるきまりにしたがってならんでいます。□にあてはまる数を書きなさい。(20点) 1つ10

(1) 1，5，□，13，17，□

(2) 3，9，27，□，243

3 あきなさんは，色紙を 36 まい，妹は 24 まい持っています。あきなさんが，妹に何まいあげると，2 人の色紙の数は同じになりますか。(15点)

[　　　]

4 ただしさんが，高さ 35 cm のいすの上に立つと 170 cm の高さになります。高さ 55 cm のふみ台に立つと，何 cm の高さになりますか。(15点)

[　　　]

チャレンジ

5 はるとさんの持っているお金は，兄さんより 80 円少なく，弟より 60 円多いです。3 人の合計は 800 円です。それぞれ持っているお金はいくらですか。(20点)

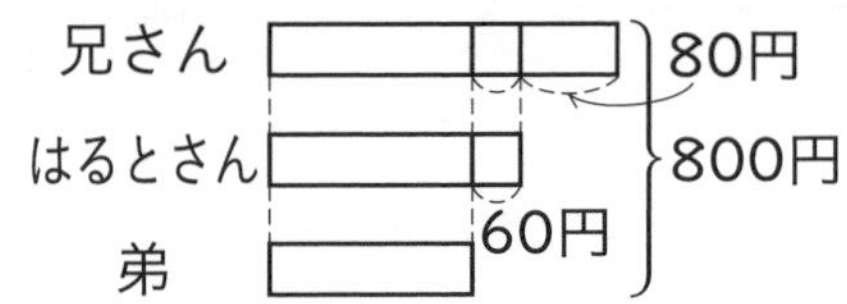

兄さん[　　　]　はるとさん[　　　]　弟[　　　]

チャレンジ

6 ひろ子さんはノート 2 さつとえん筆 1 本を買って 530 円はらいました。あきらさんは同じノート 2 さつとえん筆 3 本を買って 710 円はらいました。ノート 1 さつ，えん筆 1 本のねだんはそれぞれいくらですか。(20点)

ノート[　　　]　えん筆[　　　]

算数　理科　社会　英語　国語　答え

思考力トレーニング

算数 ㉙ 天びん ③

答え→178ページ　月　日

問題　いちばん軽いものと３番目に重いものの形を答えなさい。

目標時間　５分

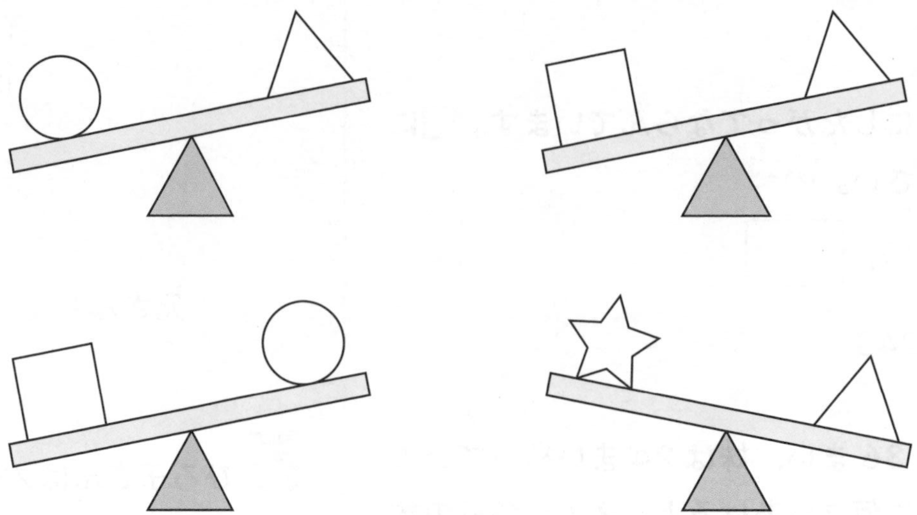

いちばん軽い　□　　３番目に重い　□

☆と□はどちらが重いのだろう？

『パズル道場（トレーニングⅡ）』（受験研究社）

チャレンジテスト 3

なまえ　4年　組

答え→178ページ　月　日

時間 25分　合かく 80点　とく点　点

1 **色のついた部分を，仮分数と帯分数で表しなさい。** (16点) 1つ8

(1)
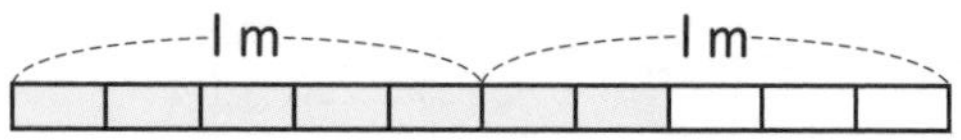

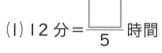

仮分数［　　　］　帯分数［　　　］

(2)
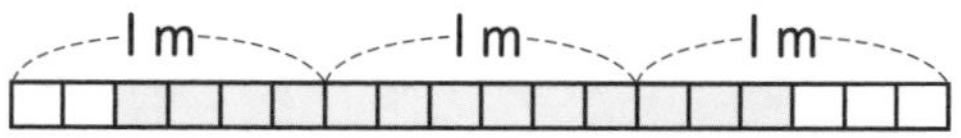

仮分数［　　　］　帯分数［　　　］

2 **□にあてはまる数を書きなさい。** (16点) 1つ4

(1) 12分＝$\frac{\square}{5}$時間

(2) 10分＝$\frac{\square}{\square}$時間

(3) $1\frac{3}{4}$kgは$\frac{1}{4}$kgの□倍

(4) $\frac{12}{5}$Lは□Lと$\frac{2}{5}$L

3 **次の計算をしなさい。** (25点) 1つ5

(1) 13.9×4

(2) $52.64\div7$

(3) $\frac{5}{8}+\frac{7}{8}+1\frac{3}{8}$

(4) $2\frac{1}{6}-\frac{10}{6}+\frac{5}{6}$

(5) $3\frac{5}{2}-2-\frac{1}{2}$

4 **□が1大きくなると，△がどのように変わるかを調べて表にしました。この表を見て，次の問いに答えなさい。** (15点) 1つ5

□	1	2	3	4	5
△	40	80	120	160	200

(1) □が8のとき，△はいくつですか。　［　　　］

(2) △が600のとき，□はいくつですか。　［　　　］

(3) □と△の関係を式に表しなさい。

［　　　］

5 **次の形の面積を求めなさい。** (14点)

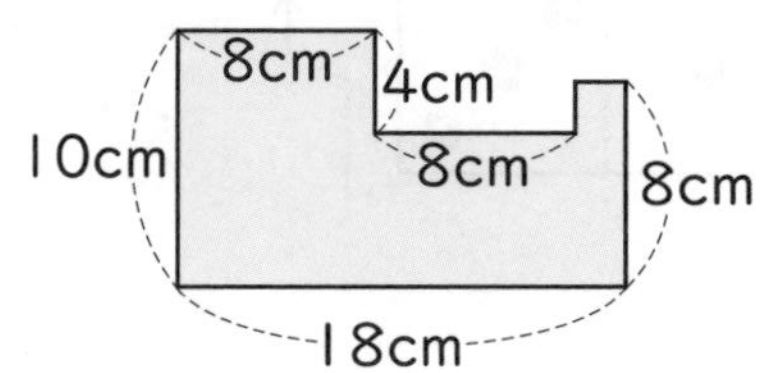

［　　　］

6 **えん筆1本とノート1さつを買って，180円はらいました。ノートはえん筆の2倍のねだんです。えん筆とノートのねだんはそれぞれいくらですか。** (14点)

えん筆［　　　］　ノート［　　　］

さいころの切り開いた図 ③

答え→178 ページ　月　日

問題　さいころの向かい合った面の数の和は，7になっています。
下の図の［　］にあてはまる数字を書きなさい。

目標時間　5分

(1)

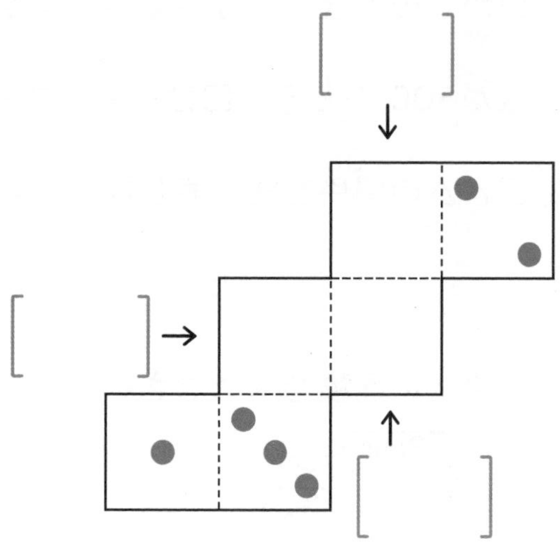

(2)

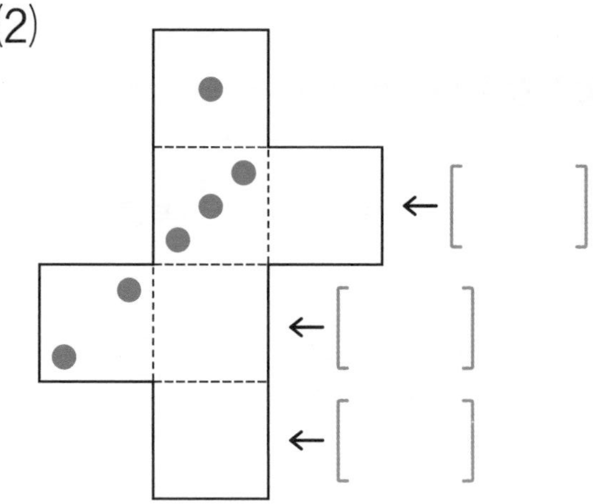

頭の中でさいころを組み立てよう！

算数 31 仕上げテスト 1

なまえ 4年 組

答え→178ページ　月　日

時間 25分　合かく 80点　とく点 点

1 **次の計算をしなさい。((7)(8)はわり切れるまで計算しなさい。)** (48点) 1つ4

(1) 4.3+0.765

(2) 0.999+0.18

(3) 7.2−0.34

(4) 2.8−2.609

(5) 2.6×6

(6) 1.8×900

(7) 3.8÷8

(8) 2.3÷4

(9) $9\frac{1}{2}+3\frac{1}{2}$

(10) $4\frac{2}{7}+6\frac{6}{7}$

(11) $6\frac{2}{3}-5\frac{1}{3}$

(12) $12\frac{2}{9}-7\frac{7}{9}$

2 **次の漢数字を数字になおしなさい。** (10点) 1つ5

(1) 五千八百七億三千八百二十四

[　　　　]

(2) 七百二兆五十億六百万

[　　　　]

3 **三角じょうぎを組み合わせて，下の図の形をつくりました。次の角度を□に書きなさい。** (15点) 1つ5

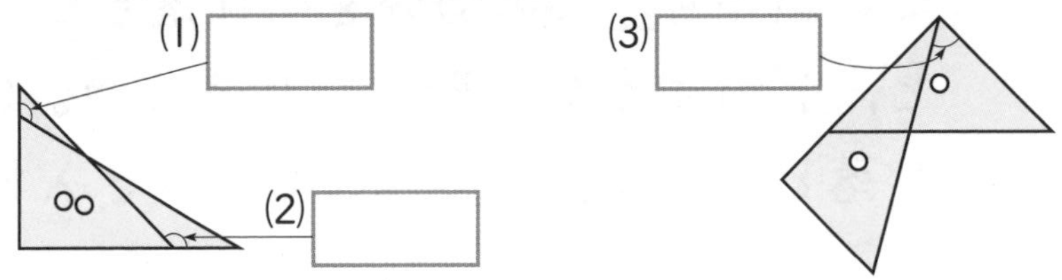

4 **正方形の1辺の長さを□cm，まわりの長さを△cmとして，□と△の関係を式に表しなさい。** (12点)

[　　　　]

5 **右のようなてん開図を組み立ててできる形について答えなさい。** (15点) 1つ5

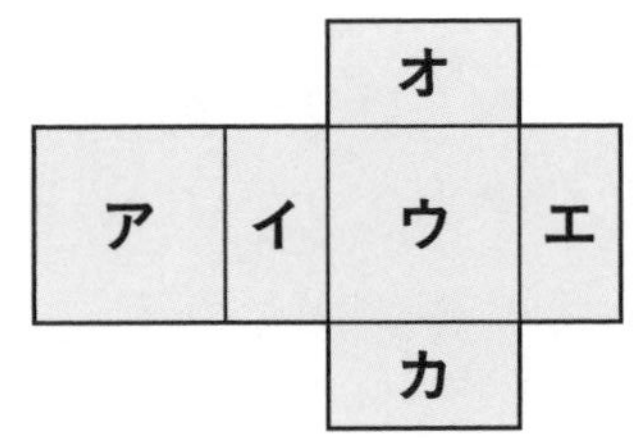

(1) 組み立てたときにできる形を何といいますか。

[　　　　]

(2) 面**カ**に垂直になる面はいくつありますか。 [　　　　]

(3) 面**カ**に平行になる面はどれですか。 [　　　　]

算数㉛ 紙切り②

答え→178ページ 月 日

問題 正方形の紙を，図のように点線を折り目にして折りました。この紙から▨の部分を切り落として，残った部分を広げると，どのような図形になりますか。（答え）のところに，切り落とした部分を▨にしてかき入れなさい。

目標時間 5分

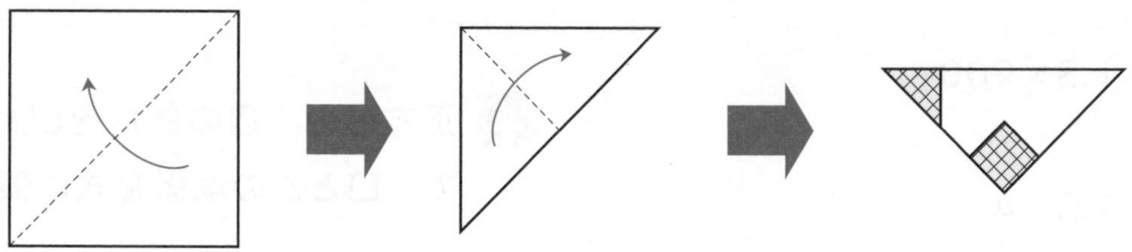

（答え）

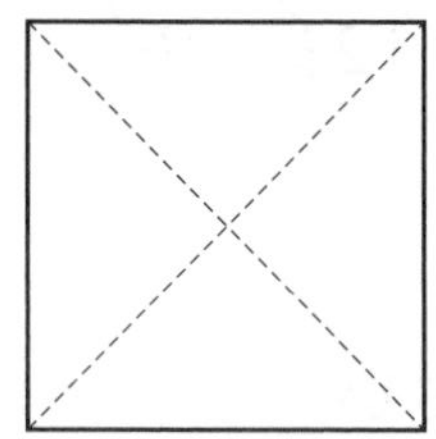

『パズル道場（トレーニングⅡ）』（受験研究社）

折った紙を広げるとどうなるか，
ひとつずつ考えていこう。

算数 32

仕上げテスト 2

なまえ　4年　組

答え→178ページ　月　日

時間 25分　合かく 80点　とく点　点

1 **0〜9までの 10 まいのカードがあります。このカードを使って次の数をつくりなさい。** (20点) 1つ5

(1) いちばん大きい 10 けたの数 [　　]

(2) いちばん小さい 10 けたの数 [　　]

(3) 1 億にいちばん近い数 [　　]

(4) 30 億にいちばん近い数 [　　]

2 **ある町の人口を四捨五入して，上から 2 けたのがい数にして表すと，36000 人になりました。この町の人口は，いちばん多くて何人，いちばん少なくて何人ですか。** (14点) 1つ7

いちばん多い [　　]

いちばん少ない [　　]

3 **たて 4 m，横 6 mの花だんのまわりに，はば 1 mのしばふを植えます。しばふの面積を求めなさい。** (15点)

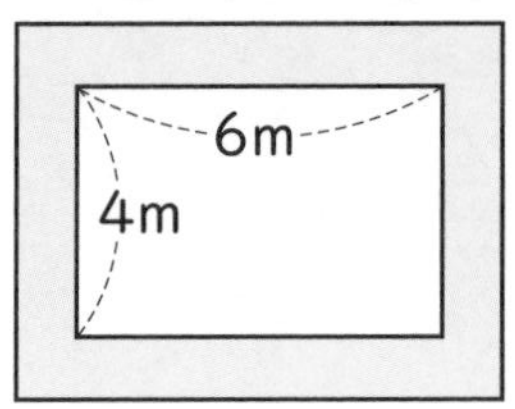

[　　]

4 **子ども会で動物園に行く人数を調べたら，男 18 人，女 22 人，子ども 28 人，大人 12 人でした。このうち，男の子どもは 14 人です。** (15点) 1つ5

(1) 女の子どもは何人ですか。 [　　]

(2) 男の大人は何人ですか。 [　　]

(3) 右の表を完成しなさい。

(人)

	男	女	計
子ども			
大　人			
計			

5 **つるを折るので，ただしさんとあきらさんは，130 まいの色紙を 2 人で分けます。ただしさんのほうが 10 まい多くなるようにします。それぞれのまい数を求めなさい。** (16点)

ただし [　　]　あきら [　　]

チャレンジ

6 **あき子さんは 1 月から毎月 200 円ずつ貯金します。姉さんは 4 月から毎月 300 円ずつ貯金します。** (20点) 1つ10

(1) 2 人の貯金が同じになるのは何月ですか。

[　　]

(2) 姉さんのほうが 200 円多くなるのは何月ですか。

[　　]

算数　理科　社会　英語　国語　答え

算数 ㉜ まほうじん ②

答え→178ページ

月　日

問題　下の表のあいているところに整数を入れ，たてにたしても横にたしてもななめにたしても，それぞれの3つの数の和が同じになるようにしなさい。

目標時間　5分

	11	9
9		
		10

『パズル道場（トレーニングⅡ）』（受験研究社）

生き物のくらし

なまえ　4年　組

答え→179ページ　月　日

時間 20分　合かく 80点　とく点　点

算数　理科　社会　英語　国語　答え

1 ヘチマを育てるため，植木ばちに種をまきました。 (18点) 1つ6

(1) ヘチマの種を，次のア～エから選びなさい。 [　　]

(2) 種は，1cmくらい，10cmくらいのどちらの深さにまきますか。 [　　]

(3) 葉が3～4まい出てきたら，なえを植えかえます。土の中には，根にふれないようにして何を入れておきますか。 [　　]

2 下の図は，ヘチマのめばなが変化するようすを表したものです。

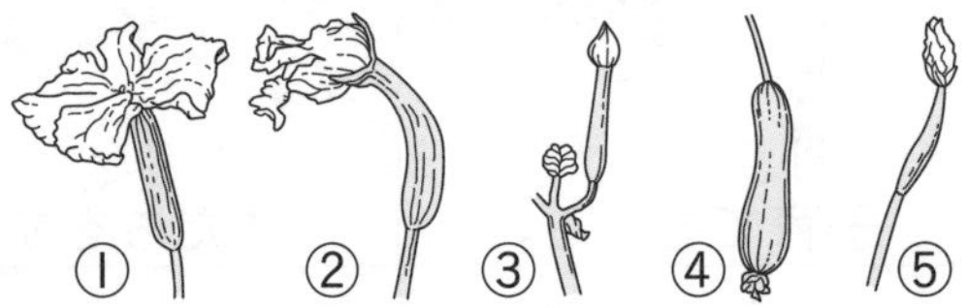

[　] [　] [　] [　] [　]

(1) ヘチマのように，2種類の花をさかせる植物を，次のア～ウから選びなさい。 (6点) [　　]

ア アサガオ　イ ホウセンカ　ウ ツルレイシ

(2) 図の①～⑤の[　]に，花の変わり方の順になるように番号を入れなさい。 (全部で6点)

(3) ヘチマの実がじゅくしました。実の中には何が入っていますか。 (6点) [　　]

3 次の(1)～(6)のようすを表す季節を[　]の中に，春・夏・秋・冬のいずれかで書きなさい。 (36点) 1つ6

(1) おたまじゃくしが見られる。 [　　]

(2) セミが鳴き始める。 [　　]

(3) ヘチマの花がさく。 [　　]

(4) イネの葉が黄色くなって，頭がたれている。 [　　]

(5) アジサイのえだに葉はなく，芽ができている。 [　　]

(6) サクラの葉が赤く色づく。 [　　]

4 次のこん虫について調べました。 (28点) 1つ7

ア モンシロチョウ　イ オオカマキリ　ウ ナナホシテントウ
エ カブトムシ　オ クマゼミ　カ トノサマバッタ

(1) 次の①，②のすがたで冬ごしをするこん虫を，ア～カからそれぞれすべて選びなさい。

① たまご [　　]　② 成虫 [　　]

チャレンジ

(2) ア～カのこん虫を，次の①，②のように2つのグループに分けました。それぞれどのような分け方をしていますか。

① **アウエ**のグループと**イオカ**のグループ

[　　]

② **アエオカ**のグループと**イウ**のグループ

[　　]

思考力トレーニング

理科 ①　季節(きせつ)と生き物

答え→179ページ　月　日

問題　オオカマキリとツバメの観察(かんさつ)カードがそれぞればらばらになってしまいました。それぞれのようすについて，春→夏→秋→冬の順(じゅん)に正しくならべかえなさい。

目標時間　5分

	ア	イ	ウ	エ
オオカマキリ	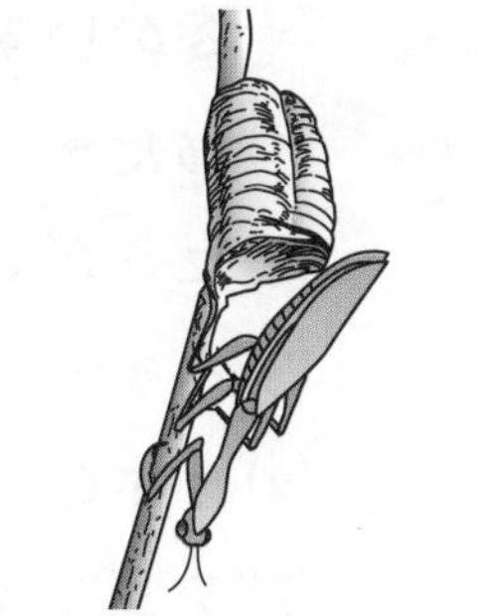 たまごをうむ。	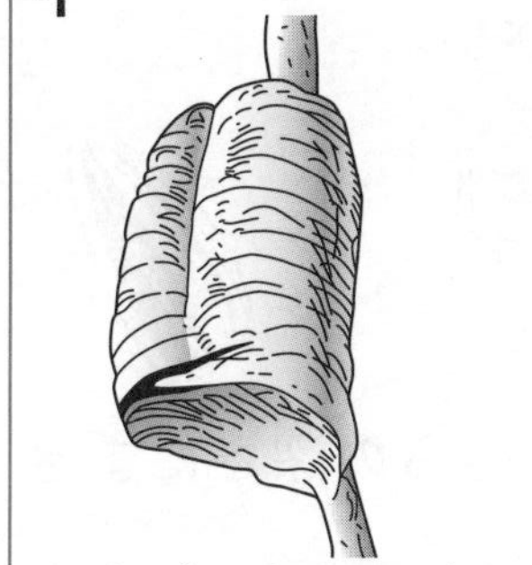 たまごのまますごす。	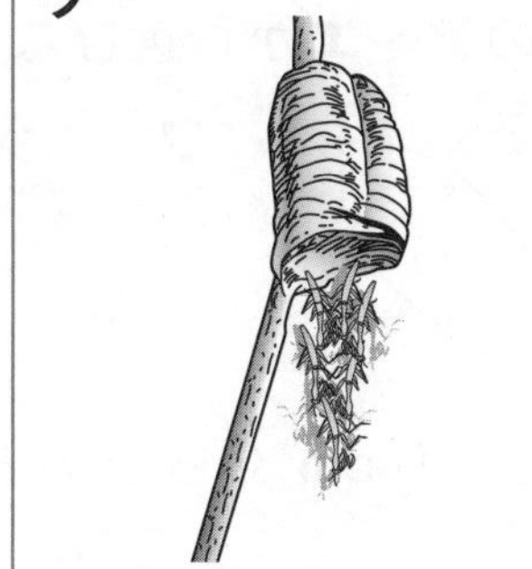 たまごからかえる。	 よう虫から成虫(せいちゅう)へ。
ツバメ	 南のほうですごす。	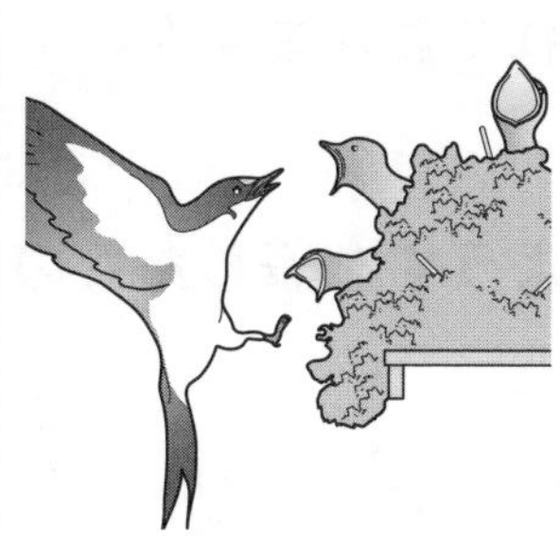 子育てをする。	 すだちをする。	 たまごをうむ。

	春		夏		秋		冬
オオカマキリ		→		→		→	
ツバメ		→		→		→	

季節によって、生き物のようすはちがったね。

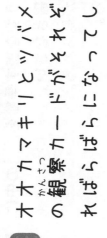

電気のはたらき

なまえ　4年　組

答え→179ページ　月　日

時間 20分　合かく 80点　とく点　点

1 次の文の[　]にあてはまることばを書きなさい。 (8点) 1つ2

(1) 電気の流れを[①　　　]といい，[①]の流れる道すじを[②　　　]という。

(2) [①] は，かん電池の[③　　　]極(きょく)から[②]を通って[④　　　]極に向かって流れる。

2 豆電球を明るくつけるため，2つのかん電池のいろいろなつなぎ方をしました。 (42点) 1つ6

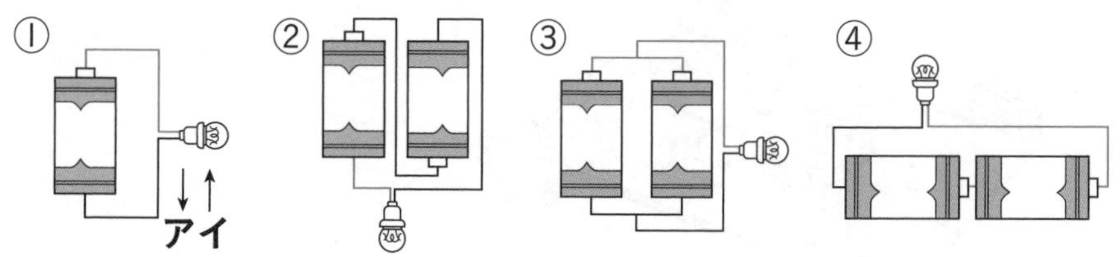

(1) ①で，電流の流れる向きは，**ア**と**イ**のどちらですか。 [　　]

(2) 豆電球が①と同じ明るさでつくのは，どれですか。 [　　]

(3) (2)のかん電池は，何つなぎですか。 [　　]

(4) 豆電球の明かりがつかないのは，どれですか。 [　　]

(5) いちばん明るいのは，どれですか。 [　　]

(6) (5)のかん電池は，何つなぎですか。 [　　]

(7) つなぎ方によって豆電球の明るさがちがうのは，どうしてですか。

[　　　　]

3 けん流計を使い，流れている電流の大きさを調べています。ア～キのⒼがけん流計を表しています。 (30点) 1つ6

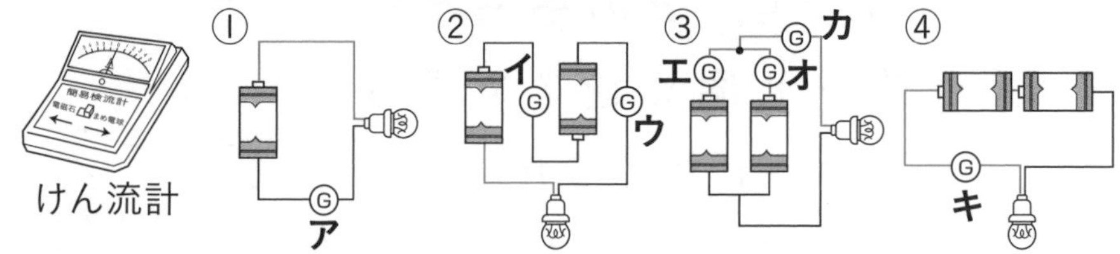

(1) はりがいちばん大きくふれたのは，どれですか。 [　　]

(2) **エ**と**カ**のはりのふれは，どちらが大きいですか。 [　　]

(3) **ア**とはりのふれが同じなのは，どれですか。 [　　]

(4) はりがふれないのは，どれとどれですか。 [　　]と[　　]

チャレンジ

4 プロペラつきモーターとスイッチア，イ，ウ，かん電池エ，オを図のようにつなぎました。

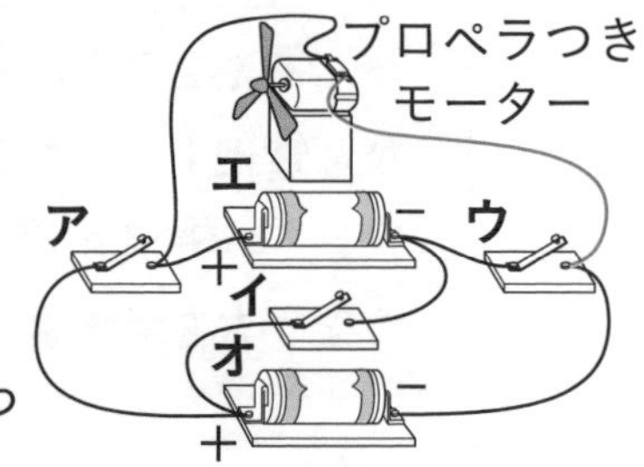

(1) プロペラが，①いちばんはやく回ったとき，②いちばん長い時間回ったときに入れていたスイッチはどれですか。それぞれすべて答えなさい。(12点) 1つ6　①[　　　]　②[　　　]

(2) スイッチ**ア**だけを入れるとプロペラが回転しました。このあと，プロペラが回る向きを反対にするにはどのようにすればよいですか。**ア**～**オ**のうち記号を1つ使って説明(せつめい)しなさい。(8点)

[　　　　]

モーターカー

答え→179ページ　月　日

問題　**イ**～**オ**のモーターカーのうち，**ア**のモーターカーと同じ速さで走るのは，どれですか。

目標時間　5分

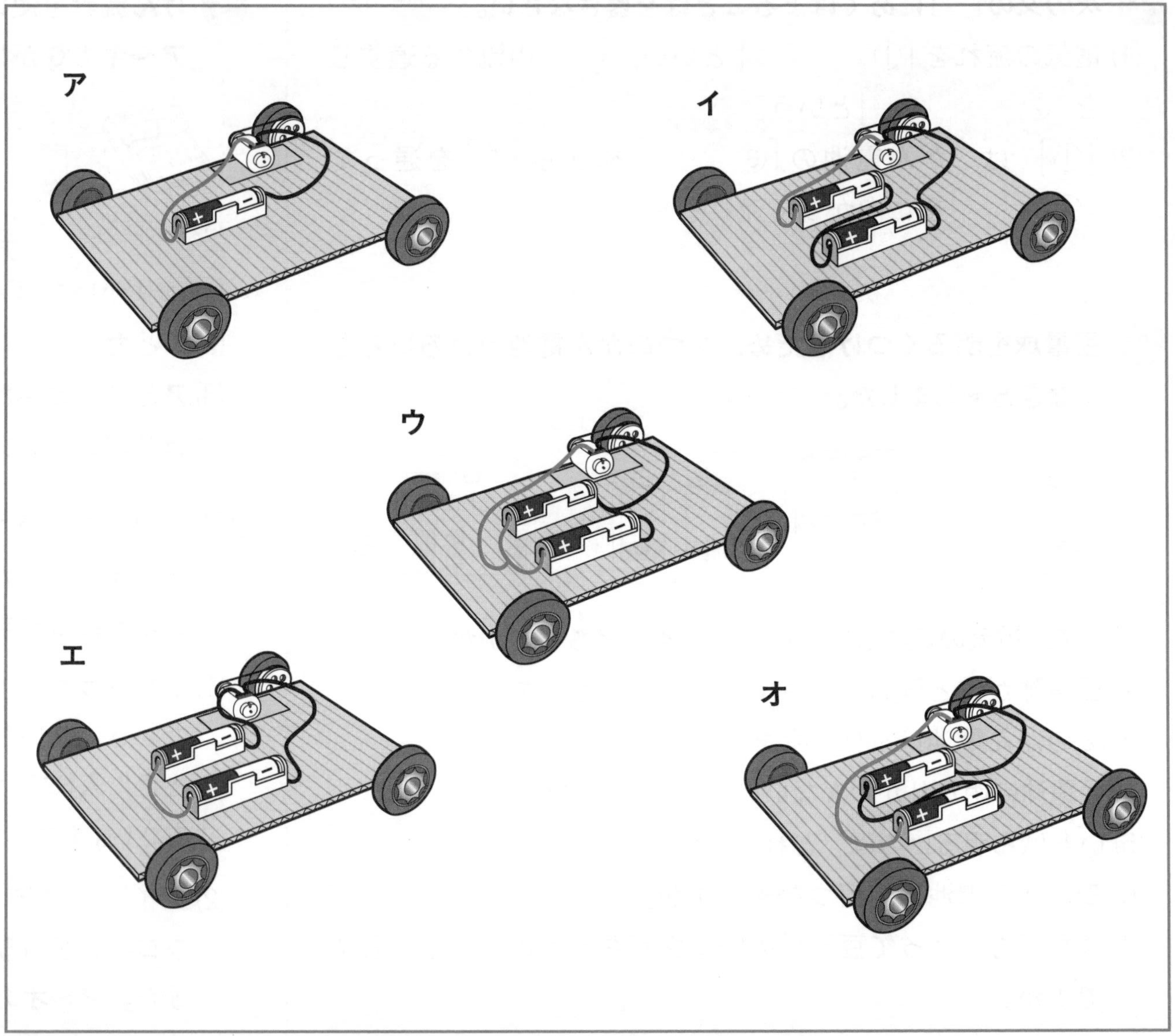

□

かん電池２こを使って，
かん電池１こと同じ
大きさの電流が流れる
つなぎ方を考えよう。

星や月の動き

なまえ　4年　組

答え→179ページ　月　日

時間 20分　合かく 80点　とく点　点

1 次の問いに答えなさい。 (20点) 1つ5

(1) **ア**～**エ**の星を見える色によって，①，②に分けなさい。

①赤い色の星 [　　]

②白い色の星 [　　]

ア ことざのベガ　**イ** さそりざのアンタレス

ウ はくちょうざのデネブ　**エ** わしざのアルタイル

(2) 赤い色の星と白い色の星では，どちらのほうが表面温度が高いですか。 [　　い色の星]

(3) 星の明るさは等級で表します。１等星と２等星では，どちらのほうが明るいですか。 [　　]

2 右の図は，どちらも日本の同じ日の午後９時と午後11時の星のようすです。 (45点) 1つ5

図１

図２

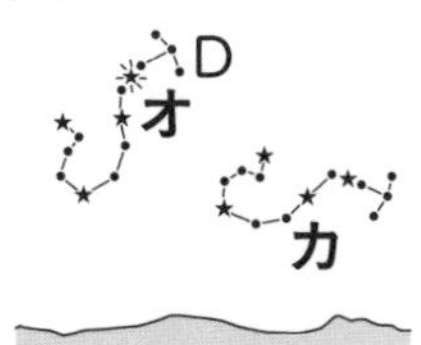

(1) Aの星の集まりやBの星，Cの星ざのなまえを書きなさい。

A[　　] B[　　] C[　　]

(2) 図１は，南と北のどちらの空ですか。 [　　]

(3) 図２は，夏と冬のどちらの空ですか。 [　　]

(4) 午後９時におけるAの星の集まりやC，Dの星ざの位置(いち)を**ア**～**カ**から選(えら)びなさい。 A[　] C[　] D[　]

チャレンジ

(5) Cの星ざは，午後９時から午後11時までで，Bの星を中心に何度動きますか。 [　　度]

3 ある日の午後９時に南の空をスケッチしました。 (35点) 1つ5

図１

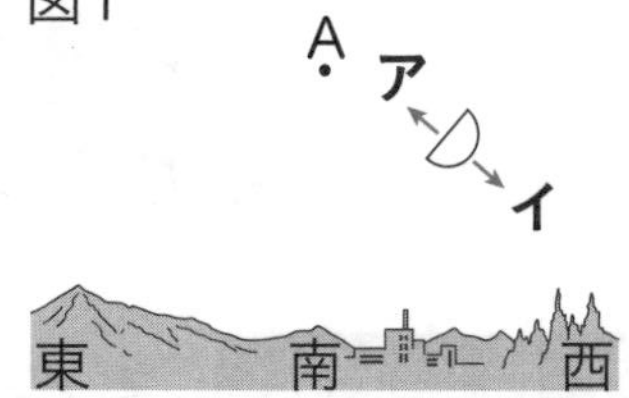

(1) 図１のような形の月を何といいますか。 [　　]

(2) 図１の月は，時間がたつにつれて，図の中の**ア**と**イ**のどちらに動いていきますか。 [　　]

図２

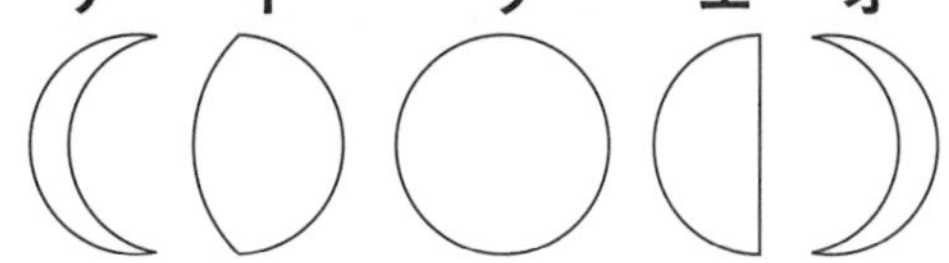

(3) この日から７日後に見える月の形は図２のどれですか。 [　　]

(4) (3)の月は何時にAの位置に見えますか。 [　　]

チャレンジ

(5) (3)の月を観察(かんさつ)した次の日に，月が地平線からのぼるのは，いつごろですか。次の**ア**～**エ**から選びなさい。 [　　]

ア 午後５時ごろ　**イ** 午後７時ごろ

ウ 午後11時ごろ　**エ** 午前１時ごろ

(6) 三日月とよばれているのは図２のどれですか。 [　　]

(7) 図１の月から，月の見え方が変(か)わる順(じゅん)に，図２の記号をならべかえなさい。 [　→　→　→　→　]

思考力トレーニング

理科 ③

オリオンざの動き

答え→179ページ　月　日

問題　ある日の午後7時にオリオンざが東のほうの空に見えました。この日の午後9時には，どのように見えますか。**ア**～**オ**から選(えら)びなさい。

目標時間　3分

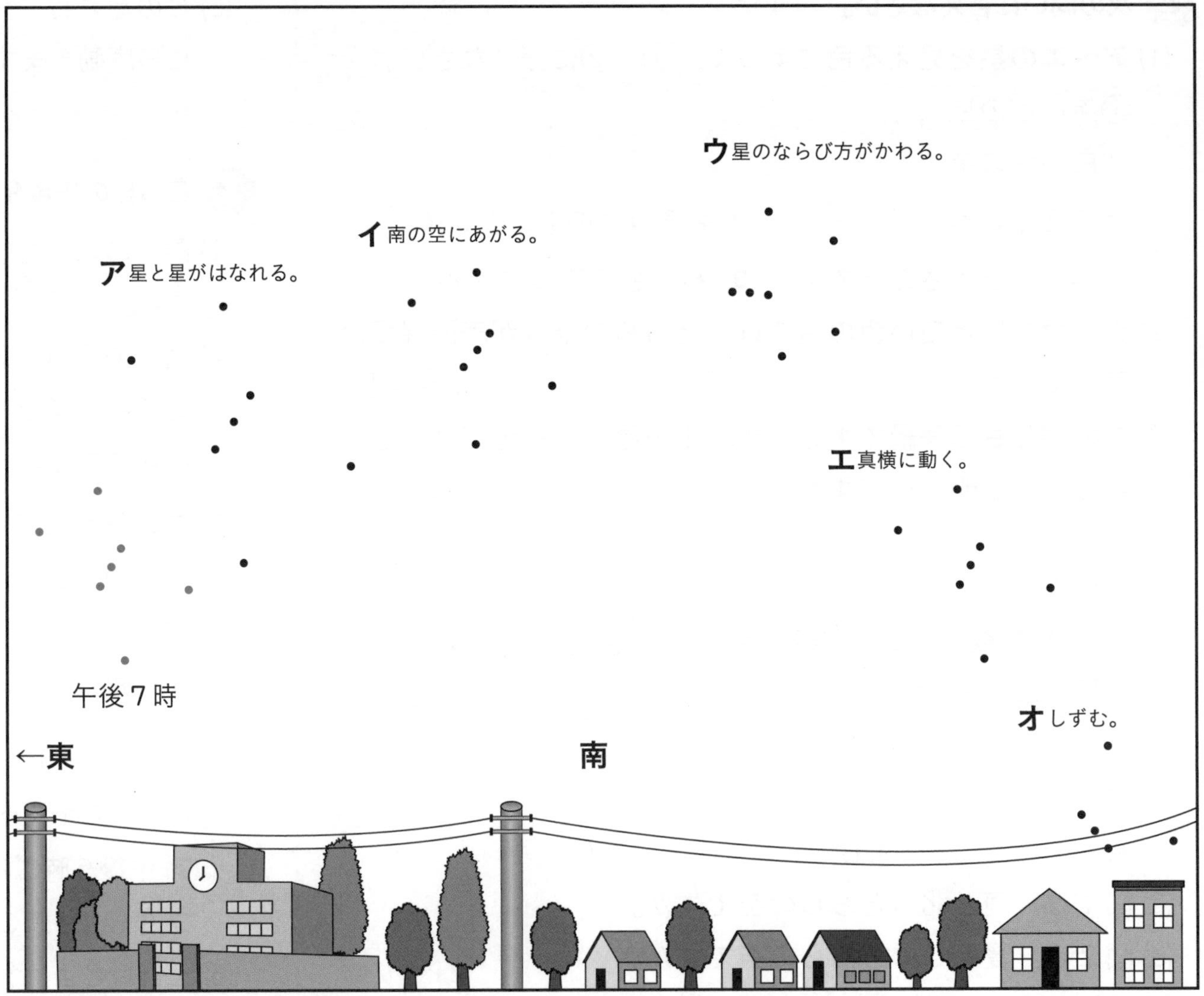

ア 星と星がはなれる。
イ 南の空にあがる。
ウ 星のならび方がかわる。
エ 真横に動く。
オ しずむ。
午後７時
←東
南

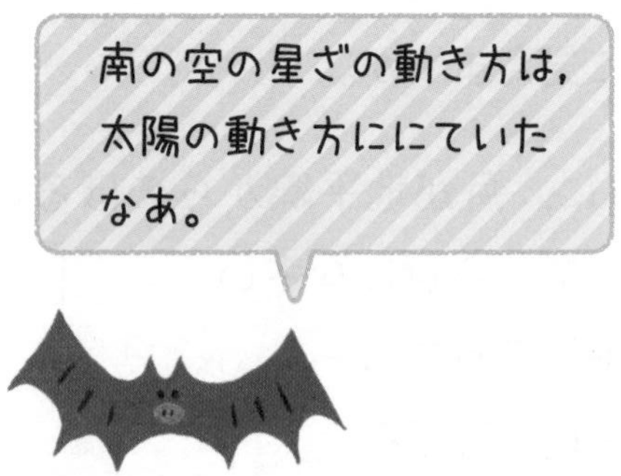

南の空の星ざの動き方は，太陽の動き方ににていたなあ。

空気や水のせいしつ

なまえ　4年　組

答え→179ページ　月　日

時間 20分　合かく 80点　とく点　点

1 注射器にそれぞれ空気と水を入れ，先を消しゴムにあてて実験をしました。 (36点) 1つ9

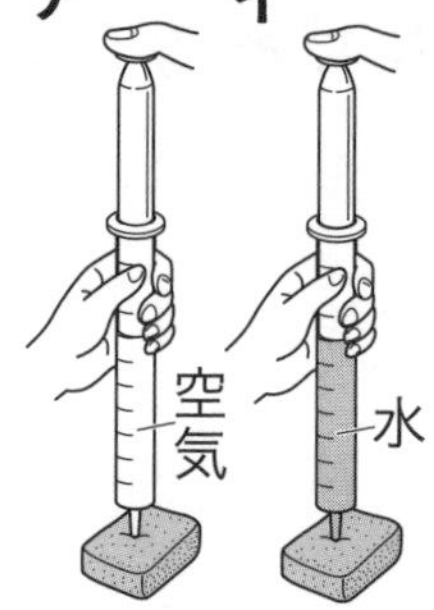

(1) アのピストンをおすとどうなりますか。

[　　　　]

(2) アのピストンをおした手をはなすとどうなりますか。[　　　　]

(3) イのピストンをおすとどうなりますか。

[　　　　]

(4) アとイのピストンをおしたときのちがいから，どんなことがわかりますか。

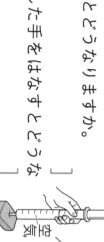

[　　　　]

2 下の空気鉄ぽうの図を見て，次の(1)の[　]にあてはまることばを書き，(2)，(3)の問いに答えなさい。 (48点) 1つ6

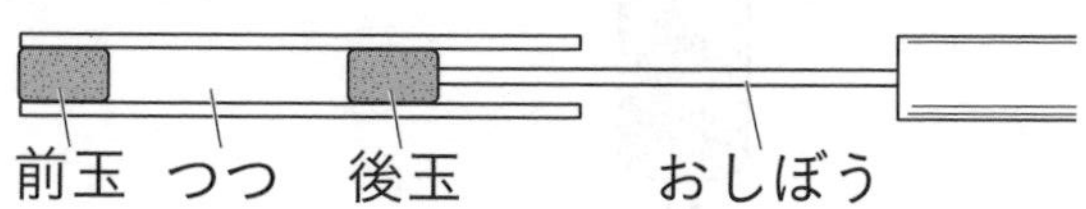

(1) 前玉と後玉の間には[①　　　]が入っている。おしぼうで後玉をおすと，つつの中の[②　　　]が[③　　　]。それがもとの[④　　　]にもどろうとして前玉を飛ばす。

(2) 空気鉄ぽうの玉を遠くへ飛ばすには，①つつの長さ，②おしぼうのおし方をどうすればよいですか。

① [　　　] ② [　　　]

チャレンジ

(3) 前玉と後玉の真ん中にスムーズに動く中玉を入れ，玉の間の一方を水で満たします。次のAとBとでは，同じようにおしぼうをおしても，前玉の動き方にちがいがあらわれます。このちがいと，そうなる理由を書きなさい。〔武蔵中一改〕

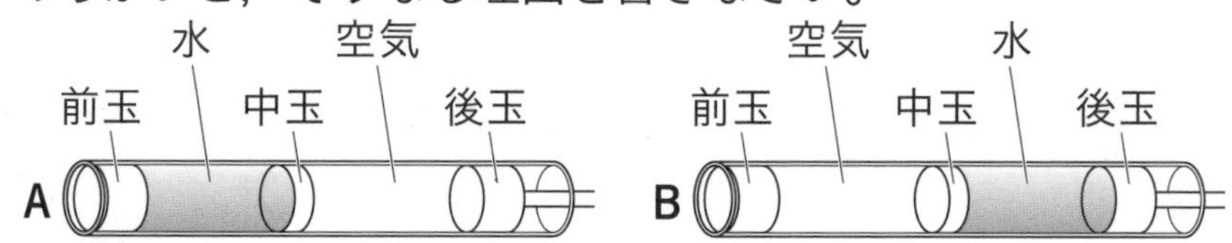

ちがい

[　　　　]

理由

[　　　　]

3 図のしかけのピンチコックを開くと，ゴム風船が少しずつしぼみました。 (16点) 1つ8

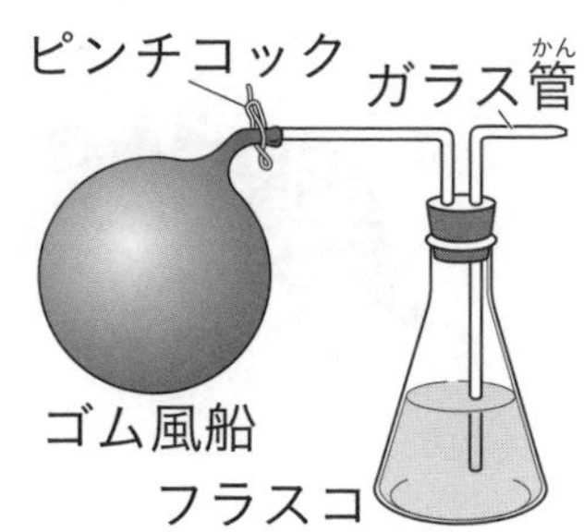

(1) フラスコの中にゴム風船の中の空気を入れると，水はどうなりますか。

[　　　　]

(2) (1)のようになる理由を説明しなさい。

[　　　　]

答え→180ページ 月 日

問題 次のア～ウのピストンのうち，いちばんおしちぢめることができるのは，どれですか。

目標時間 3分

□

空気と水のうち，
おしちぢめることが
できるのはどちら
かな。

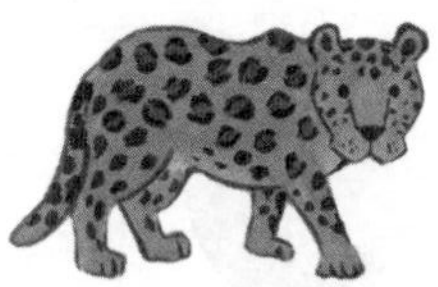

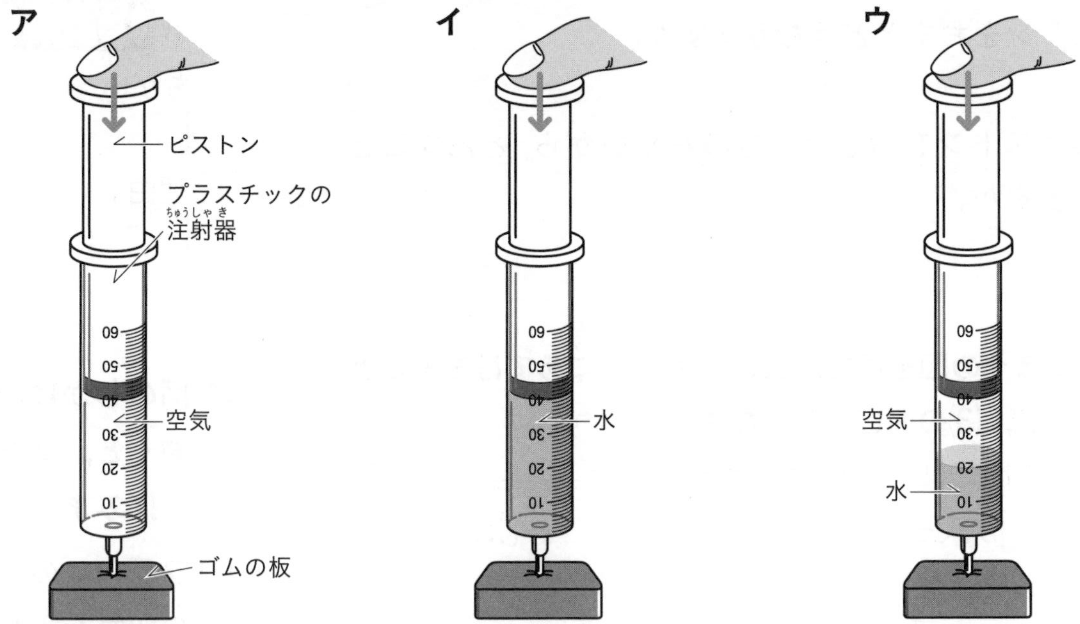

ア 空気が 40mL 入っている。

イ 水が 40mL 入っている。

ウ 空気が 20mL，水が 20mL 入っている。

天気のようす，雨水のゆくえ

なまえ　4年　組

答え→180ページ　月　日

時間 20分　合かく 80点　とく点　点

1 **気象観そくで用いる百葉箱について，次の問いに答えなさい。** (28点) 1つ7

(1) 百葉箱は，どのような所につくられていますか。２つ答えなさい。 [　　] [　　]

ア 建物や木などのかげになる所

イ 建物や木などのないひらけた所　　ウ 土の地面の上

エ しばふの地面の上　　オ コンクリートの地面の上

(2) 百葉箱の中の温度計の位置は地面からどのくらいの高さになっていますか。 [　　]

(3) 百葉箱のとびらは，どちら向きですか。 [　　]

ア 東　　イ 西　　ウ 南　　エ 北　　オ どちら向きでもよい

2 **右のグラフは，ある日の太陽の高さの変化と気温の変化，地面の温度の変化をしめしたものです。** (32点) 1つ8

観察日の天候：よく晴れた風のない日

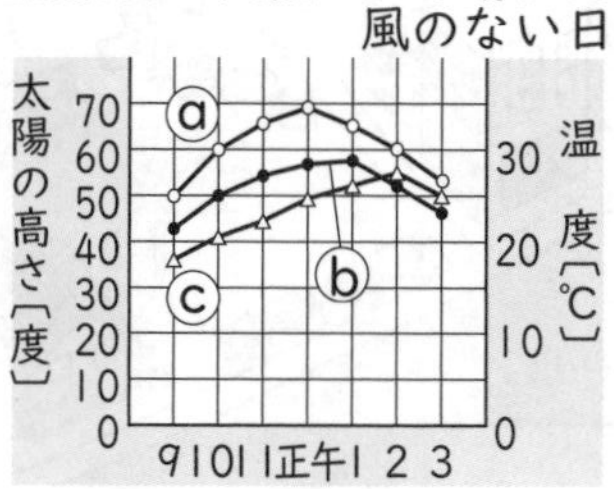

(1) ⓐ～ⓒのグラフはそれぞれ何の変化を表していますか。

ⓐ[　　] ⓑ[　　] ⓒ[　　]

チャレンジ

(2) ⓐとⓑとⓒのグラフの最も高くなった点が，ずれているのはなぜですか。

[　　]

3 **右のグラフは，天気による気温の変化をしめしたものです。ⓐ，ⓑ，ⓒにそれぞれあてはまる天気を，晴れ，くもり，雨から選んで書きなさい。** (24点) 1つ8

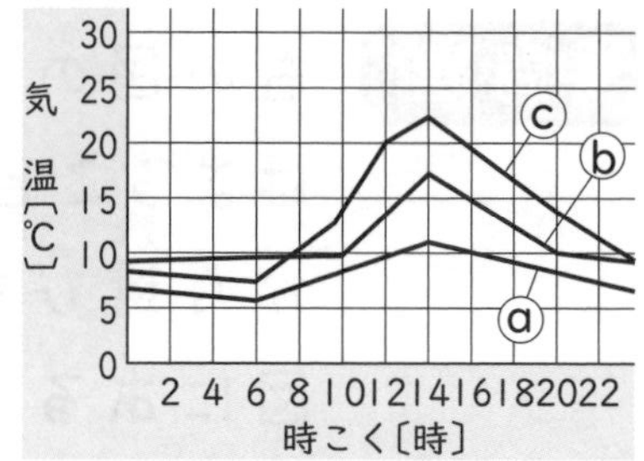

ⓐ[　　] ⓑ[　　] ⓒ[　　]

4 **ア 花だんの土，イ 運動場のすなを同じ量ずつガーゼに包み，半分に切ったペットボトルに入れ，上から水を 100 mL 注ぎました。水を入れてから，ペットボトルの下から水が出始めるまでの時間と，ビーカーに集まった水の量をくらべました。次の問いに答えなさい。**

(1) ペットボトルの下から水が出始めるまでの時間が長かったのは，**ア**と**イ**のどちらですか。(5点) [　　]

(2) ビーカーに集まった水の量が多かったのは，**ア**と**イ**のどちらですか。(5点) [　　]

チャレンジ

(3) (1)，(2)のようになった理由を書きなさい。(6点)

[　　]

思考力トレーニング

理科 ⑤　地球上の水

答え→180ページ　月　日

問題　右の図の①～⑤にあてはまることばを，**ア～オ**から選びなさい。また，図にある矢印はあるものが地球上をい動するようすをしめしています。雲から雨や雪がふる理由を矢印を参考に答えなさい。

目標時間　10分

ア 海
イ 川
ウ 雨
エ 雪
オ 雲

理　由

もののあたたまり方と体積

なまえ　4年　組

答え→180ページ　月　日

時間 20分　合かく 80点　とく点　点

1 右の図のようにして，試験管の中の水をあたためました。 (18点) 1つ6

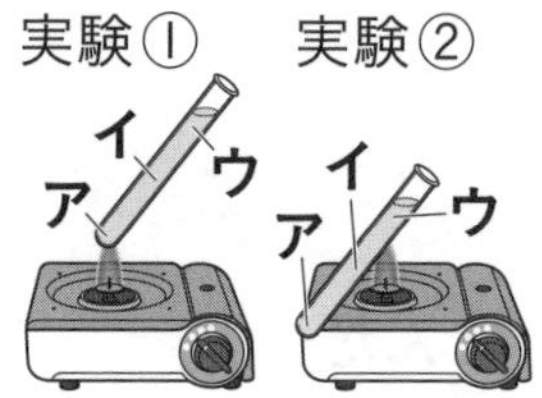

(1) **ウ**の温度がはやく上がるのは，実験①，②のどちらですか。［　　］

(2) 実験②で，水の各部の温度が高い順に**ア**～**ウ**をならべなさい。［　→　→　］

(3) 水の動きが大きいのは，①，②のどちらですか。［　　］

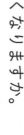

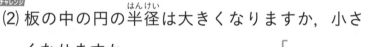

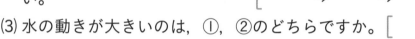

2 輪の形をしたうすい金ぞくの板を熱しました。 (8点) 1つ4

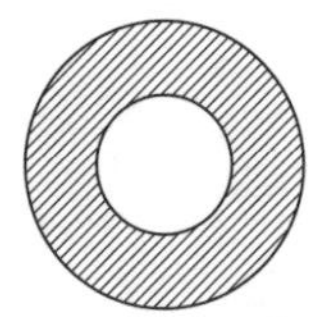

(1) 板の面積はどう変わりますか。［　　］

チャレンジ (2) 板の中の円の半径は大きくなりますか，小さくなりますか。［　　］

3 金ぞくと水のあたたまり方を調べるために，下の図のようなⒶ～Ⓓの実験をしました。 (24点) 1つ8

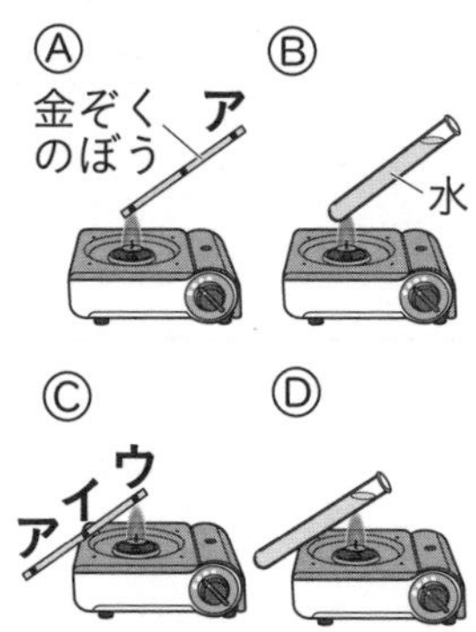

(1) 金ぞくのぼうのあたたまり方で，Ⓐの**ア**とⒸの**ア**が100℃になるまでの時間はどうなりますか。［　　］

(2) Ⓒで，金ぞくのぼうの各部の温度が高い順に**ア**～**ウ**をならべなさい。［　→　→　］

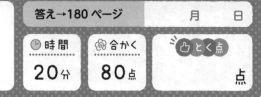

(3) ⒷとⒹで，水全体があたたまるまでの時間はどうなりますか。次の**ア**～**エ**から選びなさい。［　　］

ア Ⓑのほうがはやい。　**イ** Ⓓのほうがはやい。

ウ ⒷとⒹはほぼ同じ。

エ Ⓑがはやいときや，Ⓓがはやいときがある。

4 次の文の［　］にあてはまることばや数を書きなさい。 (50点) 1つ5

(1) 氷は温度によって，氷⇄［①　　］⇄［②　　］と３つのすがたに変わる。

(2) 水は，ふつうの温度でも，その表面から［③　　］となって空気中に出ていく。このことを水の［④　　］という。

(3) 水は［⑤　　］℃でふっとうし，その間は熱し続けても温度は［⑥　　］。

(4) 氷をあたためると温度が上がり，［⑦　　］℃になるととけて水になり始める。

(5) 水は，4℃のとき最も体積が［⑧　　］。それより温度が低くなったり，高くなったりすると体積は［⑨　　］。

チャレンジ (6) 水の1 cm^3 の重さは1 g である。18 g の水を熱したところ，30600 cm^3 になった。水が水じょう気に変化すると，体積は［⑩　　］倍になる。

ピンポン玉をもとにもどす方法

答え→180ページ

月　日

問題 へこんだピンポン玉をもとにもどすには，どのようにするとよいですか。
次の**ア**～**ウ**から，正しいものを選び，選んだ理由を答えなさい。

目標時間 3分

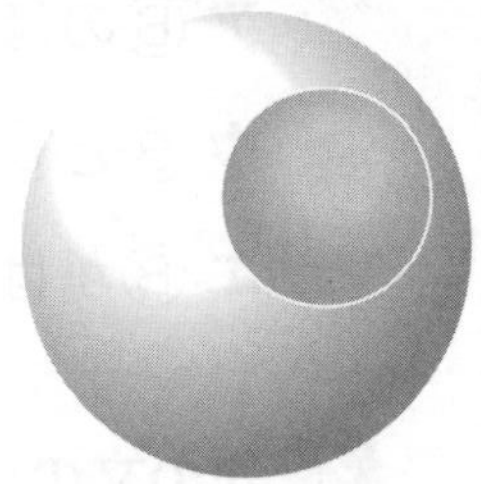
へこんだ
ピンポン玉

ア
氷水につける。
イ
くみおきした水に
つける。
ウ
お湯につける。

記号 ＿＿

理由 ＿＿

ピンポン玉の中には
何が入っているかな。

理科 7

からだのつくりと運動

なまえ　4年　組

答え→180ページ　月　日

時間 20分　合かく 80点　とく点　点

算数　理科　社会　英語　国語　答え

1 次の問いに答えなさい。 (20点) 1つ5

(1) ヒトのからだのほねは，およそ何こですか。[　　　こ]

(2) ほねの役わりを２つ書きなさい。

[　　　　][　　　　]

(3) からだを動かすときに，ゆるんだりちぢんだりする部分を何といいますか。[　　　]

2 右の図は，うでのこっかくときん肉の一部をしめしたものです。 (56点) 1つ7

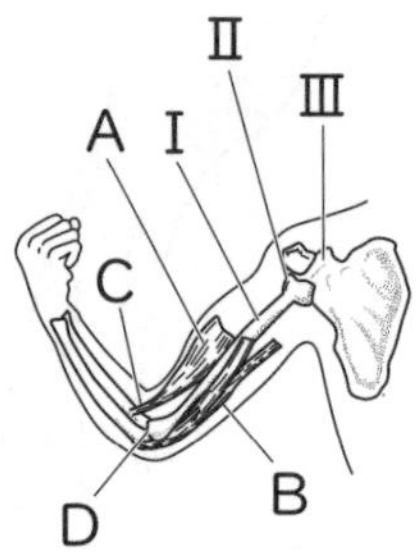

(1) きん肉Aのもう一方のはしは，Ⅰ，Ⅱ，Ⅲのどの部分にくっついていますか。[　　]

(2) うでを曲げる場合とのばす場合，きん肉Bはどのようになりますか。次の**ア**～**ウ**からそれぞれ選(えら)びなさい。

曲げる場合[　　] のばす場合[　　]

ア 変化(へんか)しない。　**イ** ゆるむ。　**ウ** ちぢむ。

チャレンジ

(3) きん肉のはしにある，細くてじょうぶなCの部分を何といいますか。また，どんな役わりがありますか。

なまえ[　　　]

役わり[　　　　　　]

(4) Dの部分はうでを曲げたりのばしたりするときに動きます。このようなほねとほねのつながりの部分を何といいますか。

[　　　]

チャレンジ

(5) Dの部分でほねとほねのふれ合う部分についているだん力(りょく)のあるほねを，何といいますか。[　　　]

チャレンジ

(6) ゆかの上の重い荷物を横からおすときに，おもに使うきん肉は，AとBのどちらですか。[　　]

3 次のア～エの動物について，あとの問いに答えなさい。

(24点) 1つ8

ア ヒト　**イ** ウサギ　**ウ** ナメクジ　**エ** セミ

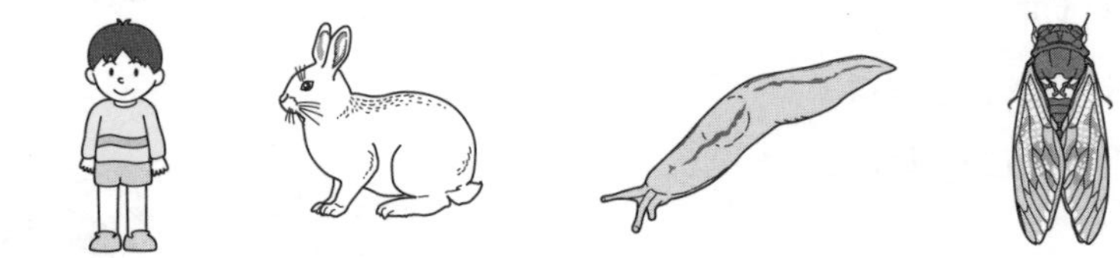

(1) **ア**～**エ**の動物はすべて，からだを動かすことができます。このことから，これらの動物のからだには何がありますか。

[　　　]

(2) からだをささえながら動くことができない動物を**ア**～**エ**から選びなさい。[　　]

(3) (2)の動物がからだをささえることができないのはなぜですか。

[　　　　　　　　]

理科 ⑦ きん肉のようす

答え→180ページ　月　日

問題 下の図のようにうでを曲げたり，のばしたりしているとき，ちぢんでいるきん肉は，どれですか。**ア**～**エ**の中からすべて選(えら)びなさい。

目標時間 3分

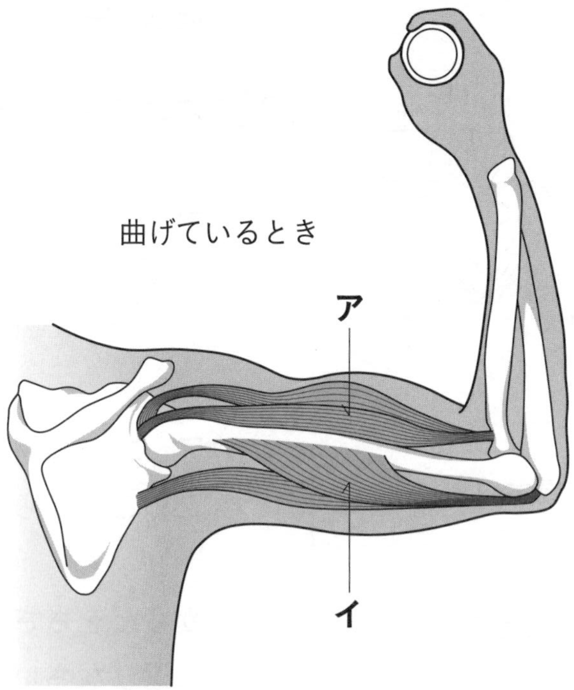

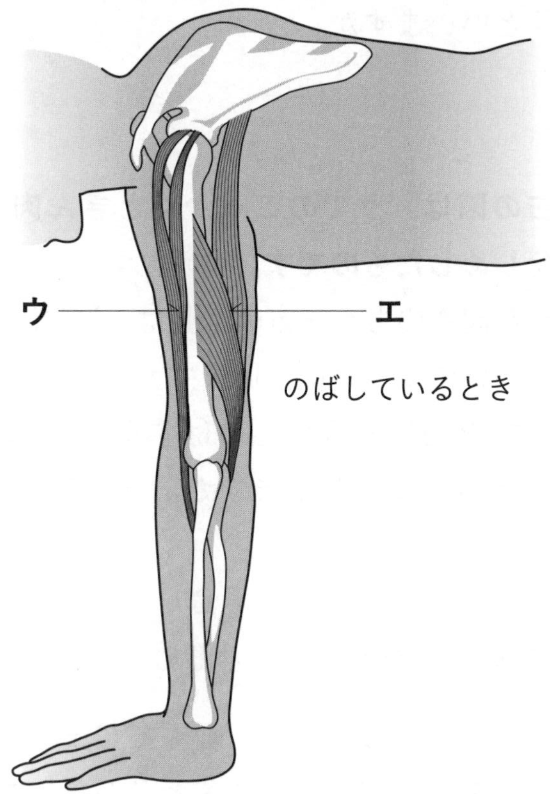

うでを曲げるときと
のばすときで，
ちぢむきん肉は
ぎゃくになるよ。

仕上げテスト

なまえ　4年　組

答え→180ページ　月　日

時間 25分　合かく 80点　とく点　点

1 図を見て，あとの問いに答えなさい。 (20点) 1つ5

(1) **ア**は，春に見られるようすです。残りの**イ**～**エ**のようすを，季節の順番にならべなさい。　[**ア**→　→　→　]

(2) 次の生き物のようすは，**ア**～**エ**のどれと同じ季節ですか。

①ツバメがやってくる。　[　　]

②カエルが土の中でじっとしている。　[　　]

③スズムシが鳴いている。　[　　]

2 下の図のようにして，モーターの回転のしかたやけん流計で，電流の大きさを調べました。 (30点) 1つ6

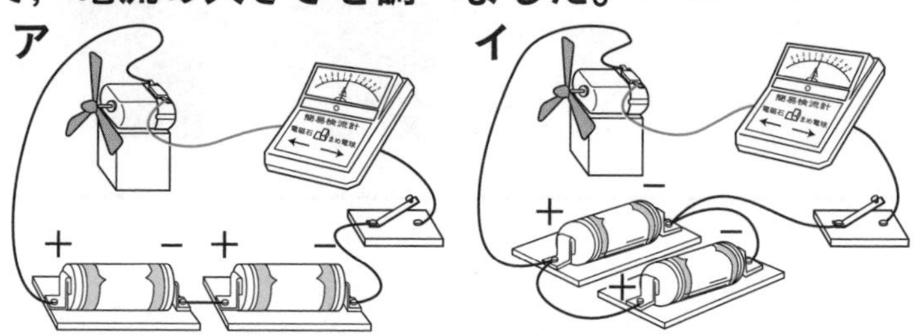

(1) **ア**のかん電池は何つなぎですか。　[　　]

(2) モーターがはやく回転するのはどちらですか。　[　　]

(3) 流れる電流が大きいのはどちらですか。　[　　]

チャレンジ (4) 時間がたち，回転が先にとまるのはどちらですか。[　　]

チャレンジ (5) かん電池の弱まり方とモーターの回転のはやさにはどのような関係がありますか。[　　]

3 図は，ある日の夜に，満月の動きを記録したものです。 (35点) 1つ5

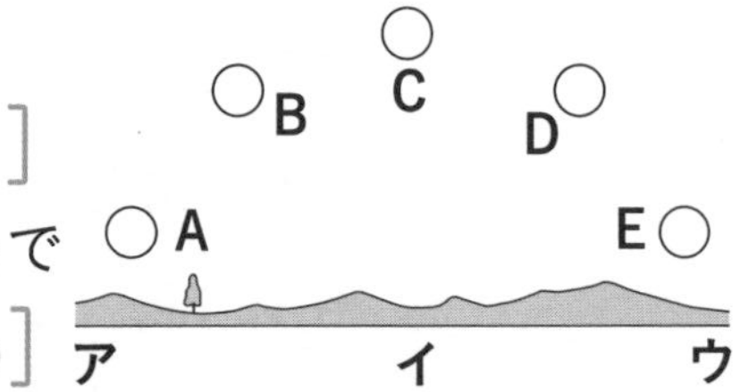

(1) **ア**～**ウ**の方角を答えなさい。

ア[　　] **イ**[　　] **ウ**[　　]

(2) Cの位置にあるのは，何時ごろですか。[　　ごろ]

(3) Cの位置に見えた月は，２時間たつと，A～Eのうちどの近くに見えますか。　[　　]

チャレンジ (4) 次の日，月の出の時こくは前の日にくらべてどうなりますか。[①]に整数を，[②]にことばを書きなさい。

約[①　　]分，[②　　]なる。

4 図のように水を熱し続けると，やがてはげしくあわが出てきました。 (15点) 1つ5

(1) このときの水の温度は，およそ何度ですか。　[　　度]

(2) 水がこのようになることを何といいますか。　[　　]

(3) このとき出ているあわは何ですか。　[　　]

理科 ⑧ 温度計に目もりをつける方法

答え→181ページ

月　日

問題 温度計の目もりが消えてしまっています。次の道具のうち，いくつかのものを使って，この温度計に0℃から100℃まで，10℃おきに目もりをつけるには，どのようにすればよいですか。

道具
水そう，ガラスぼう，ビーカー，加熱器具，氷，水，線こう，マジック，すな，ものさし

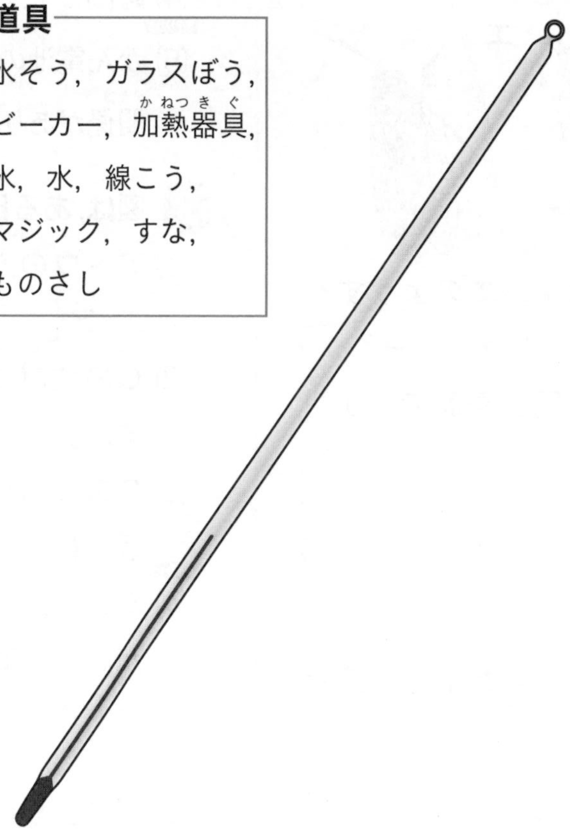

目標時間 10分

水がこおる温度やふっとうする温度を利用して考えよう。

方法

社会 1

都道府県のようす

なまえ　4年　組

答え→181ページ　月　日

時間 20分　合かく 80点　とく点　点

1 **右の宮城県の地形図を見て，あとの(1)～(5)の問いに答えなさい。**

(1) 宮城県の西と南は何県ですか。(10点) 1つ5

① 西[　　　]

② 南[　　　]

(2) 西の県とのさかいに山脈があります。何という山脈ですか。(10点)

[　　　]

〈宮城県の地形図〉

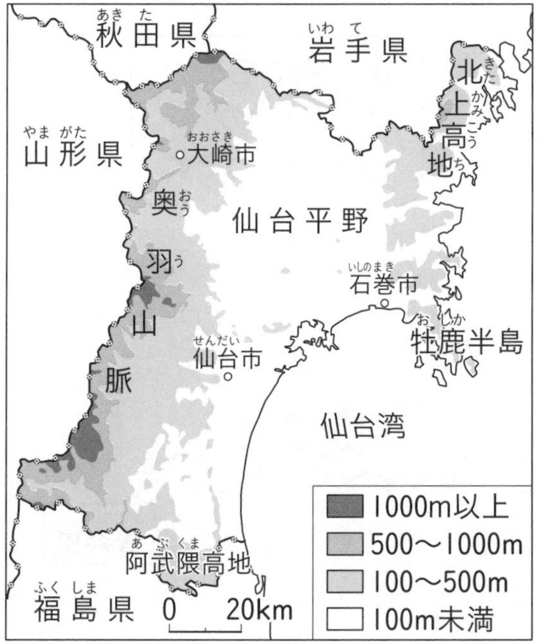

(3) 仙台湾にそって広がっている平野を何といいますか。(10点)

[　　　]

(4) 県の南にある高地を何といいますか。(10点)

[　　　]

チャレンジ

(5) 宮城県のようすを書いたものを２つ選び，○をつけなさい。

(20点) 1つ10

① 仙台市は，石巻市より北にある。[　　]

② 山脈や高地で囲まれ，平野はほとんどない。[　　]

③ 西には山脈，中央には平野が広がっている。[　　]

④ 県の東にある三陸海岸や牡鹿半島は，入り組んだ海岸である。[　　]

2 **次の地図中の[　]にあてはまる，都道府県のなまえを答えなさい。** (40点) 1つ10

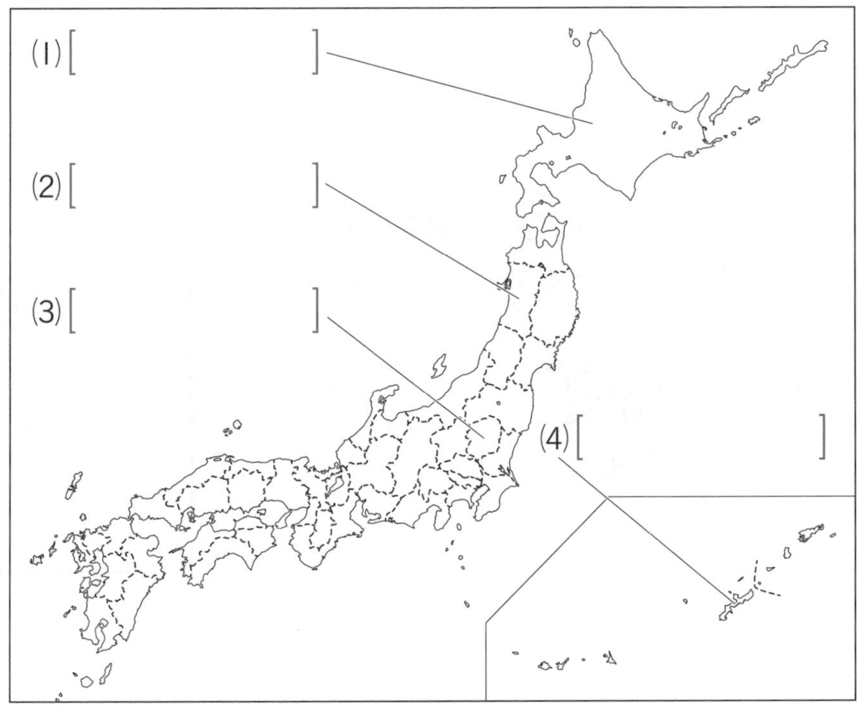

算数　理科　社会　英語　国語　答え

都道府県クイズ

答え→181ページ　月　日

問題 だれがうそをついているか答えなさい。

目標時間 2分

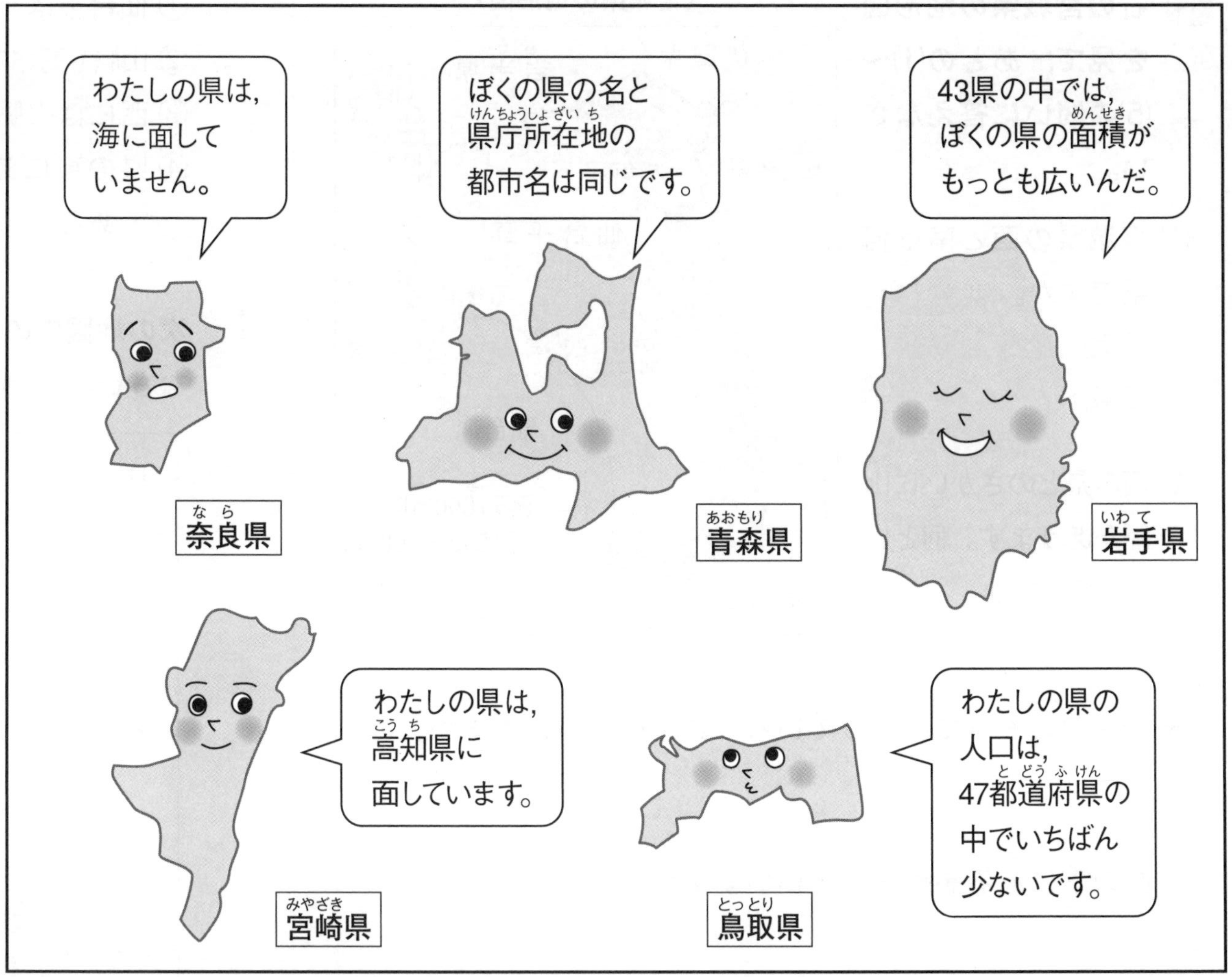

わたしの県は，海に面していません。
奈良県
ぼくの県の名と県庁所在地の都市名は同じです。
青森県
43県の中では，ぼくの県の面積がもっとも広いんだ。
岩手県
わたしの県は，高知県に面しています。
宮崎県
わたしの県の人口は，47都道府県の中でいちばん少ないです。
鳥取県

それぞれの県がどこにあるか，思い出してみよう。

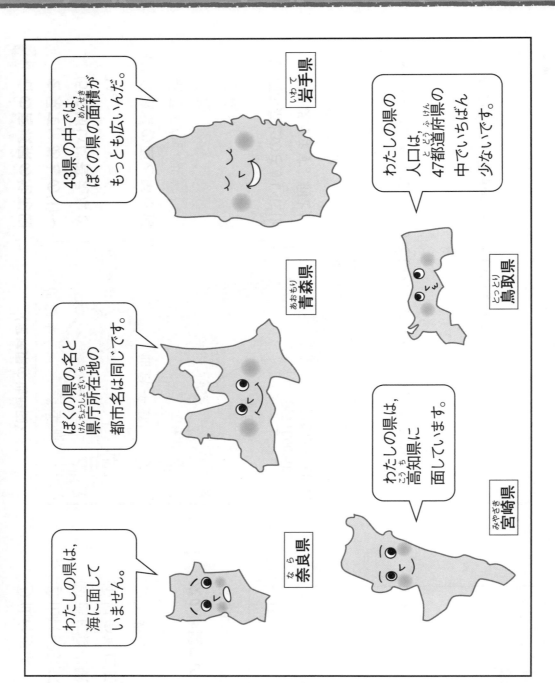

地図に親しむ

なまえ　4年　組

答え→181ページ　月　日

時間 20分　合かく 80点　とく点　点

1 次の地形図を見て，問いに答えなさい。

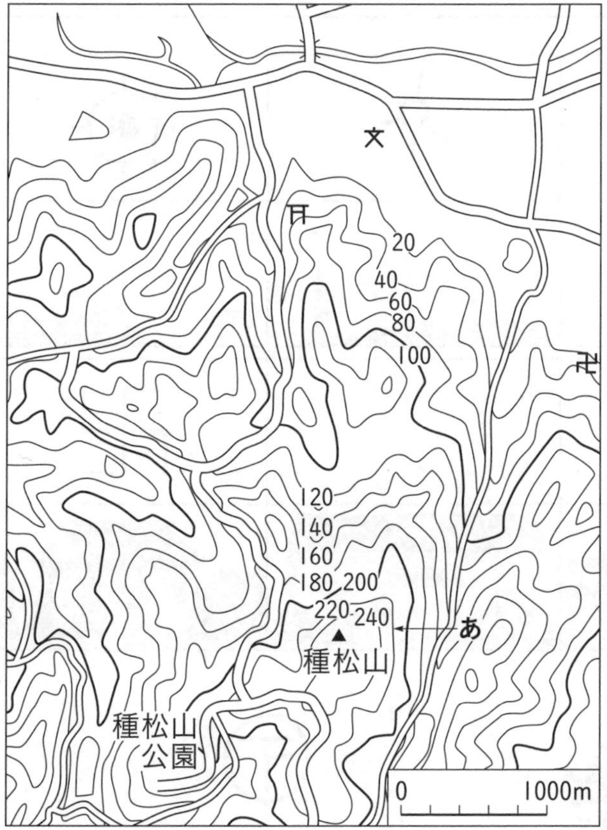

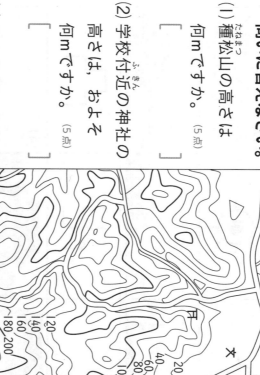

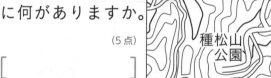

(1) 種松山の高さは何mですか。(5点)
[　　　]

(2) 学校付近の神社の高さは，およそ何mですか。(5点)
[　　　]

(3) およそ30mの高さに何がありますか。(5点)
[　　　]

(4) 地図中の**あ**は，何という線ですか。(5点)
[　　　]

(5) 学校から種松山公園までは，直線きょりでおよそ何kmですか。次の中から選び，○をつけなさい。(10点)

① 2km[　　]　② 4km[　　]

(6) 上の地図は，2cmが1000mの地形図です。何万分の1の地形図ですか。次の中から選び，○をつけなさい。(10点)

① 5万分の1[　　]　② 2万5千分の1[　　]

チャレンジ

2 2万5千分の1の地図で2cmは，実際のきょりでは何mですか。 (10点)
[　　　]

3 次の説明は地図のきまりです。[　]の中にあてはまることばや数字を下の□から選び，書きなさい。 (20点) 1つ5

地図上で，実際のきょりをどれくらいちぢめたかをしめすのが[①　　]です。5万分の1の地図と20万分の1の地図では，[②　　]の地図のほうが広いはんいがよくわかります。また，地図の上を[③　　]の方角にし，土地の高さは，[④　　]で表します。

縮尺	北	南	地図記号	等高線
八方位	5万分の1	20万分の1		

4 次の図の方角を書きなさい。 (30点) 1つ5

(1)[　　]　(2)[　　]
(3)[　　]　(4)[　　]
(5)[　　]　(6)[　　]

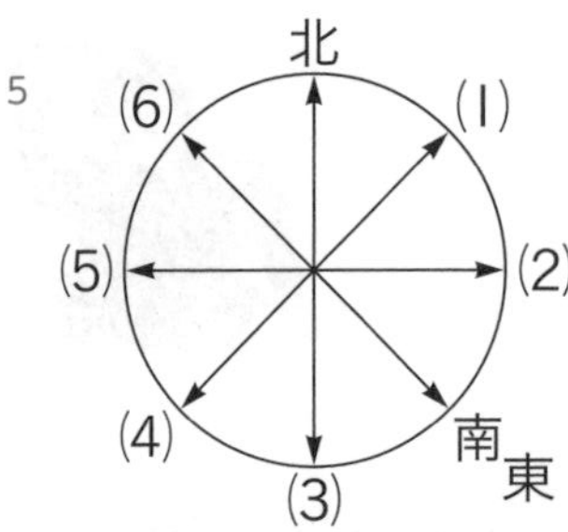

社会② 地図記号パズル

答え→181ページ　月　日

問題　次の地図記号と絵との組み合わせを見て，(1)～(4)にあてはまるものをア～オから選びなさい。

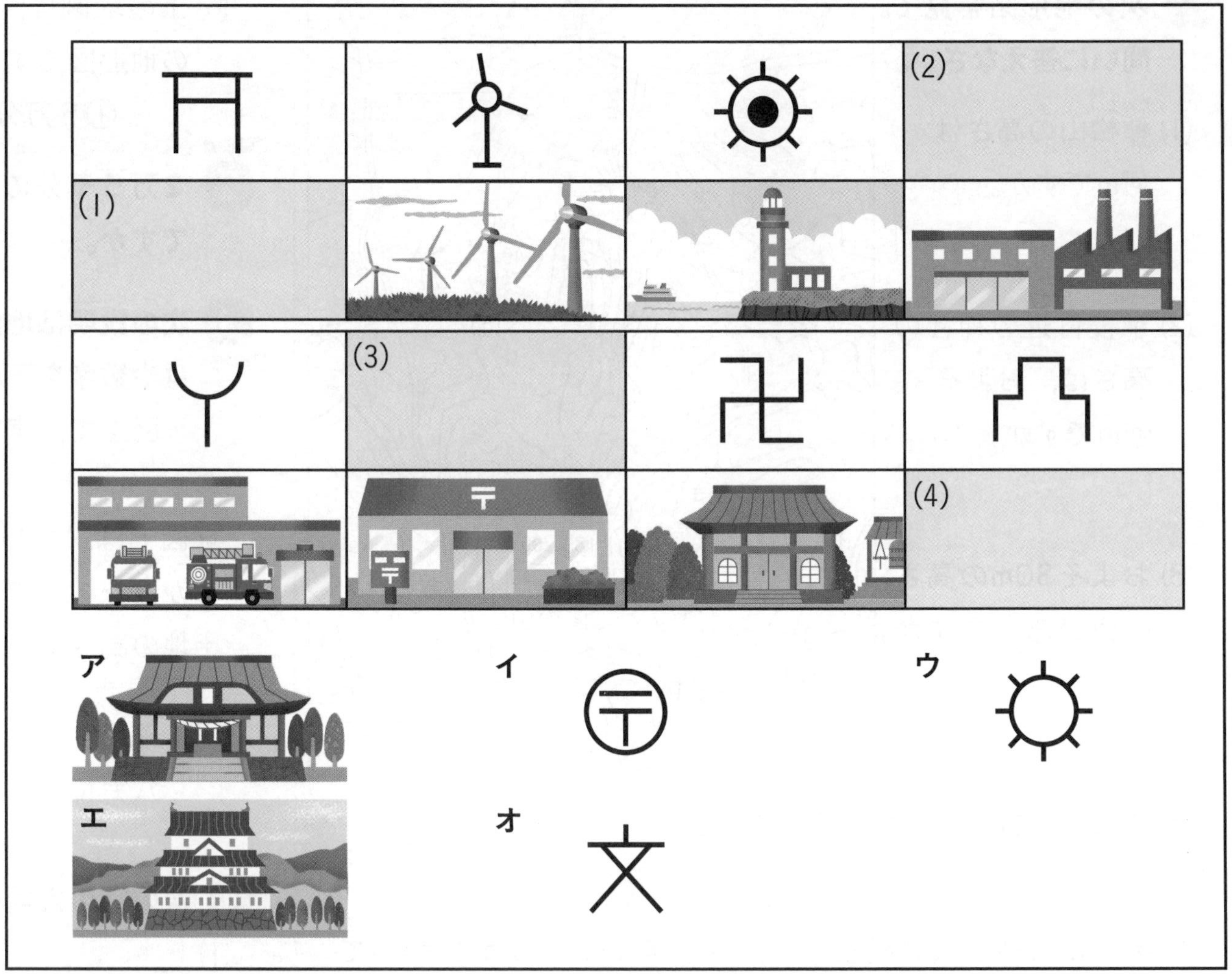

目標時間　3分

(1) □　(2) □
(3) □　(4) □

社会 3

水とくらし

なまえ　4年　組

答え→181ページ　月　日

時間 20分　合かく 80点　とく点　点

1 次の図を見て，あとの問いに答えなさい。

〈川の水がきれいになるまで〉

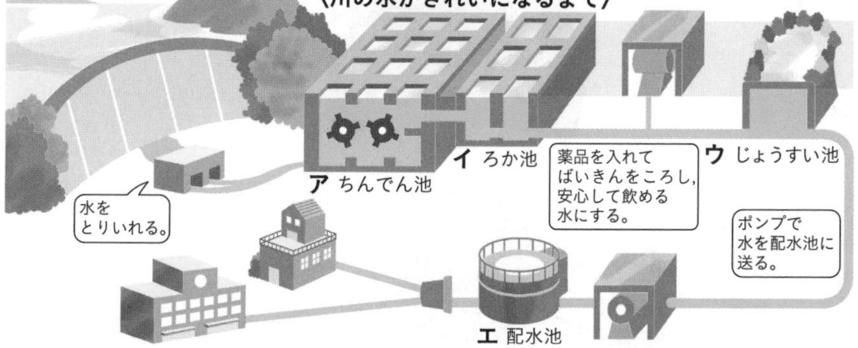

(1) 川からとった水を飲み水にするしせつを何といいますか。

[　　　　] (8点)

(2) 次の①～④の文の説明と合うものを，図の中の**ア**～**エ**から選び，記号を書きなさい。 (40点) 1つ10

① きれいになった水をいったんためる。 [　　]

② まだ，しずんでいない小さなごみをすなのそうでこし，きれいな水にする。 [　　]

③ 水をためておき，土地の高さを利用して水にいきおいをつけ，遠くへ送る。 [　　]

④ 薬品を入れ，水の中の小さなごみをかたまりにしてしずめる。 [　　]

チャレンジ

2 次のグラフを見て，正しいものには○，まちがっているものには×をつけなさい。 (32点) 1つ8

(1) 給水人口も水道給水量も毎年変わらない。 [　　]

(2) 1970年の給水人口は，20万人である。 [　　]

(3) 1990年の水道給水量は，約50万m³である。 [　　]

(4) 1970年から水道給水量が大きくふえている。 [　　]

〈市の給水人口と水道給水量のうつりかわり〉

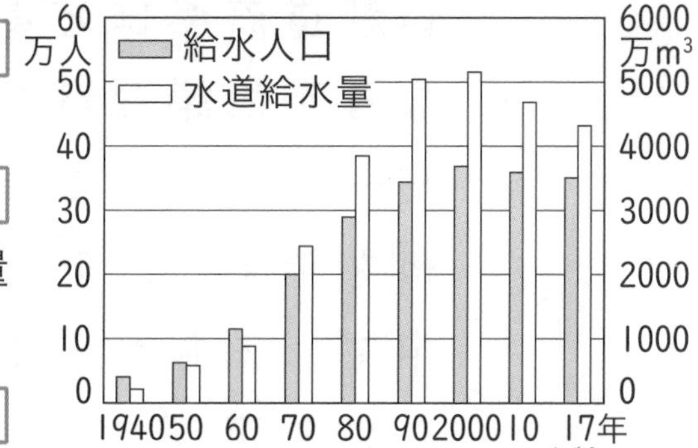

(2018　奈良市企業局調べ)

3 次の文は，下水しょり場の役割です。[　]の中にあてはまることばを下の□から選び，記号を書きなさい。 (20点) 1つ5

家庭や学校，工場で使われたよごれた水は，[(1)　　]を通って，[(2)　　]へ集められます。その水をきれいにしょりして[(3)　　]に流しています。また，大雨のときは[(4)　　]をすばやく川に流し，水が道路にあふれるのをふせぎます。

ア 上水道	**イ** 下水道	**ウ** じょうすい場	**エ** 雨水
オ 川や海	**カ** 池や田	**キ** じょうかセンター	

思考力トレーニング　社会③　都道府県の人口

答え→181ページ　月　日

問題　まりさんは，人口が多い都道府県ほど重たくなる不思議なパズルのピースをもっています。例を参考に，ア～エの中で，まちがっているものを選びなさい。図の⬇はてんびんが下がっていることをしめしています。

目標時間　3分

どの都道府県の人口が多いか，考えてみよう。

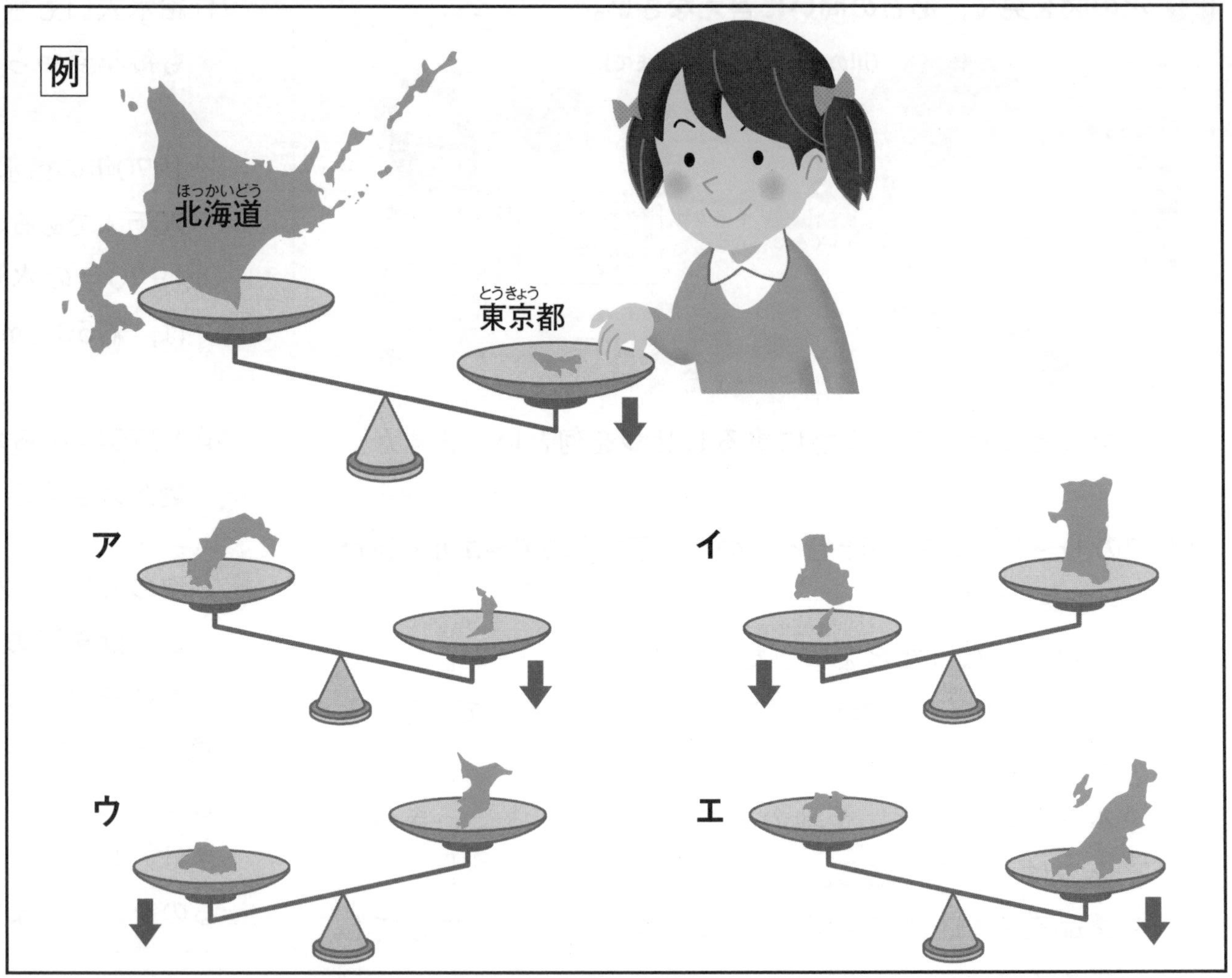

ヒント　ウの左のほうは，東京都の北にある県です。エの左のほうは，県庁所在地が横浜市です。

社会 4

ごみとくらし

なまえ　4年　組

答え→182ページ　月　日

時間 20分　合かく 80点　とく点　点

1 次の図を見て，あとの問いに答えなさい。

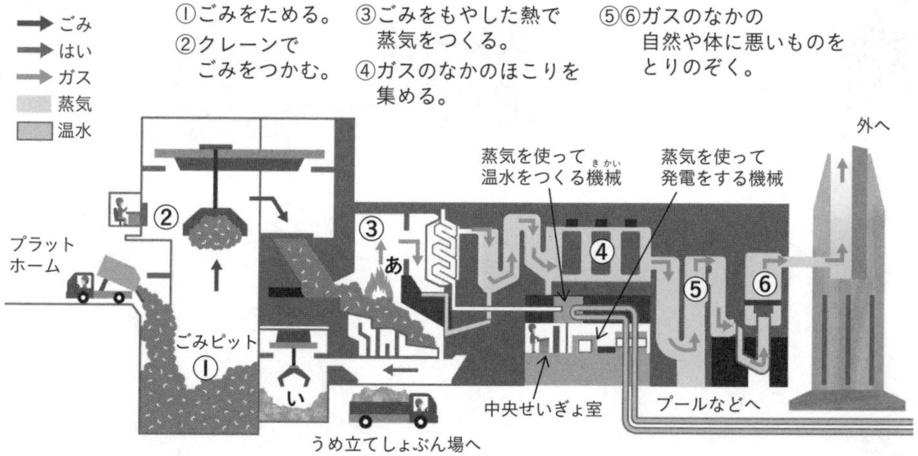

(1) この図は，何工場のしくみをしめしたものですか。正しいほうに○をつけなさい。(5点)

① しょうきゃく工場 [　　]　② リサイクル工場 [　　]

(2) プラットホームにごみを運んでくる車を何といいますか。

[　　　　] (10点)

(3) この工場では，ごみをもやしたあとのはいはどこへ運びますか。(10点) [　　　　]

(4) ごみをもやしたときに出る熱はどのように利用されていますか。正しいほうに○をつけなさい。(5点)

① ガスやおいしい水 [　　]

② 電気や温水プール [　　]

(5) 図の中のあといの説明にあてはまるものを，次のア～ウからそれぞれ選びなさい。(20点) 1つ10

あ [　　] い [　　]

ア はいをためる　イ 蒸気をためる　ウ ごみをもやす

チャレンジ

2 ごみをもやす理由について，正しいものには○，まちがっているものには×をつけなさい。(30点) 1つ10

(1) 熱が出て地球全体があたためられるから。[　　]

(2) ばいきんが死んで，においがなくなるから。[　　]

(3) もやすとはいになり，ごみのかさがへるから。[　　]

3 最近，ごみの量が少しへってきています。その理由として，考えられるもの2つに○をつけなさい。(20点) 1つ10

(1) まだ使えるものは，大切に使うようになったから。[　　]

(2) 新聞やまんがの本などの紙のごみは，家でもやすようになったから。[　　]

(3) リサイクルできるものは，しげんごみとして，ほかのごみと別にしょりしているから。[　　]

(4) 買い物をしたときは，包装紙を何重にも包んでもらっているから。[　　]

都道府県の位置

答え→182ページ　月　日

問題 青森県をスタートして，山口県まで陸地を通って行くとき，いくつもの道筋があります。道筋によっては通らない県がありますが，必ず通る県はどこか答えなさい。

目標時間 5分

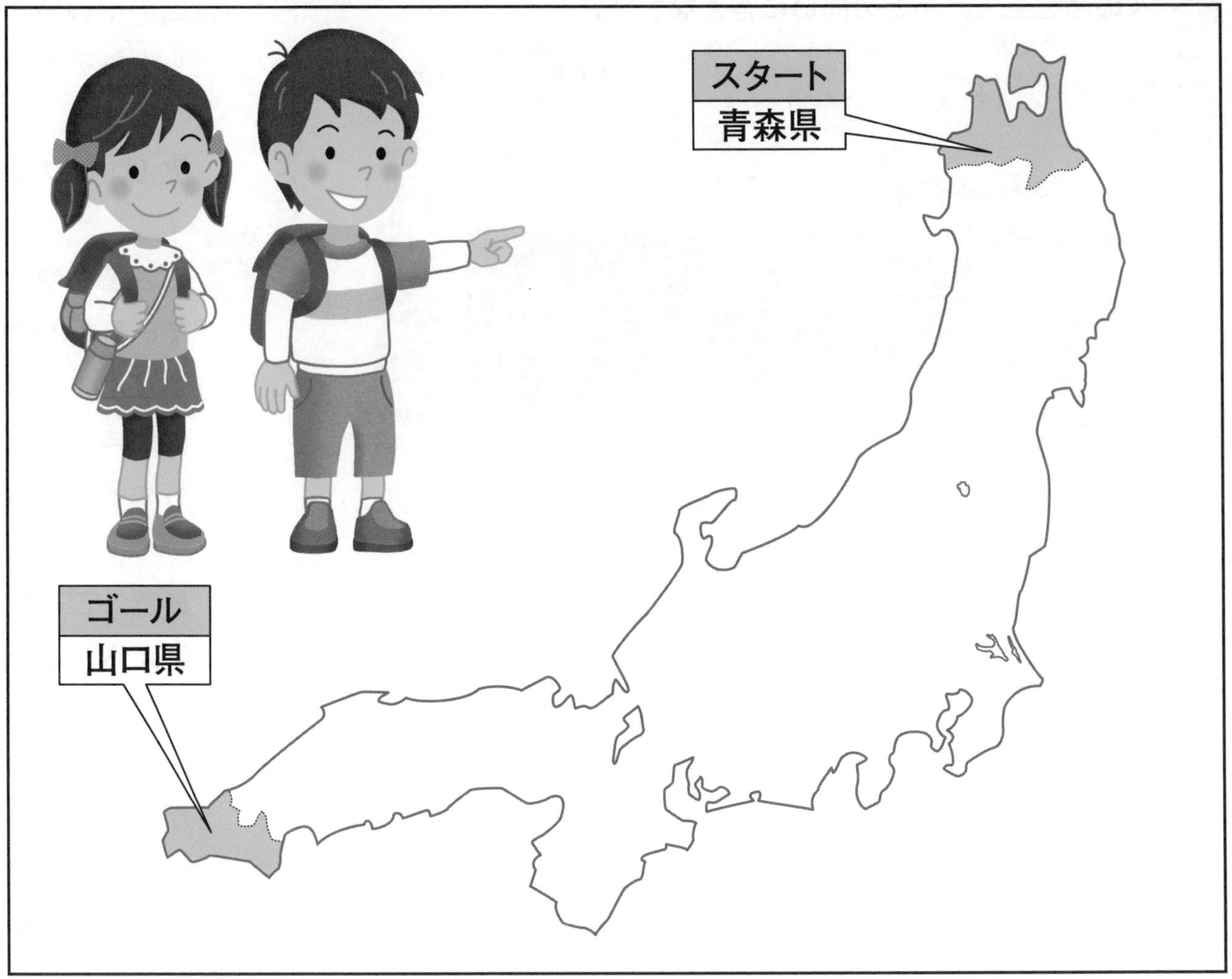

社会 5

自然さい害から人々を守る

なまえ　4年　組

答え→182ページ　月　日

時間 20分　合かく 80点　とく点　点

1 次の[　]にあてはまることばを，あとの□から選び，記号を書きなさい。 (40点) 1つ10

(1) 家庭では，地しんにそなえて，食料や[　　　]などを用意しておくとよい。

(2) 学校や地いきでは，定期的に，消火やけが人の救助などのぼうさい[　　　]を行っている。

(3) 地しんの後に発生することがある[　　　]によって，海側の地いきは大きなひ害を受けることがある。

(4) 1995 年におこった阪神・淡路大しんさいでは，多くの建物がたおれるとともに，広いはんいで[　　　]がおこり，ひ害が広がった。

ア つなみ	イ 水	ウ 火さい	エ くんれん

チャレンジ

2 次の文が説明しているさい害の名を答えなさい。 (24点) 1つ8

(1) 火山からマグマや火山ばいなどがふきだす。[　　　]

(2) 太平洋からくる強い雨や風をともなったうず。夏のおわりから秋ごろを中心に日本へ来る。[　　　]

(3) 急に発生する強い風のうず。[　　　]

3 次の図はぼうさいくんれんの様子です。図を見て，[　]にあてはまることばを，あとの□から選び，記号を書きなさい。 (36点) 1つ9

(1)

(2)

(3)

(4)

(1) 地しんがおこったら，[　　　]の下にかくれる。

(2) 地しんがおさまったら，[　　　]にひなんする。

(3) 地しんのあとのつなみにそなえて，[　　　]所へうつる。

(4) 屋上についたら，[　　　]をとる。

ア 校庭	イ 点こ	ウ つくえ	エ 高い

算数　理科　社会　英語　国語　答え

社会⑤ ぼうさいクロスワード

答え→182ページ　月　日

問題 クロスワードパズルを完成(かんせい)させなさい。

目標時間 10分

とける問題から答えていこう。

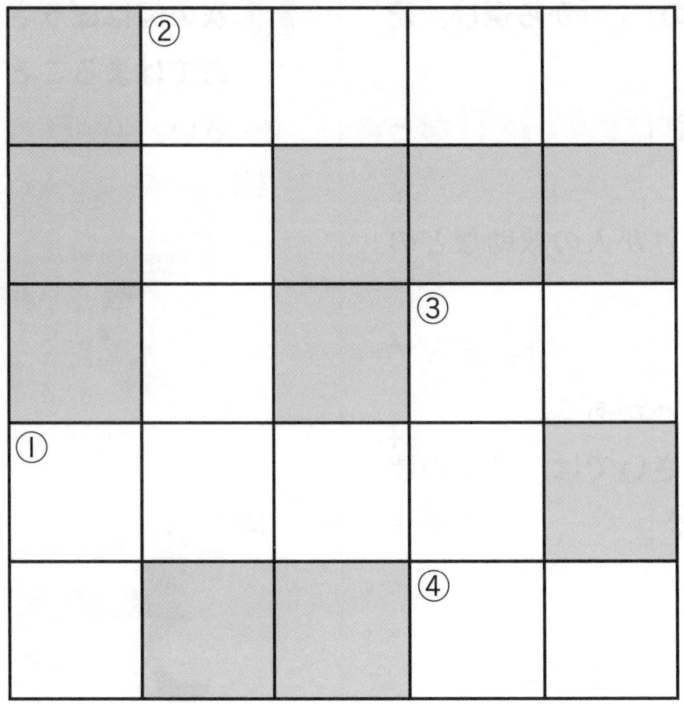

《タテのカギ》

① 海ぞいに住んでいる場合，地しんがおさまったら，つなみにそなえて，◯◯い所へにげる。

② 大雨がふったときは◯◯◯◯がおきやすい。

③ ◯◯◯いくんれんをしてさい害にそなえる。

《ヨコのカギ》

① 夏のおわりごろに◯◯◯◯が，南からくる。

② 地しんがおこったら，◯◯◯◯などの広い場所にひなんする。

③ 火さいを見つけたら，火さいほう知器(き)の，非常(ひじょう)◯◯ンをおす。

④ 国や市町村は，さい害がおこったら，さい害についてのたい◯◯本部をおく。

社会 6

昔から伝わる行事，きょう土を開く

なまえ　4年　組

答え→182ページ　月　日

時間 20分　合かく 80点　とく点　点

1 次の年表を見て，問いに答えなさい。

年	主なできごと
1736	坂本養川が生まれる。
1758	養川，田沢村名主となる。
1762	養川，ほかの地いきに出て，用水のつくり方を学ぶ。
1785	最初の用水である滝之湯用水ができる。
1792	大河原用水ができる。
1800	このころまでに，15本の用水がつくられる。
1809	養川，なくなる。

(1) 上の年表は，だれの年表ですか。(10点) [　　]

(2) 1792年に何ができましたか。(5点) [　　]

(3) 上の年表の人が，ほかの地いきで用水のつくり方を学んだのは何年ですか。(10点) [　　]

(4) 1800年ごろまでに何本の用水ができましたか。(10点) [　　]

(5) 最初にできた用水は，①何年にでき，②何という用水ですか。(20点) 1つ10　①[　　] ②[　　]

チャレンジ

2 次の文の[　]の中にあてはまることばを□から選び，記号を書きなさい。(25点) 1つ5

(1) 淀川は，[①　　]から出て，[②　　]にそそぐ大きな川です。昔，上流の川とともに，たびたび大水害をおこし，人々を苦しめました。江戸時代に[③　　]が安治川をつくり，淀川の下流をまっすぐにしました。

(2) 利根川は，昔は[①　　]にそそいでいました。大雨がふるとたびたびこう水をおこし，人々を苦しめていました。江戸時代のはじめ，[②　　]は，ていぼうをつくりなおし，川の水が太平洋に流れこむようにしました。

ア 奈良盆地	イ 琵琶湖	ウ 諏訪湖
エ 中甚兵衛	オ 大阪湾	カ 河村瑞賢
キ 東京湾	ク 伊奈忠次	ケ 日本海

3 次の年中行事の表をみて，[　]にあてはまることばを，あとの□から選び，記号を書きなさい。(20点) 1つ5

1月	正月	7月	(3)[　　]
2月	(1)[　　]	8月	おぼん
3月	ひな祭り	9月	(4)[　　]
4月	(2)[　　]	10月	ハロウィン
5月	たん午の節く	11月	七五三
6月	衣がえ	12月	大みそか

ア 七夕　イ 花見　ウ 月見　エ 節分

思考力トレーニング

社会⑥ 年中行事連想ゲーム

答え→182ページ　月　日

問題 3まいのカードから連想するものを答えなさい。

目標時間 5分

(例)	(1)	(2)	(3)
三さい	おりひめ	五月人形	お年玉
五さい	ひこぼし	こいのぼり	かがみもち
七さい	天の川	かしわち	門松
↓	↓	↓	↓
七五三			

年中行事の内容をそれぞれ思い出してみよう。

社会 7

県内の特色ある地いき

なまえ　4年　組

答え→182ページ　月　日

時間 20分　合かく 80点　とく点　点

チャレンジ

1 あとの文に関係の深い都道府県を下の地図から選び，記号で答えなさい。また，その都道府県名を答えなさい。 (60点) 1つ5

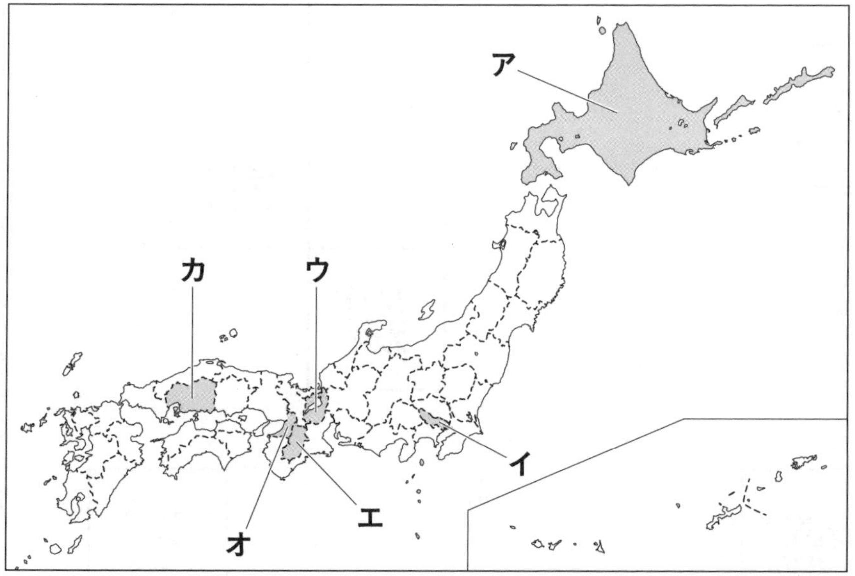

(1) 西日本の空のげんかん口ともいえる関西国際空港がある。

記号[　　] 都道府県名[　　]

(2) 日本でもっとも大きい琵琶湖がある。

記号[　　] 都道府県名[　　]

(3) 世界文化遺産の一つである，原爆ドームがある。

記号[　　] 都道府県名[　　]

(4) もっとも面積が大きい都道府県である。

記号[　　] 都道府県名[　　]

(5) もっとも人口が多い都道府県である。

記号[　　] 都道府県名[　　]

(6) 昔の日本の中心地であり，大仏で有名な東大寺や法隆寺などの寺院がある。

記号[　　] 都道府県名[　　]

2 次の文を読んで，あてはまる県を□から選び，記号を書きなさい。 (40点) 1つ10

(1) 瀬戸内海に面して，ももづくりがさかんです。伝統工業は，備前焼が有名です。 [　　]

(2) 米づくりがさかんな仙台平野があります。白石市や大崎市のこけしづくり，雄勝町(石巻市)のすずりがあります。 [　　]

(3) (1)の県の東にあります。神戸市があり，県の北と南は海に面しています。 [　　]

(4) 有名な寺や神社がたくさんあり，多くの観光客がおとずれます。西陣織，清水焼があります。 [　　]

ア 大阪府	イ 京都府	ウ 兵庫県	エ 岡山県
オ 宮城県	カ 東京都	キ 北海道	

思考力トレーニング 社会⑦ 都道府県のあなうめ

答え→182ページ

月　日

問題 □に漢字１字を入れて県名になるようにしなさい。ただし，同じ漢字は入らない。

目標時間 4分

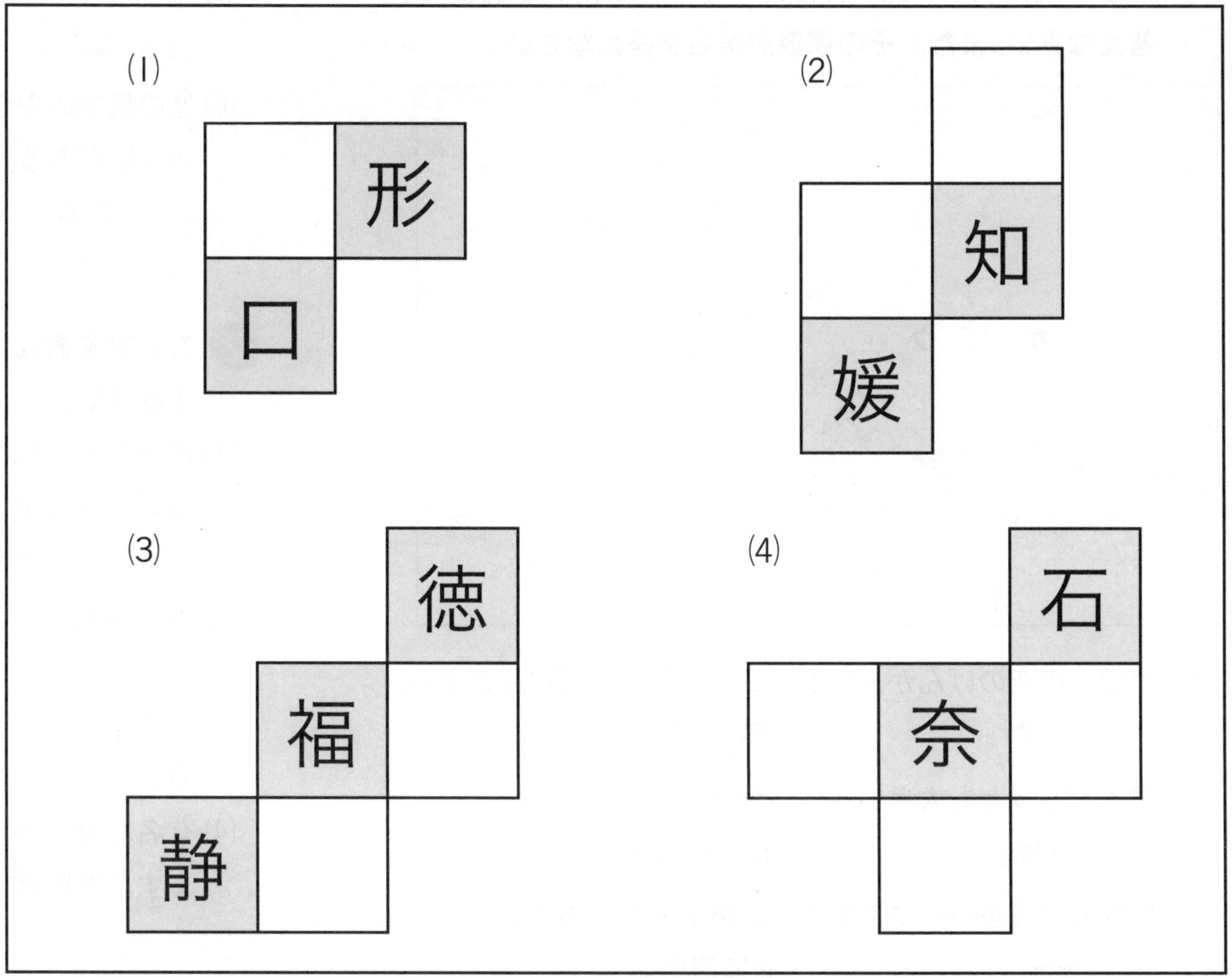

わからないときは，北から順番(じゅんばん)に都道府県(とどうふけん)を思い出してみよう

社会 8

仕上げテスト

なまえ　4年　組

答え→183ページ　月　日

時間 25分　合かく 80点　とく点　点

1 「1週間のごみ調べ」の表を見て，次の問いに答えなさい。

〈1週間のごみ調べ〉

ごみの種類	月	火	水	木	金	土	日
生ごみ	○	○	○	○	○	○	○
紙くず	○	○	○	○	○	○	○
ビニールぶくろ	○	○	○	○	○		○
トレイ	○		○	○	○	○	
あきびん		○			○	○	
あきかん	○	○	○	○	○	○	○
牛乳パック	○		○		○		
ざっし・新聞	○	○	○	○	○	○	○
プラスチック		○	○			○	○
衣類			○				
家具などの大きなごみ			○				

(1) あきびんのごみは週に何日出ていますか。(4点)

[　　　]

(2) 毎日出るごみは，何ですか。(12点) 1つ3

[　　　]
[　　　]
[　　　]
[　　　]

(3) いちばん多くの種類のごみが出たのは何曜日ですか。(4点)

[　　　]

(4) 週に5日出たごみは何ですか。(4点) [　　　]

(5) 次の①・②の文のうち，上の表から読みとれるほうに○をつけなさい。(6点) 1つ3

① 牛乳パックが出ている日より，プラスチックの出ている日のほうが少ない。 [　　]

② この週は，大きなごみが1日出た。 [　　]

2 次の文で説明しているものを，あとの□から選び，記号を書きなさい。 (40点) 1つ10

(1) 地しんなどの自然さい害がおこったときにそなえて，あらかじめひなんなどの練習をすること。 [　　]

(2) さい害がおこったときに，きけんな場所やひ害のおよびそうなはんいなどをしめした地図。 [　　]

(3) こう水がおこりそうな，地面より水面が高い川ぞいの場所などにつくられたもの。 [　　]

(4) 地しんのあとに，海ぞいをおそうさい害のこと。 [　　]

ア ぼうさいマップ（ハザードマップ）	イ ていぼう
ウ ぼうさい訓練	エ つなみ

チャレンジ

3 次の伝統工業は，何県のものですか。□の中から選び，記号を書きなさい。 (30点) 1つ5

(1) 輪島塗 [　　]　(2) 備前焼 [　　]

(3) 熊野筆 [　　]　(4) 博多人形 [　　]

(5) 琉球紅型 [　　]　(6) 西陣織 [　　]

ア 福岡県	イ 京都府	ウ 大阪府	エ 沖縄県
オ 岡山県	カ 宮城県	キ 石川県	ク 広島県

地図記号めいろ

答え→183ページ 月　日

問題　ルールにしたがってゴールをめざしなさい。

目標時間　5分

ルール	田	畑	茶畑	くだもの畑
	↑	→	↓	←

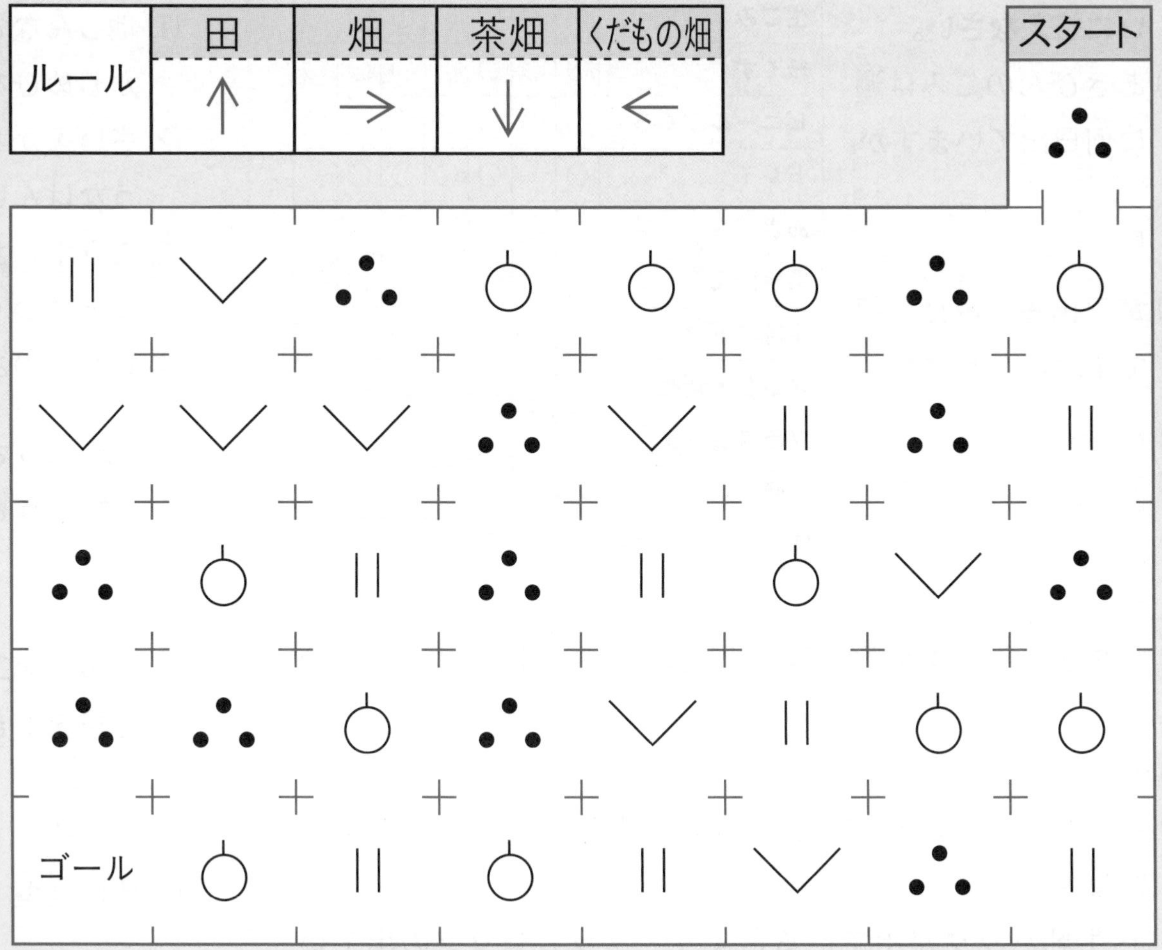

それぞれの形から、どの地図記号を表しているのか考えてみよう。

英語 1

アルファベットのふく習

なまえ　4年　組

答え→183ページ　月　日

時間 20分　合かく 80点　とく点　点

1 次のアルファベットのうすい文字をなぞりなさい。(20点)

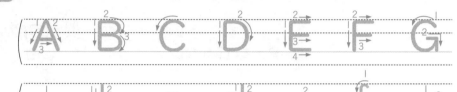

A B C D E F G

a b c d e f g

H I J K L M N

h i j k l m n

O P Q R S T U

o p q r s t u

V W X Y Z

v w x y z

2 次の大文字と小文字を，アルファベット順(じゅん)にならべかえて書きなさい。(60点) 1つ15

(1) IFHG

(2) RTQS

(3) nkml

(4) xwyv

チャレンジ

3 大文字と小文字の組み合わせが正しいところをたどって，線でつなぎなさい。ただし，ななめには進めません。(20点)

スタート	D-b	M-m	L-l	Q-q
B-b	E-e	G-g	A-o	D-d
I-l	V-u	N-m	J-j	F-f
H-k	B-q	E-a	R-r	J-i
T-t	I-i	G-e	Y-y	ゴール

思考力トレーニング

英語 ①

アルファベットパズル

答え→183ページ

月　日

問題　それぞれのピースは，ジグソーパズルのどこに当てはまりますか。番号で答えなさい。

目標時間　5分

アルファベットを正しく覚えているかな。

(1)

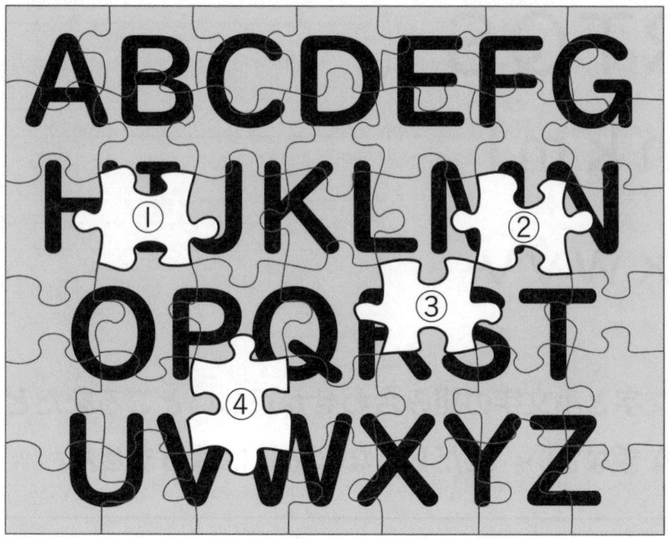

[　　] [　　] [　　] [　　]

(2)

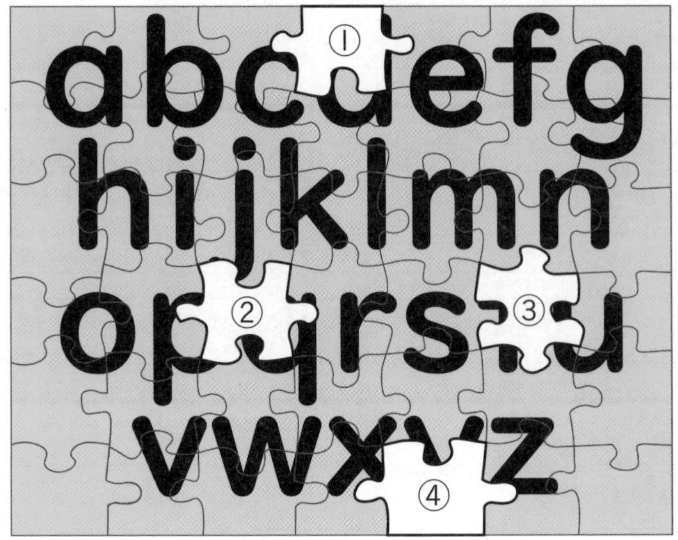

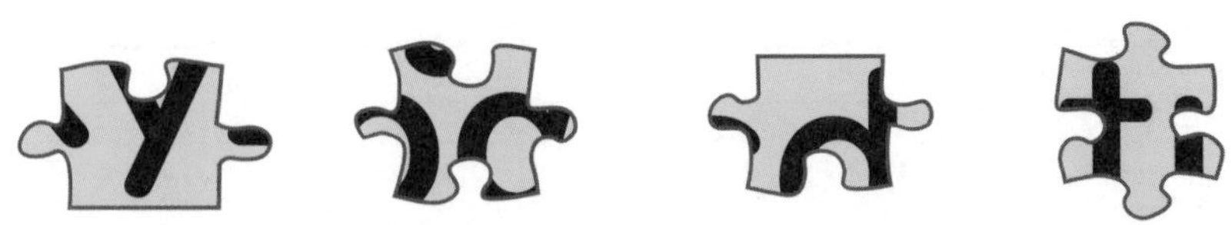

[　　] [　　] [　　] [　　]

英語 2

曜日・数字

なまえ 4年 組

答え→183ページ 月 日

時間 20分 合かく 80点 とく点 点

1 次の曜日を表す英単語の，うすい文字をなぞりなさい。(10点)

(1) Monday 〔月曜日〕
(2) Tuesday 〔火曜日〕
(3) Wednesday 〔水曜日〕
(4) Thursday 〔木曜日〕
(5) Friday 〔金曜日〕
(6) Saturday 〔土曜日〕
(7) Sunday 〔日曜日〕

2 次の数字を表す英単語の，うすい文字をなぞりなさい。(10点)

(1) one 〔1〕
(2) two 〔2〕
(3) three 〔3〕
(4) six 〔6〕
(5) seven 〔7〕
(6) eight 〔8〕
(7) ten 〔10〕

3 正しい答えを選んで，記号で答えなさい。(80点) 1つ20

(1) How many rabbits? [　　]

ア Two.
イ Three.
ウ Four.

(2) How many pens? [　　]

ア Eight.
イ Nine.
ウ Ten.

(3) How many apples? [　　]

ア Five.
イ Six.
ウ Seven.

チャレンジ
(4) What day is it? [　　]

ア It's Saturday.
イ It's Sunday.
ウ It's Monday.

思考力トレーニング

英語 ②　曜日や数を答える

答え→183ページ　月　日

問題　それぞれの人物のしつ問に対して，正しい答えの文を選(えら)んで，その記号を書きなさい。

目標時間　5分

todayは「きょう」という意味だよ。

(1)

I play baseball today.
What day is it today?

ア　It's Tuesday.　イ　It's Thursday.　ウ　It's Wednesday.

[　　]

(2)

I like oranges.
How many oranges?

ア　Five.　イ　Seven.　ウ　Three.

[　　]

英語 3

好きなもの・ほしいもの

なまえ　4年　組

答え→183ページ

月　日

時間 20分　合かく 80点　とく点　点

1 絵に合う英文を，うすい文字をなぞって，書きなさい。(20点)

(1)「わたしは／ぼくは～が好きです。」

I like soccer.

I like fruits.

I like dogs.

(2)「わたしは／ぼくは～がほしいです。」

I want a bag.

I want a book.

2 正しい答えを下から選んで，記号で答えなさい。(80点) 1つ20

(1) What sport do you like?

—[　　]

(2) What food do you like?

—[　　]

(3) What color do you like?

—[　　]

チャレンジ (4) What do you want?

—[　　]

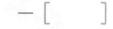

ア I like pizza.
イ I want a pen.
ウ I like tennis.
エ I like red.

思考力トレーニング　英語 ③

何と言っているでしょうか

答え→184ページ　月　日

問題　絵の中の人物は何と言っているでしょうか。右のセリフから英文(えいぶん)を選(えら)んで，記号で答えなさい。

目標時間　5分

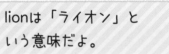

セリフ

ア　I want milk.
イ　I want a rabbit.
ウ　I like lions.
エ　I like tomatoes.

(1)［　　］　(2)［　　］

(3)［　　］　(4)［　　］

lionは「ライオン」という意味だよ。

英語 4

わたしの１日

なまえ　４年　組

答え→184ページ　月　日

時間 20分　合かく 80点　とく点　点

1 絵に合う英文を，うすい文字をなぞって，書きなさい。(25点)

I get up.

I have breakfast.

I go to school.

I go home.

I take a bath.

2 由紀の１日について表す英文になるように，下から英単語を選んで，＿＿に書きなさい。(75点) 1つ15

6:00 起きる ――(1) I ＿＿＿＿ up.

7:00 顔をあらう／朝食 ――(2) I ＿＿＿＿ my face.

7:30 家を出る

7:50 学校に着く

12:00 昼食 ――(3) I ＿＿＿＿ lunch.

4:00 家に帰る

宿題をする ――チャレンジ (4) I ＿＿＿＿ my homework.

7:00 夕食

8:00 ふろに入る

9:00 ねる ――(5) I ＿＿＿＿ to bed at nine.

have	wash	go	do	get

算数　理科　社会　英語　国語　答え

思考力トレーニング 英語 ④ 1日のようす

答え→184ページ　月　日

問題　春香の1日を表す絵に合う英文を□から選んで，記号で答えなさい。

目標時間　8分

(1) [　　]

(2) [　　]

I have breakfast.

(3) [　　]

I go to school.

(4) [　　]

I do my homework.

I have dinner.

(5) [　　]

I go to bed.

ア　I leave home.
イ　I wash my face.
ウ　I take a bath.
エ　I get up.
オ　I have lunch.

国語 1 漢字の読み書き ①

なまえ　4年　組

時間 20分　合かく 80点　とく点　点

答え→184ページ

月　日

1 次の――線の漢字に読みがなをつけなさい。（32点）一つ2

(1) 雨天　雨戸

(2) 老いる　老人

(3) 着陸　着く

(4) 幸せ　幸い

(5) 満点　満ちる

(6) 良い　改良

(7) 建てる　建ちく

(8) 反省　省く

2 送りがなの正しいものに○をつけなさい。（24点）一つ8

(1) 必ず　必らず　必ならず

(2) 求る　求める　求とめる

(3) 試る　試みる　試ろみる

3 次の――線のかたかなを、漢字で書きなさい。（28点）一つ2

(1) シュゲイをする。

(2) 水のジッケンをする。

(3) 友人とヤクソクをする。

(4) 姉さんはドリョク家だ。

(5) キネンの写真をとる。

(6) 犬とサンポをする。

(7) 入部のドウキを聞く。

(8) チョッケイ十センチ。

(9) 水のザンリョウを調べる。

(10) 友人をアンナイする。

(11) ケンコウに注意する。

(12) 手紙をソクタツで送る。

(13) ケッカを知らせる。

(14) 新聞をインサツする。

4 次の――線のかたかなを、漢字で書きなさい。（16点）一つ2

(1) 目がサめる。　湯がサめる。

(2) ハジめての旅。　会をハジめる。

(3) よごれがツく。　駅にツく。

(4) 大人にナる。　かねがナる。

漢字足し算 ①

答え→184ページ　月　日

問題　次のばらばらになった漢字を足し算して、正しい形に直して書きなさい。

目標時間　5分

(1) 皿 ＋ 𠂉 ＋ 土 ＋ 口 ＝ [　　]

(2) 兄 ＋ 立 ＋ 立 ＋ 兄 ＝ [　　]

(3) ㇗ ＋ 目 ＋ 十 ＋ 罒 ＝ [　　]

(4) 火 ＋ 儿 ＋ 卄 ＋ 十 ＋ 一 ＝ [　　]

(5) 口 ＋ 幺 ＋ 土 ＋ 小 ＝ [　　]

(6) 口 ＋ 口 ＋ 口 ＋ 口 ＋ 大 ＝ [　　]

(7) 夕 ＋ 冖 ＋ 示 ＋ 又 ＝ [　　]

(8) 十 ＋ 力 ＋ 力 ＋ 力 ＝ [　　]

位置(いち)を動かして考えよう。

国語 2

漢字の読み書き ②

なまえ　4年　組

時間 20分　合かく 80点　とく点　点

答え→184ページ

月　日

1 次の——線の漢字に読みがなをつけなさい。 (15点) 一つ1

(1) 順番にテスト用紙を刷る。［　］［　］

(2) おばあさんの病気が治る。［　］［　］

(3) お母さんは果物（くだもの）が好物だ。［　］

(4) 高い建物の周り。［　］［　］

(5) 昨日の夜の積雪。［　］［　］

(6) 街灯で明るく照らす。［　］［　］

(7) 以前行った池の辺り。［　］［　］

(8) たいへん冷静な行動。［　］［　］

2 送りがなの正しいものに○をつけなさい。 (24点) 一つ4

(1) ［　］養なう　［　］養しなう　［　］養う

(2) ［　］伝える　［　］伝る　［　］伝たえる

(3) ［　］争う　［　］争そう　［　］争らそう

(4) ［　］最とも　［　］最っとも　［　］最も

(5) ［　］笑う　［　］笑らう

(6) ［　］選らぶ　［　］選ぶ

3 次の□にあてはまる漢字を書きなさい。 (40点) 一つ4

(1) □□（とくべつ）な□□（りょうり）だ。

(2) □□□（ひこうき）は□□（べんり）だ。

(3) □□（ぶじ）を□（ねが）う。

(4) 春は□□（しゅっさん）の□□（きせつ）だ。

(5) □□□（ねったいぎょ）の□□（しゅるい）。

4 次の——線のかたかなを、漢字と送りがなで書きなさい。 (21点) 一つ3

(1) 幸せをノゾム。［　］

(2) 花がカオル。［　］

(3) 点をクワエル。［　］

(4) 本をカリル。［　］

(5) 町がサカエル。［　］

(6) 工場でハタラク。［　］

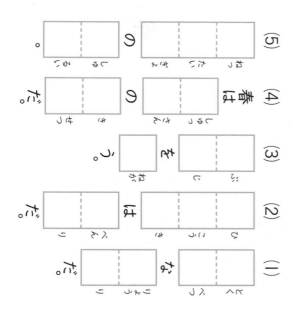

(7) 考えをアラタメル。［　］

熟語パズル ①

答え→185ページ　月　日

問題
次の□には、漢字一字が入ります。矢印の方向に読むと熟語ができるように、正しい漢字を書き入れなさい。

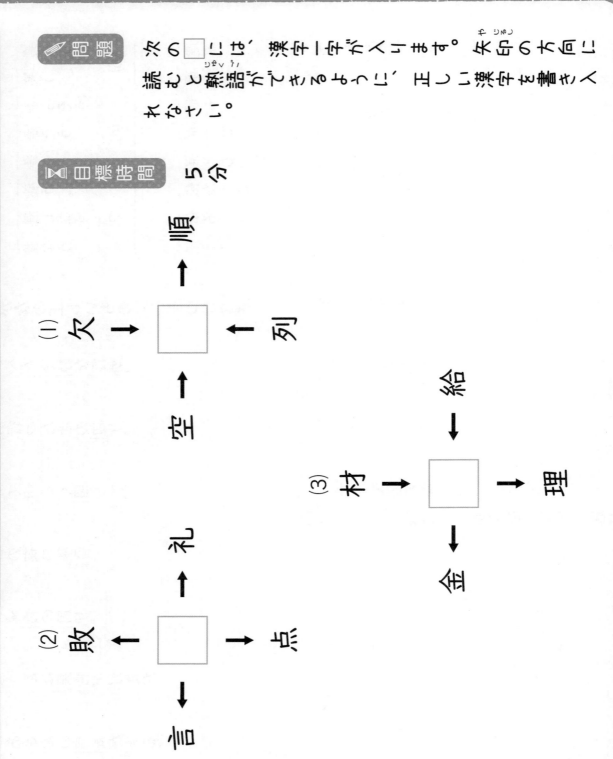

目標時間 5分

(1)
欠
↓
空 → □ → 順
↑
列

(2)
敗
↑
言 ← □ → 礼
↓
点

(3)
材
↓
金 ← □ ← 給
↓
理

矢印の向きに注意しよう。

国語 3

漢字の読み書き ③

なまえ　4年　組

時間 20分　合かく 80点　とく点　点

答え→185ページ

月　日

1 次の――線のかたかなを、漢字で書きなさい。（36点）一つ3

(1) 親しいカンケイです。
(2) フクギョウをする。
(3) キョウダイの引き出し。
(4) 犬をクンレンする。
(5) ゆめとキボウをもつ。
(6) シンメが出てくる。
(7) モクヒョウを立てる。
(8) カモツセンで運ぶ。
(9) ナンキョクのペンギン。
(10) カクジで買う。
(11) さわやかなキコウ。
(12) イチを変えて見る。

2 次の――線の漢字に読みがなをつけなさい。（20点）一つ4

(1) 日光を浴びる。
(2) 浅い川。
(3) 約束を果たす。
(4) 輪になって話す。
(5) 願いごとを唱える。

3 送りがなの正しいものに○をつけなさい。（24点）一つ4

(1) 覚る　覚える　覚ぼえる
(2) 努る　努める　努とめる
(3) 失う　失なう　失しなう
(4) 戦う　戦かう　戦たかう
(5) 固る　固める　固ためる
(6) 静だ　静かだ　静ずかだ

4 次の――線の漢字に読みがなをつけなさい。（20点）一つ2

(1) 友達　達成
(2) 競争　競馬
(3) 連れる　連なる
(4) 初めて　初雪
(5) 漁業　大漁

熟語さがし ①

答え→185ページ

月　日

問題

上↓下か、左↓右に読むと熟語になるものをさがして〇で囲み、残った漢字を組み合わせて三字の熟語を作りなさい。

目標時間 5分

結	果	位	置	辞
加	健	倉	賞	書
命	康	庫	合	唱
中	参	予	定	薬
熱	心	調	子	品

漢字はそれぞれ一回しか使わないよ。

国語 4 部首と画数

なまえ　4年　組

時間 20分　合かく 80点　とく点　点

月　日

答え→185ページ

1 チャレンジ　次の漢字の部首を（　）に、部首のなまえを［　］に書きなさい。（30点）一つ3（完答）

(1) 球（　）［　］
(2) 径（　）［　］
(3) 特（　）［　］
(4) 庭（　）［　］
(5) 転（　）［　］
(6) 関（　）［　］
(7) 陽（　）［　］
(8) 葉（　）［　］
(9) 敗（　）［　］
(10) 飲（　）［　］

2 次の部首のつく漢字を、三字ずつ書きなさい。（30点）一つ2

(1) ごんべん（言）［　］［　］［　］
(2) たけかんむり（⺮）［　］［　］［　］
(3) のぎへん（禾）［　］［　］［　］
(4) あめかんむり（⻗）［　］［　］［　］
(5) うかんむり（宀）［　］［　］［　］

3 次の漢字の画数を［　］に数字で書きなさい。（20点）一つ2

(1) 包［　］画
(2) 題［　］画
(3) 登［　］画
(4) 対［　］画
(5) 底［　］画
(6) 章［　］画
(7) 然［　］画
(8) 梅［　］画
(9) 軍［　］画
(10) 覚［　］画

4 次の漢字の赤い部分は何画目に書きますか。数字で書きなさい。（16点）一つ2

(1) 童［　］
(2) 続［　］
(3) 短［　］
(4) 熱［　］
(5) 官［　］
(6) 臣［　］
(7) 機［　］
(8) 族［　］

5 次の漢字のうち、七画の漢字を二つ書きなさい。（4点）一つ2

松	以	差	成	周
争	卒	共	祝	芽
求	固	念	努	昨

［　］［　］

漢字画数パズル

答え→185ページ　月　日

問題　六画の漢字をぬりつぶし、できたアルファベットを答えなさい。

目標時間　5分

共	包	希	民	仲
成	老	辺	灯	争
印	努	羊	低	伝
各	必	令	以	好
兆	完	改	別	衣

「しんにょう」の画数は三画だよ。まちがえやすいから覚えておこう。

□

国語 5

漢字辞典の使い方

なまえ　4年　組

時間 20分　合かく 80点　とく点　点

答え→185ページ

月　日

1 チャレンジ **漢字辞典について、次の問いに答えなさい。**

(1) 次の場合は、漢字辞典のどのさくいんを使って漢字を調べますか。――線で結びなさい。（18点）一つ6

- まったく知らない漢字のとき　・　　・　音訓さくいん
- 読み方を知っているとき　・　　・　部首さくいん
- どこが部首かわかるとき　・　　・　総画さくいん

(2) 次の漢字の部首のなまえ、部首の画数と全体の画数を書きなさい。（30点）一つ2

	① 位	② 無	③ 願	④ 隊	⑤ 康
部首のなまえ					
部首の画数					
全体の画数					

2 **次の漢字を「総画さくいん」を使って調べるには、何画のところをさがせばよいですか。画数を書きなさい。**（10点）一つ2

(1) 好　[　　]画

(2) 席　[　　]画

(3) 的　[　　]画

(4) 達　[　　]画

(5) 各　[　　]画

3 チャレンジ **次の漢字を「部首さくいん」で引くには、どちらが正しいですか。○をつけなさい。また、その部首の名前を[　]に書きなさい。**（12点）一つ2（完答）

(1) 客　ア 口の部で引く　イ 宀の部で引く　[　　]

(2) 問　ア 門の部で引く　イ 口の部で引く　[　　]

(3) 付　ア 寸の部で引く　イ 亻の部で引く　[　　]

(4) 府　ア 广の部で引く　イ 亻の部で引く　[　　]

(5) 初　ア 刀の部で引く　イ 礻の部で引く　[　　]

(6) 熱　ア 丸の部で引く　イ 灬の部で引く　[　　]

4 **漢字辞典を引いたら、次のような読み方が書いてありました。それぞれの漢字を□の中に書きなさい。**（30点）一つ5

(1) ホウ／つつむ　□

(2) ハン／めし　□

(3) キョウ／かがみ　□

(4) キ／はた　□

(5) ジョウ／しろ　□

(6) サン／ちる　□

熟語パズル ②

答え→185ページ　月　日

問題

次の□には、漢字一字が入ります。矢印の方向に読むと熟語ができるように、正しい漢字を書き入れなさい。

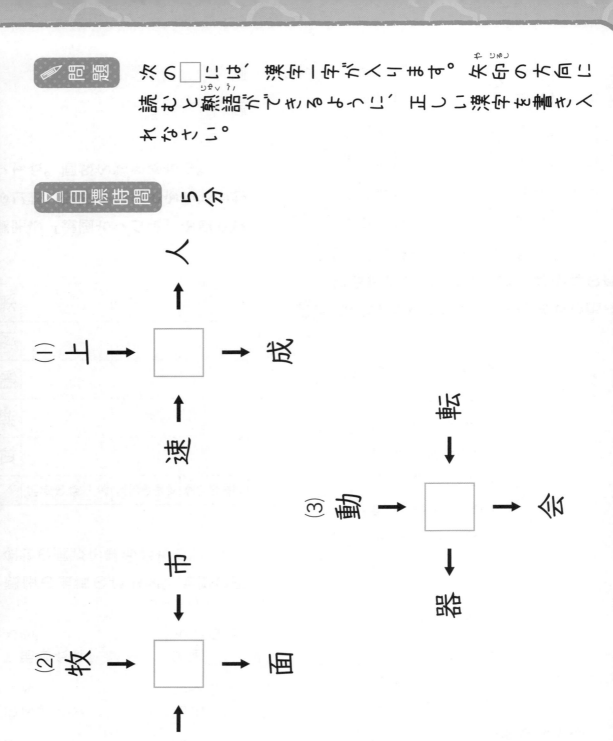

目標時間 5分

(1)
- 上 → □
- 速 → □ → 人
- □ → 成

(2)
- 牧 → □
- 戦 → □ ← 市
- □ → 面

(3)
- 動 → □
- 器 ← □ ← 転
- □ → 会

(2)は、音読みと訓読みの両方があるよ。

国語 6

慣用句（かんようく）

なまえ　4年　組

時間 20分　合かく 80点　とく点　点

答え→185ページ

月　日

1 次の言葉を使って、慣用句を作ります。——線で結びなさい。（32点）一つ4

(1) 羽を　・　・　わすれる
(2) われを　・　・　のむ
(3) 気を　・　・　のばす
(4) ごまを　・　・　にごす
(5) しっぽを　・　・　さす
(6) お茶を　・　・　配る
(7) くぎを　・　・　つかむ
(8) なみだを　・　・　する

2 次の[　]には体の一部のなまえが入ります。（　）の意味を参考に[　]から選び、書きなさい。（32点）一つ4

(1) [　　]をすます（じっと聞く）
(2) [　　]をかかえる（とてもなやむ）
(3) [　　]を焼く（てこずる）
(4) [　　]を丸くする（びっくりする）
(5) [　　]を長くする（今か今かと待ちこがれる）
(6) [　　]をわる（ひみつを言う）
(7) [　　]をみがく（熱心に練習する）
(8) [　　]をまげる（きげんを悪くする）

首	うで	手	へそ
頭	耳	目	口

3 次の意味に合う慣用句をあとから選び、記号で答えなさい。（20点）一つ4

(1) 気持ちを落ち着かせる。[　　]
(2) 長時間動いて足が動かないほどつかれている。[　　]
(3) 他のことを考え、目の前のことに集中できない様子。[　　]
(4) 言ってはいけないことをうっかり言ってしまう。[　　]
(5) ある事に一生けんめい打ちこむ。[　　]

ア 身を入れる
イ 足がぼうになる
ウ 頭を冷やす
エ 口がすべる
オ うわの空

4 次の文の[　]に合う慣用句をあとから選び、記号で答えなさい。（16点）一つ4

(1) 運動ができることを[　　]。
(2) 先生の話を聞いて[　　]。
(3) 何度も言われて[　　]。
(4) 問題がむずかしくて[　　]。

ア 手も足も出ない
イ 鼻にかける
ウ 耳にたこができる
エ 目からうろこが落ちる

言葉つなぎパズル

答え→186ページ　月　日

問題　たてと横にあてはまる言葉を入れて、表を完成させなさい。

目標時間　5分

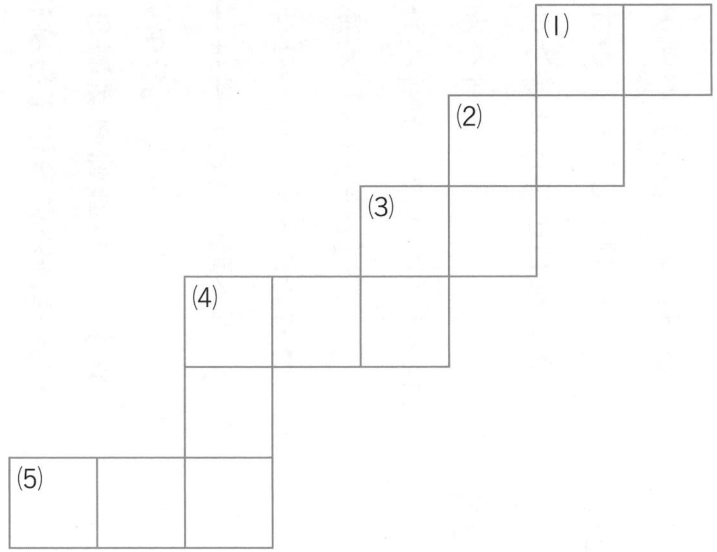

【たてのかぎ】
(1) とうとうばけの［　　　］がはがれたな。
(2) この前はうまくいったので［　　　］をしめた。
(3) なくしたさいふを目を［　　　］にしてさがす。
(4) 兄は［　　　］がかたくてこまる。

【横のかぎ】
(1) 友だちの［　　　］をもつ。
(2) 努力が水の［　　　］になった。
(3) やっかいな病気に、名医も［　　　］を投げた。
(4) 言い訳をして火に［　　　］を注いだ。
(5) むだづかいで、家計が火の［　　　］だ。

国語 7

文と文をつなぐ言葉

なまえ　4年　組

時間 20分　合かく 80点　とく点　点

答え→186ページ

月　日

1 次の文の［　］に合う言葉をあとから選び、記号で答えなさい。（30点）一つ6

(1) 晴れていた。［　］雨になった。

(2) ケーキを食べようか、［　］アイスを食べようか。

(3) 今日は寒い。［　］コートを着て出かけた。

(4) 国語のテストがある。［　］、今日の給食はなんだろう。

(5) 朝ねぼうした。［　］夜おそくまで起きていたからだ。

ア ところで　**イ** だから　**ウ** なぜなら　**エ** しかし　**オ** それとも

2 次の文の――線の言葉の使い方が正しいものには○、まちがっているものには×を書きなさい。（20点）一つ5

(1) 外から帰った。しかし、手をあらいうがいをした。［　］

(2) 必死に練習した。だから、ゆう勝できた。［　］

(3) 明日は遠足だ。または妹のたんじょう日だ。［　］

(4) みんな集まったね。では、出かけましょう。［　］

3 次の文章中のあ～おに合う言葉をあとから選び、記号で答えなさい。（50点）一つ10

みなさん、これから、はりこのお面の作り方を説明します。

（あ）、ボール紙を切って、ホチキスでとめ、お面の外わくを作ります。

（い）、新聞紙やざら紙、半紙などを何重にもはりつけます。せんたくのりをうすくといたのりをはけでぬって、てきとうな大きさにちぎった紙をすき間のないように、ていねいにはっていきます。（う）、お面のかたはできあがりです。

のりがしっかりかわいたら、（え）、絵の具でていねいに、顔をかきます。このとき、できるだけあざやかな色を使いましょう。

（お）、見ばえがして、目に楽しい作品になるからです。

あ［　］　い［　］

う［　］　え［　］

お［　］

ア まず　**イ** なぜなら　**ウ** 最後に　**エ** 次に　**オ** それで

漢字しりとり ①

答え→186ページ　月　日

問題

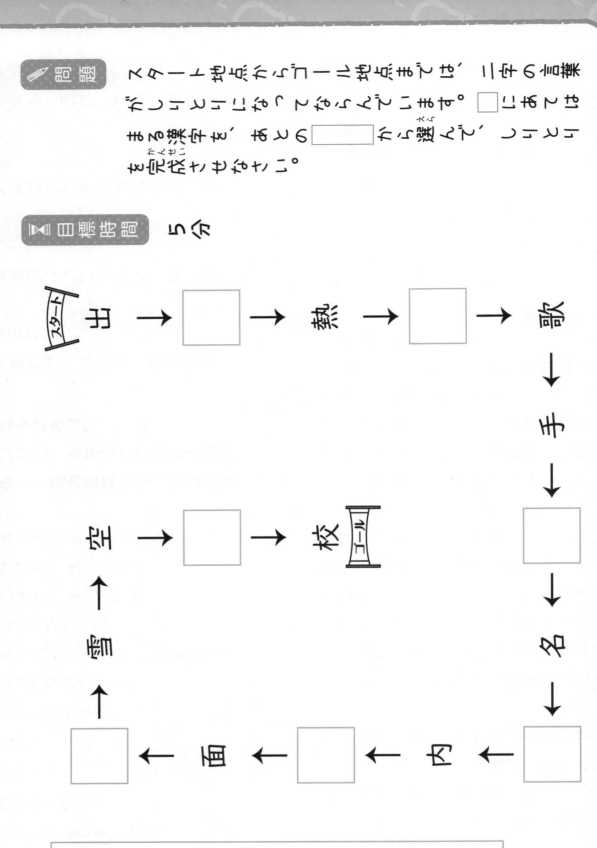

スタート地点からゴール地点までは、二字の言葉がしりとりになってならんでいます。□にあてはまる漢字を、あとの□から選んで、しりとりを完成させなさい。

目標時間　5分

（スタート）出 → □ → 熱 → □ → 歌 → 手 → □ → 名 → □ → 内 → □ → 面 → □ → 雪 → 空 → □ → 校（ゴール）

案　転　唱　積　発　芸　側

意味がわからない言葉は辞書で調べよう。

国語 8

熟語の意味を考える

なまえ　4年　組

時間 20分　合かく 80点　とく点　点

答え→186ページ

月　日

1 次の漢字を組み合わせて二字の熟語を六つ作りなさい。（30点）一つ5

校　青　日　行
動　芸　目　手
祝　印　葉　学

□□　□□　□□
□□　□□　□□

2 次の熟語の組み立てに合うものをあとから選んで書きなさい。（20点）一つ2

(1) にた意味をもつ漢字の組み合わせ　［　　］［　　］［　　］

(2) 反対の意味をもつ漢字の組み合わせ　［　　］［　　］［　　］

(3) 上の字が下の字を説明する漢字の組み合わせ　［　　］［　　］

最古　身体　寒冷　高低　残飯
倉庫　明暗　苦楽　急病　清流

3 次の□には同じ漢字が入ります。下の□に、入る漢字を書きなさい。（20点）一つ4

(1) 参□　□熱　□
(2) 未□　□点　□
(3) 仕□　用□　□
(4) 小□　□明　□
(5) 必□　□求　□

4 次の□に数字を表す漢字を入れて、四字熟語を完成させなさい。（30点）一つ5（完答）

(1) □日□秋
(2) □苦□苦
(3) □石□鳥
(4) □束□文
(5) □長□短
(6) □発□中

クロスワードパズル ①

答え→186ページ
月　日

問題　あとのヒントを参考にして熟語を作成し、あいているマスに漢字を書き入れなさい。

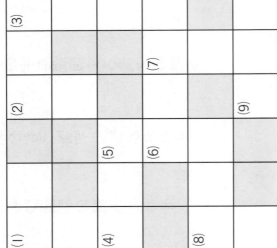

目標時間　5分

(1)		■	(2)		(3)
	■	■		■	
(4)		(5)	■	■	
■	■	(6)		(7)	
(8)			■		■
	■	■	(9)		

【たてのかぎ】
(1) しおみずのこと。
(2) パンやうどんの材料。
(3) 調理実習などに使う学校の部屋。
(5) 文を読んでけいさんするときに書くもの。
(7) じゅぎょうで使う本。
(8) 「にゅうえん」の反対語。

【横のかぎ】
(1) ごはんをたべる部屋や店。
(2) 物語を書くのを仕事にしている人のこと。
(4) みずのおんどをはかるもの。
(6) さんすうを勉強する会。
(8) 「にゅうがくしき」の反対語。
(9) 本を借りることができる建物。

国語 9

多義語(たぎご)

なまえ 4年 組

時間 20分　合かく 80点　とく点 点

答え→186ページ

月 日

1 次の二つの文の——には同じ言葉が入ります。合う言葉をあとから選(えら)び、記号で答えなさい。 (35点)一つ7

(1) 姉は——。／問題が——。 [ ]

(2) リズムを——。／写真を——。 [ ]

(3) テレビを——。／味を——。 [ ]

(4) ケーキが——。／考え方が——。 [ ]

(5) 夜が——。／ドアを——。 [ ]

ア あまい　イ みる　ウ とる
エ やさしい　オ あける

2 次の文の——線の言葉と同じ使い方のものに、○をつけなさい。 (15点)一つ5

(1) 三人は、同じ宿にとまりました。
ア 車がガタンといってとまりました。
イ おなかのいたみが、とまりました。
ウ ゆうべ、お客さんがとまりました。

(2) 二つのグループにわかれました。
ア 明子(あきこ)さんと橋の上でわかれました。
イ 二、三人ずつわかれて遊びました。
ウ 暗くなったので友達(ともだち)とわかれました。

(3) 水があおあおとすんでいます。
ア 秋の空がきれいにすんでいます。
イ その人は京都(きょうと)にすんでいます。
ウ 勉強がすんでから遊びに行きます。

3 次の言葉が[ ]の意味で使われるものに、○をつけなさい。 (18点)一つ6

(1) 手　[人数]
ア わたしだけでは手がたりません。
イ とっておきのあの手を使おう。
ウ もうつくす手はありません。

(2) はずむ　[いきおいがよくなる]
ア おじさんは、たんじょう日の祝(いわ)いに、グローブをはずんでくれた。
イ うれしくて、声がはずんでいた。
ウ ボールがはずんで、飛んでいった。

(3) 目　[注目]
ア 目が悪くなってきました。
イ 人の目を気にしないでください。
ウ 悲しい目をした少女がいました。

4 次の——線の言葉は、それぞれあとのどの意味になりますか。記号で答えなさい。 (32点)一つ8

(1)
① 氷が池にはりつめている。 [ ]
② はりつめていた気持ちがゆるんだ。 [ ]

ア きんちょうする　イ いっぱいになる
ウ はりがねでくくる

(2)
① 大水で田畑が水にひたる。 [ ]
② 音楽会のふんい気にひたる。 [ ]

ア あふれる　イ つかる
ウ はいりきる

意味のちがう言葉

答え→186ページ　月　日

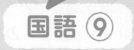

問題　次の絵に合うように、上下の［　］に同じ言葉を入れなさい。

目標時間　5分

(1)

塩(しお)を［　　］

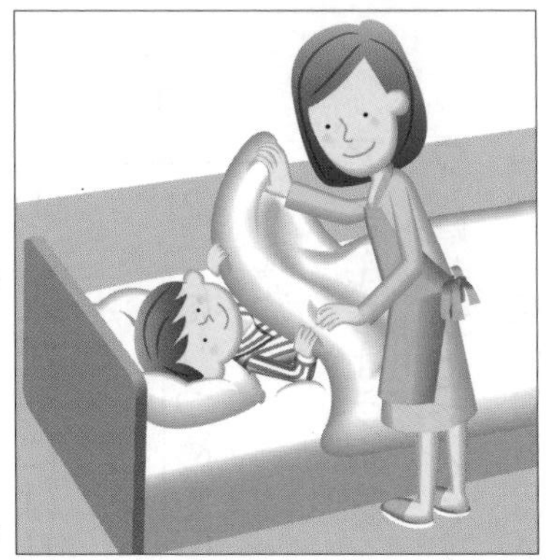

ふとんを［　　］

(2)

家を［　　］

芽(め)が［　　］

(3)

はらが［　　］

湯気が［　　］

国語 10

同音異義語・同訓異字

なまえ　4年　組

時間 20分　合かく 80点　とく点　点

答え→186ページ

月　日

1 次の□にあてはまる漢字を書きなさい。（40点）一つ2

(1) あう
友だちに□う。
意見が□う。

(2) はやい
足が□い。
朝が□い。

(3) かわる
住所が□わる。
投手が□わる。

(4) きる
服を□る。
紙を□る。

(5) おもい
荷物が□い。
□いを伝(つた)える。

(6) せいか
練習の□□。
□□をかざる。

(7) かいしん
□□の作。
□□した少年。

(8) かんしん
□□をよせる。
□□な行動。

(9) きかい
□□を動かす。
□□をえる。

(10) いがい
赤□□の色。
□□な出来事。

2 次の□にあてはまる漢字を書きなさい。（30点）一つ5

(1)
□(き)車が走る。
□(き)持ちを伝える。

(2)
□(よ)の中を知る。
□(よ)中に起きる。

(3)
勉強を□(はじ)める。
□(はじ)めて見る風景(ふうけい)。

3 次の——線の漢字が正しければ○、まちがっていれば正しい漢字に直して書きなさい。（30点）一つ5

(1) 高い山に登ると
［　　］
鳥の泣き声が聞こえました。
［　　］

(2) 空けたまどはきちんとしめて
［　　］
返りましょう。
［　　］

(3) 病院の周りで大きな声で
［　　］
放すのはやめましょう。
［　　］

漢字音読みパズル

答え→186ページ　月　日

問題　次の□の漢字の音読みと同じ音読みをもつ漢字のマスをぬりつぶしなさい。

目標時間　5分

法　伝　鏡　課　単　次　土　要

典	愛	印	包	努	冷	億
給	管	器	共	銀	業	功
信	感	短	加	協	兆	灯
物	辞	神	児	写	電	夫
養	量	席	照	暗	連	度
浴	放	無	族	然	炭	親
童	費	陽	治	果	有	成

ぬりつぶすと、絵ができあがるよ。

国語 11 チャレンジテスト 1

なまえ　4年　組

時間 20分　合かく 80点　とく点　点

月　日

答え→186ページ

1 次の文を意味が通るようにならべかえなさい。（10点）（完答）

> ア 家ではつくえふきがわたしのたんとうです。
> イ しかし、今日はつくえふきができませんでした。
> ウ なぜなら、熱(ねつ)が出てねていたからです。
> エ だから、ご飯(はん)の前と後につくえをふきます。

[　]→[　]→[　]→[　]

2 次の漢字と同じ画数の漢字を選(えら)び、記号で答えなさい。（10点）一つ5

(1) 案　ア 堂　イ 建　ウ 芽　エ 笑　[　]

(2) 勇　ア 紀　イ 挙　ウ 孫　エ 産　[　]

3 次の漢字と同じ部首をもつ漢字を選び、記号で答えなさい。（10点）一つ5

(1) 曜　ア 指　イ 唱　ウ 星　エ 宿　[　]

(2) 問　ア 各　イ 聞　ウ 答　エ 間　[　]

4 次の[　]に体の一部のなまえを漢字で入れて、慣用句(かんようく)を作りなさい。（30点）一つ5

(1) 小言を言われて[　]がいたい。

(2) ほめられて[　]が高い。

(3) やっと[　]が空いて落ち着いた。

(4) 美しい写真に[　]をうばわれる。

(5) 調子に乗って[　]がすべった。

(6) 歩きすぎて[　]がぼうになった。

5 次の――線のかたかなを、漢字で書きなさい。（30点）一つ3

(1) 親のアイ情(じょう)は深い。[　]

(2) コッキをかかげた船。[　]

(3) 学級会のギダイ。[　]

(4) 気温のヘンカ。[　]

(5) シンヨウを失(うしな)う。[　]

(6) ガッキをひく。[　]

(7) エイゴを話す。[　]

(8) 小説がカンケツする。[　]

(9) キセツがかわる。[　]

(10) 反対にトウヒョウする。[　]

6 次の言葉を使って、短い文を作りなさい。（10点）

・一石二鳥(いっせきにちょう)

[　]

熟語作り ①

答え→187ページ

月　日

問題

次の□の中から、にた意味をもつ漢字を組み合わせて、二字の熟語を六つ作りなさい。また、残った漢字を組み合わせて、三字の熟語を作りなさい。

目標時間　5分

身	路	冷	倉	争
寒	庫	大	道	願
五	戦	望	陸	体

□□・□□・□□
□□・□□・□□

残った漢字でできる熟語

□□□

それぞれの漢字の意味も覚えておこうね！

国語 12 段落(だんらく)に気をつけて読む

なまえ　4年　組

時間 20分　合かく 80点　とく点　点

答え→187ページ

月　日

1 次の文章を読んで、あとの問いに答えなさい。

　ゾウは、大きな動物園にはよくいる人気の動物である。しかし、昔の日本にはゾウはいなかった。では、日本でゾウを見られるようになったのはいつごろのことだろうか。今から約(やく)六百年前にあらしで流れ着いた船にゾウが乗っていたという記録(きろく)がある。その後の四百年前ごろにも日本にやってきたそうだ。ゾウがえがかれた古い絵で有名なものがある。今から三百年ほど前に伊藤若冲(いとうじゃくちゅう)という人がかいたものだ。ゾウがえがかれた絵にはもっと古いものもたくさんあるが、それらはあまり本物のゾウににていない。これらの絵をかいた人たちは、□本物のゾウを見たことがなかったのだろう。

(1) □にあてはまる言葉を次から選(えら)び、記号で答えなさい。(10点)

ア もう　イ たぶん　ウ まるで

[　　]

チャレンジ (2) この文章を四つの段落(だんらく)に分けます。第一・第二・第三段落の終わりの四字を書きなさい(、や。はふくまない)。(30点)一つ10

第一段落 □□□□。

第二段落 □□□□。

第三段落 □□□□。

(3) ゾウが流れ着いたのは、何年前ですか。(10点)

[　　]

(4) ゾウがえがかれた有名な絵は、だれがいつかいたものですか。(20点)一つ10

だれ[　　]

いつ[　　]

(5) ゾウは少なくともいつごろから日本で見られたと考えられますか。記号で答えなさい。(10点)

ア 六百年前　イ 四百年前　ウ 三百年前

[　　]

(6) 筆者の考えに合うものを記号で答えなさい。(20点)

ア ゾウがえがかれた絵はとても有名で人気がある。

イ 本物のゾウを見られたのに絵はゾウににていない。

ウ 昔はゾウを見たことがないのに絵にかいた人がいた。

[　　]

友だちさがし

答え→187ページ

月　日

問題　次の会話に合う絵に一つ○をつけなさい。

目標時間　5分

この中にぼくの友だちがいるよ。
犬といっしょで楽しそうだな。

星もようの服を着ている子？
犬は黒い首輪(くびわ)をつけているのよね。

ちがうよ。服は星もようだけど、犬の首輪は白だよ。

国語 13 説明(せつめい)文を読む ①

なまえ　4年　組

時間 20分　合かく 80点　とく点　点

答え→187ページ

月　日

1 次の文章を読んで、あとの問いに答えなさい。

雪がたくさんふる北国では、冬に野菜(やさい)を育てることができません。[　　]、野菜が足りなくなるのではないかと思われています。しかし、①あるくふうで、とてもあまくてみずみずしい野菜が食べられるのです。

雪の多い地方では、昔から秋にとれた野菜を土の中に入れてたくわえてきました。野菜はふつうそのまま置いておくとパサパサになってしまいます。しかし、この方法だと、土の上に雪がつもって、ちょうどよくとけるので、野菜の②水分がなくならないのです。それどころか、長くおいておくことで、野菜の中のえいようが変化(へんか)して前よりもあまくなります。

今ではこの③雪の下で冬をすごした野菜のおいしさが知られ、雪国だけでなく全国に送られるようになっています。

(1) [　　]にあてはまる言葉を次から選(えら)び、記号で答えなさい。(10点)

[　　]

ア だから　**イ** しかし
ウ または

チャレンジ (2) ①「あるくふう」とはどのようなことですか。書きなさい。(20点)

[　　　　　　　　]

(3) ②「水分がなくならない」理由を次から選び、記号で答えなさい。(10点)

[　　]

ア 野菜がとけて少しやわらかくなるから。
イ 雪がとけて野菜に水分をあたえるから。
ウ 野菜がこおることで水分をたもつから。

(4) ③「雪の下で冬をすごした野菜」のおいしさの特ちょうを二つ書きなさい。(30点)一つ15

[　　　　　　　　]
[　　　　　　　　]

2 次の文章に書いてあることに○、そうでないことに×をつけなさい。(30点)一つ10

「金魚」は、白や赤、オレンジ色のものが多いのに、なぜ「金」という漢字がついているのでしょう。金魚は昔、中国から来た魚です。昔の金魚はもう少し金色がかった色をしていたとか、ねだんが高かったので「金」という字をあてたとか、いろいろな説があります。

ア 金魚は、昔の日本でできた魚である。[　　]
イ 昔の金魚は金色だったといわれている。[　　]
ウ 昔の中国では、金魚のねだんが高かった。[　　]

国語 ⑬ 熟語作り ②

答え→187ページ 月　日

問題

次の□の中から、反対の意味をもつ漢字を組み合わせて、二字の熟語を七つ作りなさい。また、残った漢字を組み合わせて、四字の熟語を作りなさい。

目標時間 5分

低	勝	西
東	他	欠
動	完	自
集	長	負
短	静	全
散	高	無

□□・□□・□□・□□

□□・□□・□□

残った漢字でできる四字熟語 □□□□

漢字の意味を考えて、反対の意味の漢字をさがそう。訓読みがヒントになるよ。

国語 14 説明文を読む ②

なまえ　4年　組

時間 20分　合かく 80点　とく点　点

答え→187ページ

月　日

1 次の文章を読んで、あとの問いに答えなさい。

　おなかがすいたときに、グーグー鳴ることがあります。まわりが静かだとはずかしくなりますね。①これを、昔から「はらの虫」が鳴いたと言います。おなかの音を虫の声にたとえて、おなかが鳴ったはずかしさをやわらげているのかもしれません。

　おなかがすいたときに、鳴るのをおさえるていどにほんの少しだけ食べることを「虫やしない」と言います。おなかの中にいる虫に少しだけ食べ物をあたえて、虫が食べ物をほしがって鳴かないようにするという意味です。

　「はらの虫」は、②これとはちがう意味で使うこともあります。「はらの虫がおさまらない」「はらの虫のいどころが悪い」などという言葉を聞いたことがありますか。③これらは、はらが立ったときにムカムカすることを虫がおなかの中であばれているように表しているのです。

(1) 「①これ」が指すものは何ですか。（20点）

［　　　　］

チャレンジ (2) 「虫やしない」はどんなときに食べますか。（20点）

［　　　　］

(3) 「②これ」の指すものを次から選び、記号で答えなさい。（10点）

［　　］

ア　おなかがすいたときに鳴るのを虫の音だとすること。

イ　はらが立った様子を虫があばれることにたとえること。

ウ　おなかが鳴ったはずかしさをまぎらわせること。

(4) 「③これら」の指す言葉を、文中から二つぬき出しなさい。（20点）一つ10

［　　　　］

［　　　　］

2 次の文章の――線(1)〜(3)の言葉は、それぞれ文中の何を指しますか。（30点）一つ10

　この季節になると、季節風がふき始め、あつい雲が空をおおう。(1)その雲の上のほうは、ちょうど夏の入道雲のようになっていて、(2)そこで、かみなりが起こる。(3)それが雲の下で不気味にひびいてくる。

(1)［　　　　］

(2)［　　　　］

(3)［　　　　］

熟語の画数

答え→187ページ

月　日

問題

二字の画数が合わせて二十画以上の熟語を□から選んで、［　］に読みがなを書きましょう。また、二字の画数を合わせて、二十画以上になる熟語と、三画になる熟語を考えましょう。

目標時間　5分

養分	観察	種類	願望
重量	特色	結果	無事

二十画以上の熟語

考えた二十画以上の熟語

三画の熟語

つなげて一画で書くところに注意して書くようにしよう。

国語 15

説明文を読む ③

なまえ　4年　組

時間 20分　合かく 80点　とく点　点

答え→187ページ

月　日

1 **次の文章を読んで、あとの問いに答えなさい。**

①「ひのき」は、とてもかたい木です。
②立派な家を建てるときなどに使われ、最高の材木になると言われています。
③［ア］、このひのきとにた木に「あすなろ」という名前の木があります。
④この「あすなろ」には、どのようないわれがあるのでしょうか。
⑤「あすなろ」を「明日、なろう」と考えて、明日こそひのきになろうという意味だとよく言われています。
⑥［イ］、千年以上前に書かれた『枕草子』にも、「どういうつもりで『あすはひのき』などという名前をつけたのだろうか」と書かれています。
⑦［ウ］、この説は、今では正しくないと考えられています。
⑧「ひのき」を「ひ」、「あすなろ」を「あてひ」とよんでいたちいきがあるからです。
⑨このことから、「あてひ」が「あすひ」になって、「あすなろ」になったのではないかというのです。
⑩「あて」は、昔の言葉で、とても値打ちがあるという意味です。
⑪木としての価値が逆転してしまっているのがおもしろいですね。

(1) ［ア］～［ウ］にあてはまる言葉を次から選び、記号で答えなさい。(30点)一つ10

ア たとえば　イ しかし　ウ ところで

㋐［　　］　㋑［　　］　㋒［　　］

(2) この文章を三つの段落に分けます。分け方として正しいものを次から選び、記号で答えなさい。(20点)一つ10

ア ①～③／④～⑦／⑧～⑪
イ ①／②～⑨／⑩⑪
ウ ①②／③～⑩／⑪

［　　］

(3) この文章で、④をまとめている文の番号を答えなさい。(20点)

［　　］

(4) ⑦の文の理由を説明した文の番号を答えなさい。(10点)

［　　］

チャレンジ
(5) 「あすなろ」の名前の意味としてよく言われていることはどんな意味ですか。(20点)

［　　］

国語 ⑮

ばらばら漢字パズル

答え→187ページ　月　日

問題

次のばらばらになった漢字の部分を組み合わせてできる漢字五字で熟語（じゅくご）を作りなさい。

目標時間　5分

大　今　牛　一
言　灬　犬
己　心　夕　勿

□□□□□

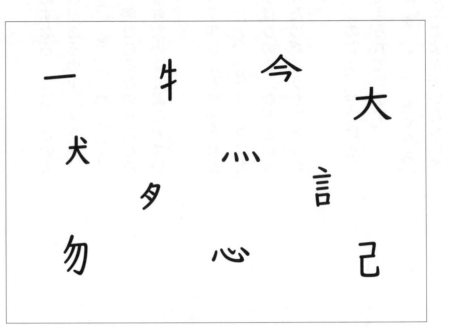

上下左右にばらばらになっているよ。

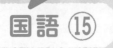

国語 16 説明文を読む④

なまえ　4年　組

時間 20分　合かく 80点　とく点　点

答え→187ページ

月　日

1 次の文章を読んで、あとの問いに答えなさい。

　小わくせい探査機の名前にもなっているハヤブサという鳥についてお話しします。

　世界の広いちいきに生息する鳥ですが、日本では本州中部より北の海岸のがけなどに生息しています。すは作らず、たまごは<u>この</u>くぼみに産んでメスがあたためます。［ア］40日ほどです立ち、飛び立ったあとは、親鳥から空中でエサをもらい、飛ぶ練習をします。

　えものは水鳥で上空から急降下でねらい、空中でとらえます。まちにくらすハヤブサは高いビルなどをすみかにして、ハトやスズメなどをねらいます。

　［イ］、ハヤブサはとても速く飛ぶことができ、ふだんは時速100キロメートル前後、急降下するときは約時速300キロメートルを出しています。それはなんと、新かん線の最高速度と同じくらいの速さです。

　小わくせい探査機「はやぶさ」の目的は、衛星イトカワにすばやくよってその岩石をとり、地球に帰ってくるというものです。まさにハヤブサの名前がぴったりです。

(1) ［ア］・［イ］にあてはまる言葉を次から選び、記号で答えなさい。（20点／一つ10）

ア［　　］　イ［　　］

ア しかし　**イ** そして
ウ また　**エ** ただし

(2) 「<u>この</u>」は何を指していますか。（10点）

［　　］

(3) 海岸とまちでくらすハヤブサのえものは何ですか。それぞれ答えなさい。（20点／一つ10）

海岸［　　］
まち［　　］

(4) ハヤブサが時速300キロメートルを出すのはいつですか。次から選び、記号で答えなさい。（10点）

［　　］

ア す立つとき。
イ 急降下するとき。
ウ ふだん飛んでいるとき。

チャレンジ
(5) 「小わくせい探査機」にハヤブサという名前が合っている理由を答えなさい。（20点）

［　　］

(6) 次の言葉を使って、短い文を作りなさい。（20点）

・まさに

［　　］

思考力トレーニング

国語 ⑯

答え→187ページ

月　日

熟語結び

問題

上の漢字と下の漢字を組み合わせて熟語になるように線で結び、最後に残った二字でできる熟語を答えなさい。

目標時間　5分

(1) 以・
(2) 兵・
(3) 暗・
(4) 機・
(5) 化・
(6) 必・
(7) 極・
(8) 希・

・ア 唱
・イ 石
・ウ 望
・エ 前
・オ 節
・カ 隊
・キ 械
・ク 要
・ケ 約
・コ 地

残った二字の組み合わせ方にも注意しよう。

□□

国語 17 チャレンジテスト 2

なまえ　4年　組

時間 20分　合かく 80点　とく点　点

答え→187ページ

月　日

1 次の文章を読んで、あとの問いに答えなさい。

　クマは冬になると、「冬みん」といって、あなの中などに入って春までねむってすごします。[　　]、春になって起きだしたクマは、何事もなかったかのように、活動を始めます。

　なぜ、春までの長い間、何も食べずにすごすことができるのでしょうか。

　それは、冬みん中は体温が下がり、心ぞうの動きがとても少なくなることで、体に使われるエネルギーをおさえることができるからなのです。

(1) [　　]にあてはまる言葉を次から選び、記号で答えなさい。(10点)　[　　]

ア もしも　イ すると
ウ そして

(2) ——線の部分は、どのようなことの理由ですか。文中からぬき出しなさい。(20点)

[　　　　　　]理由。

(3) この文章の内ように合うものを次から選び、記号で答えなさい。(20点)　[　　]

ア 冬のクマの食べもの。
イ クマの体のふしぎ。
ウ クマの体温について。

2 次の文章を読んで、あとの問いに答えなさい。

　漢字は、もともとは中国から伝えられた文字です。

　漢字が伝わってくるまでは、日本には、文字とよばれるようなものはなくて、ことばを記録することが、できませんでした。

　ですから、これは、大昔の日本の国にとって、また、日本の歴史にとっても、大変なできごとでした。

　はじめ漢字しかなかったので、日本語のいろいろなことばを表すのが、とても不便でした。

　しかし、日本人はくふうして、かな文字をつくりだしたことによって、よりかんたんに、ことばを表記することができるようになりました。

(1) この文章に書いてあることに○、そうでないことに×をつけなさい。(30点)一つ6

① 漢字はたくさんあるので、覚えにくく、不便な文字だ。[　　]
② かなは、日本人が発明した文字だ。[　　]
③ 漢字だけでは、日本語を書き表しにくかった。[　　]
④ 漢字は、中国から伝わって来た文字だ。[　　]
⑤ 漢字は日本人には、必要のない文字だ。[　　]

(2) 「これ」は、何を指していますか。(20点)
[　　　　　　]

かくれ漢字パズル

答え→188ページ　月　日

問題　次のかくれた漢字を組み合わせて二字の熟語(じゅくご)を五つ作りなさい。

目標時間　5分

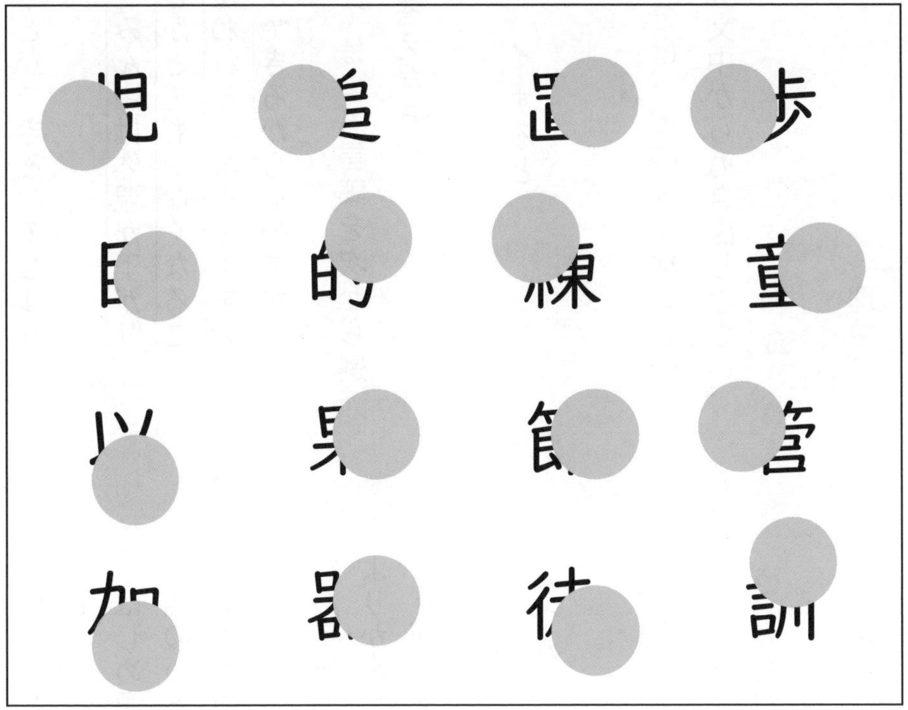

かくれているのはどの漢字かを、まず考えよう。

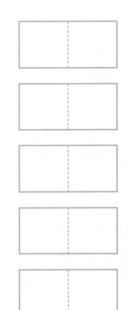

国語 18 物語を読む ①

なまえ　4年　組

時間 20分　合かく 80点　とく点　点

答え→188ページ

月　日

1 次の文章を読んで、あとの問いに答えなさい。

「大人になったら、何になりたい？」
と聞かれたら、一郎はいつでも、
「天文学者。」
と答える。
「いやにはっきりしてるんだなあ。」
「うん、［㋐］決めてるんだもん。」
　一郎が、そう言い切るには、ちゃんとわけがある。
　去年の夏のことだった。アフリカにいるおじさんから、小さな小包がとどいた。急いで開けてみると、一まいの絵が出てきた。アフリカの緑の森と、暗い夜の空がかいてあるのだが、［㋑］、ようち園の子どもがかいたみたいに下手くそなのだ。
　一郎は［㋒］ふくれて、（シマウマのしっぽが入っていたほうがうれしいや……。）
と思ったほどだった。
　けれど、［㋓］遠い所から送ってくれた絵のこと、思い直して、かべにちょっとかけてみた。
　はなれて見る、近よって見る――何度見ても同じこと。ほんとに下手くそな絵だ。一郎は［㋔］ふくれて、ボールをにぎって、外へとび出した。

（今江祥智「星のかけら」）

(1) ［㋐］～［㋔］にあてはまる言葉を次から選び、記号で答えなさい。（25点）一つ5

㋐［　］　㋑［　］　㋒［　］
㋓［　］　㋔［　］

ア ちょっと　**イ** わざわざ
ウ ちゃんと　**エ** もっと　**オ** まるで

(2) 一まいの絵は、どこのだれから送られてきましたか。（10点）一つ5

［　　］の［　　］から

(3) この一まいの絵には何がかいてありましたか。（20点）一つ10

アフリカの
［　　］と［　　］

(4) 〔チャレンジ〕送られてきた絵を見た一郎は、そのあとどう思いましたか。（20点）

［　　］

(5) 「ふくれて」と同じ使い方の文を次から選び、記号で答えなさい。（5点）

［　］

ア 給食を食べて、おなかがふくれた。
イ 昨日ぶつけたおでこがふくれている。
ウ 妹は自分だけ行けず、ふくれている。

(6) 次の言葉の意味で、正しいものの記号を答えなさい。（20点）一つ10

① 言い切る　［　］
ア 言いながら切る。
イ こうだと自信をもって言う。
ウ 言葉を区切って言う。

② 小包　［　］
ア 小さい包みの郵便。
イ 小さな子のかばん。
ウ 小さく包むこと。

熟語パズル ③

答え→188ページ　月　日

問題

次の□には、漢字一字が入ります。矢印の方向に読むと熟語ができるように、正しい漢字を書き入れなさい。

目標時間 5分

(1)
図 → □ → 内
　　↑
　　名

(2)
勝 ← □ → 要
　　↓
　　着

(3)
種 → □ ← 衣
　　↑
　　分

(4)
文 → □ ← 車
　　↑
　　倉

(5)
発 → □ → 用
　　↑
　　自

国語 19 物語を読む ②

なまえ　4年　組

時間 20分　合かく 80点　とく点　点

答え→188ページ

月　日

1 次の文章を読んで、あとの問いに答えなさい。

　その明くる日も、ごんは、くりを持って、兵十のうちへ出かけました。兵十は、物置で、なわをなっていました。それで、ごんは、うちのうら口から、［ア］中へ入りました。

　そのとき、兵十は、［イ］顔を上げました。と、きつねがうちの中へ入ったではありませんか。こないだ、うなぎをぬすみやがったあのごんぎつねめが、またいたずらをしに来たな。

「ようし。」

　兵十は立ち上がって、なやにかけてある火なわじゅうを取って、火薬をつめました。

　そして、足音をしのばせて近よって、今、戸口を出ようとするごんを、ドンとうちました。ごんは、［ウ］たおれました。兵十はかけよってきました。うちの中を見ると、土間にくりが固めて置いてあるのが、目につきました。

「おや。」

と、兵十は、びっくりして、ごんに目を落としました。

「ごん、おまえだったのか。いつもくりをくれたのは。」

　ごんは、［エ］目をつぶったまま、うなずきました。

　兵十は、火なわじゅうを、ばたりとり落としました。青いけむりが、まだ、つつ口から細く出ていました。

（新美南吉「ごんぎつね」）

(1) ［ア］〜［エ］にあてはまる言葉を次から選び、記号で答えなさい。（20点）一つ5

ア［　　］　イ［　　］
ウ［　　］　エ［　　］

ア こっそり　**イ** ふと
ウ ぐったりと　**エ** ばたりと

(2) 「そのとき」は、どんなときを指していますか。（20点）

［　　　　］

(3) ごんは兵十にどのようないたずらをしましたか。（20点）

［　　　　］

(4) ごんが兵十のうちの中へ入ったのはなぜですか。（20点）

［　　　　］

チャレンジ (5) 兵十はなぜ、火なわじゅうをばたりとり落としたのですか。（20点）

［　　　　］

思考力トレーニング

国語 ⑲

漢字の組み合わせパズル

答え→188ページ

月　日

問題

上と下を組み合わせると正しい漢字になるように、線で結（むす）びなさい。

目標時間

5分

(1) 㤅 ・　　・ア 争

(2) 广 ・　　・イ 兄

(3) 青 ・　　・ウ 甲

(4) 亻 ・　　・エ 夂

(5) 礻 ・　　・オ 巾

(6) 龹 ・　　・カ 付

(7) ⺍ ・　　・キ 戒

(8) 木 ・　　・ク 更

国語 20 物語を読む ③

なまえ　4年　組

時間 20分　合かく 80点　とく点　点

答え→188ページ

月　日

1 次の文章を読んで、あとの問いに答えなさい。

「じいちゃん、死んじゃった……。」

お母さんにだかれていたかずえが、べそをかきながら言った。げん関に①だれかがかけこんできた。真っ青な顔をしたお父さんだった。お父さんは、おじいちゃんのまくら元に手をつくと、

「父さん……。」

と言ったまま、②おこったようにだまってしまった。

おじいちゃんの顔は、ねむっているようにしか見えなかった。こんな暑い日なのに、しんじられないくらいすずしそうな顔をしていた。

③「まさるも草取りを……手伝ってくれんか。」

ついさっき、そう言っていた、しわしわのくちびるをかたくとじていた。

夏休みになったら、草取りをするって約束したのに、ぼくはまだ一度も手伝っていなかった。おじいちゃんのかぶっていた麦わらぼうしが、すみのちゃぶ台の上に置いてあった。麦わらぼうしが□だった。

夜、みんなでおじいちゃんの体をきれいにしてあげた。ぼくはおじいちゃんの茶色のごつごつした両手を、きれいにふいた。息をしていないおじいちゃんの顔は、こわくてふけなかった。

（福田岩緒「夏のわすれもの」）

(1) ①「だれか」とはだれですか。（10点）
［　　］

(2) ②「おこったように」見えた理由を次から選び、記号で答えなさい。（20点）
ア 大きな声を出していたから。
イ 顔をしかめていたから。
ウ 真っ赤な顔をしていたから。
［　　］

(3) ③「まさるも草取りを……手伝ってくれんか」と言ったのはだれですか。（10点）
［　　］

(4) □にあてはまる言葉を次から選び、記号で答えなさい。（20点）
ア うれしそう
イ さびしそう
ウ はずかしそう
［　　］

(5) 死んでしまったおじいちゃんに対する「ぼく」の気持ちが、最も強く表れている一文を見つけ、はじめの五字を書きなさい。（20点）
□□□□□

チャレンジ
(6) 文章を二つに分けたとき、後半はどこから始まりますか。はじめの五字を書きなさい。（20点）
□□□□□

漢字足し算 ②

答え→188ページ

月　日

問題　次のばらばらになった漢字を足し算して、正しい形に直して書きなさい。

目標時間　5分

(1) ノ＋口＋フ＝□

(2) 日＋木＋言＝□

(3) へ＋反＋良＝□

(4) 人＋艹＋口＝□

(5) 小＋口＋一＋目＝□

(6) 土＋土＋八＋阝＝□

(7) 心＋亻＋目＋立＝□

(8) 䒑＋口＋口＋士＝□

それぞれの大きさも参考（さんこう）にしよう。

国語 21 物語(ものがたり)を読む ④

なまえ　4年　組

時間 20分　合かく 80点　とく点　点

答え→188ページ

月　日

1 次の文章を読んで、あとの問いに答えなさい。

　遊びすぎて気がつくと、もう夕ぐれだった。①急いで家へ帰ったときは、もうすっかり暗くなっていた。

「一郎(いちろう)ちゃん、おそかったわねえ。」

母さんが、小言を言うのを、「はいはいはあい、すみませんでしたあ……。」すっとやりすごして、自分の部屋にとびこんだ。ボールをしまって、口ぶえをふきながら、着がえして、さて、部屋を出ようとして、［ア］気がついた。

　電気をつけなかったから、部屋は真っ暗だったはず。②それなのに、ボールをしまう引き出しも、たんすの中の着がえの服も、ちゃんと見えていたでないか。

　一郎は、そっとふり返ってみた。

③部屋の中は、じゅうぶんに明るいのだ。そう、ちょうど、三日月の光か、星の光のような明るさだった。

　まどには雨戸がちゃんとしめてあったから、そんな光がさしこむことはない。④首をかしげながら、［イ］部屋の中を見回して、一郎は、あっとおどろいてしまった。

（今江祥智(いまえよしとも)「星のかけら」）

(1) ［ア］・［イ］にあてはまる言葉を次から選(えら)び、記号で答えなさい。（20点）一つ10

ア［　　］　イ［　　］

ア じっと　イ ぐるりと

ウ はっと　エ ごろりと

(2) ①「急いで家へ帰った」のはなぜですか。（20点）

［　　　　］

(3) ②「それなのに」の「それ」が指しているものを次から選び、記号で答えなさい。（20点）［　　］

ア 電気をつけたのに真っ暗だったこと。

イ 電気をつけなかったから真っ暗なはずだったこと。

ウ 電気をつけなくてもまだ明るかったこと。

(4) ③「部屋の中は……明るいのだ」とありますが、どのような明るさですか。（20点）

［　　　　］

チャレンジ (5) ④「首をかしげながら」とありますが、一郎が首をかしげたのはなぜですか。（20点）

［　　　　］

四字熟語さがし

答え→188ページ　月　日

問題

次の□の中にある漢字を組み合わせて、四字熟語を二つ作りなさい。

目標時間　5分

一つは、前置きをしないですぐに本題に入るという意味だよ。

もう一つは、おたがいの気持ちがぴったりと合っているという意味なんだよ。

石	刀	意	海
山	直	投	一
赤	同	入	先
丸	三	鳥	合
五	音	黒	空
口	中	気	単

□□□□・□□□□

国語 22

伝記を読む

なまえ　4年　組

時間 20分　合かく 80点　とく点　点

答え→188ページ

月　日

1 次の文章を読んで、あとの問いに答えなさい。

北里柴三郎は、江戸時代の末期、一八五二年に、熊本県の、はるかに阿蘇山のいただきを望む谷間の村で生まれた。生まれた家は昔から続く古い家がらであった。両親は、柴三郎をりっぱな人物にきたえるために、九才のときからかれをほかの家にあずけて、勉学させた。［㋐］、かれは、すぐれた武士になることが念願で、学問よりも武芸に①身を入れた。

そのうちに、時代が大きく動いて明治時代となったので、かれは軍人として身を立てようと考えるようになった。十八才のとき、かれは、安田退三の家で住みこんで仕事を手伝いながら勉強することとなった。わずか半年の間であったが、柴三郎は安田夫妻にわが子のように愛され、［㋑］その人がらと、しっかりした考えから強いえいきょうを受けた。かれが、西洋の学術への情熱をもやすようになったのも、安田夫妻によって②目を開かれたためであった。

その明くる年、柴三郎は、熊本の医学所に入学した。それは、医学を学ぼうとするためではなかった。オランダ語を学び、それを手がかりにして西洋の学問にふれるのが目的であった。

(1) ［㋐］・［㋑］にあてはまる言葉を次から選び、記号で答えなさい。
㋐［　］　㋑［　］　(20点)一つ10

ア するとと　イ また
ウ しかし　エ つまり

(2) ——線①・②の言葉の意味を次から選び、記号で答えなさい。(10点)一つ5

① 身を入れた　［　］
ア いっしょうけんめいにした
イ 覚えておいた
ウ 出世した

② 目を開かれた　［　］
ア 本心にもどされた
イ 新しいことに気づかされた
ウ ねているところを起こされた

(3) チャレンジ　この文章をもとに表を作りました。［　］にあてはまる言葉を書きなさい。(70点)一つ10

九才ごろ	← (明治時代)	← 十八才	← 十九才ごろ
［　］年に［　］県の［　］の家に生まれる ［　］を目指す	［　］を目指す	西洋の学術に目覚める	［　］を学び、 西洋の学問にふれるため、［　］に入学

思考力トレーニング

国語 ㉒

漢字の組み立て

答え→188ページ　月　日

問題 次の「かんむり」と合わせると漢字となるように線で結(むす)びましょう。また、その漢字を書きなさい。

目標時間 5分

(1) なべぶた	・	・ ア 云
(2) うかんむり	・	・ イ 即
(3) ひとやね	・	・ ウ 父
(4) はつがしら	・	・ エ 果
(5) たけかんむり	・	・ オ 开
(6) わかんむり	・	・ カ 車
(7) つかんむり	・	・ キ 元

(1) □　(2) □　(3) □　(4) □

(5) □　(6) □　(7) □

まず、かんむりの形を思い起こそう。

国語 23 チャレンジテスト 3

なまえ　4年　組

時間 20分　合かく 80点　とく点　点

答え→188ページ

月　日

1 次の文章を読んで、あとの問いに答えなさい。

　ぼくは自転車をなくした。だれのせいでもない。①ぼくが悪い。

　自転車のかぎをかけないで、文ぼう具屋の前に止めておいた。

　*ろう石を買って店から出てきたら、自転車はどこにもない。手品みたいに真昼の道路から消えてしまった。

「だらしがないったらありゃしない。」

　家に帰って母さんに話したら、母さんはかんかんになっておこった。

「物をなくしたからって、すぐ新しい物を買ってもらえると思ったら大まちがいよ。」

　母さんは、それきり、自転車の話はしなくなった。

　次の日、学校から帰ると、いつものようにのぶちゃんが遊びに来た。

　いつものように自転車に乗ってきた。

　いつものように自転車に乗ったまま、ベルを鳴らしてぼくをよんだ。

ぼくは、いつものようにげんかんの戸を開けて出ていった。

「東町（ひがしまち）の公園へ野球に行くよ。早く、早く！」

　けれど、ぼくは、のぶちゃんといっしょに行かなかった。行かなかったのではなくて、②行けなかった。

（舟崎靖子（ふなざきやすこ）「やい、とかげ」）

＊ろう石＝落書き用の筆記具。

(1) この話は二つに分けることができます。後半のはじめの三字をぬき出しなさい。（20点）

(2) ①「ぼくが悪い」と思うのはなぜですか。（20点）

［　　　　］

(3) 自転車がなくなったことをたとえを使って表した一文の、はじめの五字を書きぬきなさい。（20点）

チャレンジ (4) 母さんが自転車の話をしなくなったのはなぜだと思いますか。次から選（えら）び、記号で答えなさい。（20点）［　］

ア 新しい自転車を買うつもりがないことをわからせるため。

イ 自転車をなくしたことを本当はおこっていないため。

ウ 自転車のことをすぐにわすれてしまったため。

(5) ②「行けなかった」のはなぜですか。「から。」に続く形で、八字で書きぬきなさい。（20点）

から。

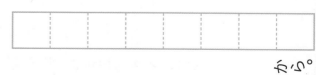

共通部首さがし

答え→188ページ　月　日

問題 次の部分につく共通の部首をあとから選び、正しい漢字を完成させなさい。

目標時間 5分

(1) 台　子　市

(2) 古　口　玉

(3) 果　川　義

(4) 氏　付　隶

氵　广　𠆢
言　口
門　女　阝

へん、かまえ、たれがどこにつくかを思い出してね。

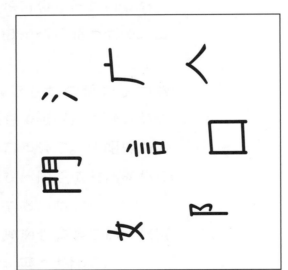

国語 24 生活文を読む

なまえ　4年　組

時間 20分　合かく 80点　とく点　点

答え→188ページ

月　日

1 次の文章を読んで、あとの問いに答えなさい。

　昨日の土曜日の午後一時から、子ども会のサッカークラブの、説明会がありました。はじめ公民館でやる予定が、へんこうになって、近くの空き地に集まりました。
　かんとくは、向かいのおじさんで、ぼくのお父さんとてもなかよしです。高校では、サッカー部だったそうです。
　練習は、毎週土曜日の二時から、学校の運動場でします。もし、雨がふったら、体育館でやるそうです。
　㋐、特別な物はいらないそうですが、あせをかくので、着がえのシャツとタオルをわすれないようにとのことでした。
　㋑、おくれたり休んだりするときには、かならずれんらくするようにと念をおされました。
　ぼくは、次の土曜日が、とても楽しみです。

(1) この文章が書かれた日は何曜日ですか。（5点）
［　　　］

(2) 説明会は、どこであったのですか。次から選び、記号で答えなさい。（5点）
ア 学校　**イ** 公民館　**ウ** 空き地
［　　　］

(3) 「向かいのおじさん」にあてはまることを次から選び、記号で答えなさい。（10点）
ア お父さんとなかよしである。
イ 中学で、サッカー部だった。
ウ 空き地の向かいに住んでいる。
［　　　］

(4) ㋐、㋑にあてはまる言葉を次から選び、記号で答えなさい。（10点）一つ5
㋐［　　　］　㋑［　　　］
ア 最後に　**イ** 次に
ウ 一方　**エ** では

(5) サッカーの練習に、必要な物は何ですか。（10点）
［　　　］

(6) 念をおすとは、どういう意味ですか。（10点）
ア 残念なことになってしまう。
イ まちがいないように何度も言う。
ウ 何度も続けて相手にしつ問する。
［　　　］

(7) 練習の場所が、二か所あります。どことどこですか。（10点）一つ5
［　　　］［　　　］

(8) 練習はいつ、何時からしますか。また、どんなときにれんらくしますか。（30点）一つ15
いつ・何時［　　　］
れんらく［　　　］

(9) 「かならず」を使って、短い文を作りなさい。（10点）
［　　　］

プレゼントさがし

答え→188ページ　月　日

問題　話を聞いて、正しい場所を答えなさい。

目標時間　5分

正しい場所がわかったら、ロッカーに入っているプレゼントをあげるよ。
それはいちばん下のだんではないよ。
せっしているロッカーは3個だよ。
右にも左にもロッカーがせっしているよ。
これでわかったかな？

101	102	103
104	105	106
107	108	109
110	111	112

まず、あてはまらないロッカーを消していくんだよ。

プレゼントが入っているロッカー　□

国語 25 詩を読む①

なまえ　4年　組

時間 20分　合かく 80点　とく点　点

答え→188ページ

月　日

1 次の詩を読んで、あとの問いに答えなさい。

春のうた　　草野心平（くさのしんぺい）

かえるは冬のあいだは土の中にいて春になると地上に出てきます。そのはじめての日のうた。

ほっ　まぶしいな。
ほっ　うれしいな。

みずは　つるつる。
かぜは　そよそよ。
ケルルン　クック。
ああいいにおいだ。
ケルルン　クック。

ほっ　いぬのふぐりがさいている。
ほっ　おおきなくもがうごいてくる。

ケルルン　クック。
ケルルン　クック。

(1) 右の詩は何連（なんれん）からできていますか（はじめの説明文（せつめいぶん）は数えない）。(5点)

［　　］連

(2) 「その」は、何を指していますか。(10点)

［　　］

(3) くり返されている言葉を二つ書きなさい。(10点)一つ5

［　　］［　　］

(4) 第一連を読んで答えなさい。(20点)一つ10

① 何がまぶしいのでしょう。

［　　］

② なぜうれしいのでしょう。

［　　］

(5) 第二連を読んで答えなさい。(10点)一つ5

① 「ケルルン　クック」とは何の声でしょう。

［　　］

② 「いいにおい」は何に運ばれたのでしょう。

［　　］

チャレンジ (6) 春がきたことがわかる部分をぬき出しなさい（はじめの説明文はのぞく）。(10点)

［　　］

2 次の詩を読んで、あとの問いに答えなさい。

寒い朝です
ぼうやの口からも白い息
「お父さん、口から雪がふってるよ。」
フッ、フッ、フッ、フッ
口から雪をふらせて
ぼうやの三輪車（さんりんしゃ）は
広場を走り回る

(1) だれが、だれに話しかけていますか。(10点)一つ5

［　　］が［　　］に

(2) 場所はどこですか。(10点)

［　　］

(3) 「口から雪がふってる」とは、本当は何のことですか。(15点)

［　　］

色のつく言葉

答え→189ページ　月　日

問題

次の□にあてはまる漢字を、あとの□から選んで、正しい言葉を完成させなさい（同じ漢字を何度使ってもよい）。そのあとに残る漢字が二つあります。それをまぜることでできる色を答えなさい。

目標時間　5分

- □旗をあげる…降参する。これ以上、戦う気持ちがないことを表す。
- しゅに交われば□くなる…周囲のかんきょうによって良くも悪くもなる。
- 目を□□させる…とてもおどろいた様子。
- しりが□い…まだ一人前ではない。
- □羽の矢が立つ…多くの人の中から選ばれる。

赤	白	黒	緑	青	黄

［　　　　］

「青」は「青春」「青年」というように、年がわかいという意味があるんだよ。

国語 26

詩を読む ②

なまえ　4年　組

時間 20分　合かく 80点　とく点　点

答え→189ページ

月　日

1 **次の詩を読んで、あとの問いに答えなさい。**

みあげれば宇宙　工藤直子

銀河の　すみっこで
地球が　ぽちっと　遊んでいた
太陽のまわりを　ぐるりぐるりと
でんぐりがえりしていた
地球のうえの　いきものたちも
いっしょに　でんぐりがえりして
あくびしたり　ねむったりしていた

銀河は　地球を　だっこして
ゆっくり　散歩している
散歩しながら　となりの銀河に
あいさつしたりしている
そんな　たくさんの銀河を　みまもりながら
宇宙が　ふっくらしている

ふっくらの　宇宙のなかの
たくさんの　銀河のなかの
たくさんの　星たちのなかの
まんまるい　地球

ごらん　きょうも
まんまるい地球のうえで
たくさんの　いきものたちが
でんぐりがえりをしながら
星を　みあげているよ

(1) この詩の中に出てくるものを、五つ書きなさい（ただし「星」と「星たち」は入れない）。(20点)

(2) 「ぽちっと」から想像できる地球を次から選び、記号で答えなさい。(10点)

ア ちっぽけな地球
イ 大きな地球
ウ たくさんある地球

(3) でんぐりがえりしているのは何ですか。(10点)一つ5

(4) 銀河は地球をどうしていますか。(10点)

チャレンジ (5) 地球のうえのいきものたちが、のんきにしているのがわかるところを書きなさい。(10点)

(6) たくさんの銀河をみまもっているのは何ですか。(10点)

(7) 宇宙がどんな様子かを書き表している言葉を、四字で書きなさい。(20点)

(8) この詩を読む場合の読み方としてふさわしいものを次から選び、記号で答えなさい。(10点)

ア 小さな声でしずかに読む。
イ リズムに乗って楽しく読む。
ウ いかりをこめてはげしく読む。
エ 明るくゆったりと読む。

熟語(じゅくご)作り ③

答え→189ページ　月　日

問題

次の□の中から、二つの漢字を組み合わせて熟(じゅく)語(ご)を作ると、あとに四つ漢字が残(のこ)ります。その漢字を組み合わせてできる四字熟語を一つ答えなさい。

目標時間　5分

大	牧	温	品
兵	極	心	苦
心	以	種	伝
南	隊	研	究
群	場	気	労

□□□□

四字熟語の組み合わせ方にも気をつけよう。

国語 27

作文の書き方①

なまえ　4年　組

時間 20分　合かく 80点　とく点　点

答え→189ページ

月　日

1 次の作文を、原こう用紙の使い方に気をつけて書き写しなさい。そのとき、二つの段落（だんらく）に分けて書きなさい。（60点）

ぼくは犬をかっています。名前はタロウです。母さんがタロウを見て、「ずいぶん大きくなったね。」と言いました。ぼくは、タロウといっしょに遊ぶのが大すきです。ぼくが走ると、タロウも走ります。ぼくが止まると、タロウも止まります。

2 次の文で、言葉づかいの正しいものに、○をつけなさい。（40点）一つ4

「ごめんください。川口（かわぐち）と申しますが、(1)｛ア 父／イ お父さん｝は、(2)｛ア います／イ いらっしゃいます｝か。」

「いらっしゃいませ。あいにく(3)｛ア 父／イ お父さん｝は、まだ会社から(4)｛ア お帰りになっていません。／イ 帰っておりません。｝」

「そうですか。では、またのちほど(5)｛ア まいります。／イ 来るよ。｝(6)｛ア 父／イ お父さん｝に、そう(7)｛ア 言っておいて／イ お伝（つた）え｝ください。」

「はい。(8)｛ア 承知（しょうち）しました。／イ わかったよ。｝」

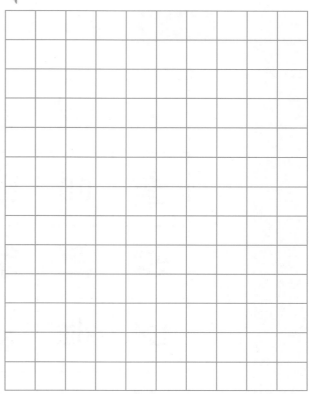

「お父さん。(9)｛ア 川口さんが／イ 川口が｝たずねて来られたよ。またのちほど来ると、(10)｛ア 言ってたよ。／イ 言われていたよ。｝」

熟語さがし ②

答え→189ページ

月　日

問題

上↓下か、左↓右に読むと熟語になるものをさがして○で囲み、残った漢字を組み合わせて三字の熟語を四つ作りなさい。

目標時間 5分

夫	反	省	勝	大
人	音	種	目	徒
失	礼	戦	標	楽
一	必	要	決	信
隊	走	事	競	用

□□□・□□□

□□□・□□□

三字熟語の組み合わせ方にも気をつけよう。

国語 28 作文の書き方②

なまえ　4年　組

時間 20分　合かく 80点　とく点　点

答え→189ページ

月　日

1 次の文章を読んで、あとの問いに答えなさい。

> ［　］次に、花だんを見れば、チューリップ、スイセン、ヒヤシンスなどの草花が、美しく開花しています。
> ［　］わたしは、それらの花たちに囲まれて、遊ぶのが大好きです。
> ［　］わたしの家の近くに、広い公園があります。
> ［　］サクラを初めとして、ユキヤナギ、モクレンなどの花木たち。
> ［　］そこでは、春になるとたくさんの草木が、花をさかせます。

(1) 五つの文をならべかえると、一つのまとまった文章になります。ならべる順に、［　］に番号を書きなさい。（20点）完答

チャレンジ (2) この文章に題をつけるとすると、どれがよいですか。次から選び、記号で答えなさい。（5点）［　］

ア 春の遊び　イ わたしと公園
ウ 春の花たち　エ 春の公園

2 自分のことをふり返って、次の［　］にあてはまる言葉を書きなさい。（35点）一つ5

(1) わたしのたんにんの［　］先生は［　］性で、身長が［　］。

(2) わたしの学校は、［　］市（町・村・区）にあり、校舎は［　］建てです。

(3) わたしの得意な教科は［　］で、少し苦手なのは［　］です。

3 次の二つの文を、一つの文にまとめなさい。（10点）一つ5

(1) ・わたしは、犬が大好きだ。
・ねこも大好きだ。

［　］

(2) ・ぼくは、しいたけがきらいだ。
・がんばって全部食べ切った。

［　］

4 つなぎ言葉を入れて、次の文を二つに分けて書き直しなさい。（20点）一つ10

(1) 天気があやしくなってきたので、遊ぶのをやめました。

［　］

(2) 山に登って、景色を見下ろした。

［　］

5 次の文のまちがっているところを＝線で消して、正しい答えを右側に書きなさい（一つとはかぎらない）。（10点）一つ5

(1) わたしわ、短かい文をつずった。

(2) 鳥が、ぴいぴいとさえづっている。

漢字しりとり②

答え→189ページ　月　日

問題

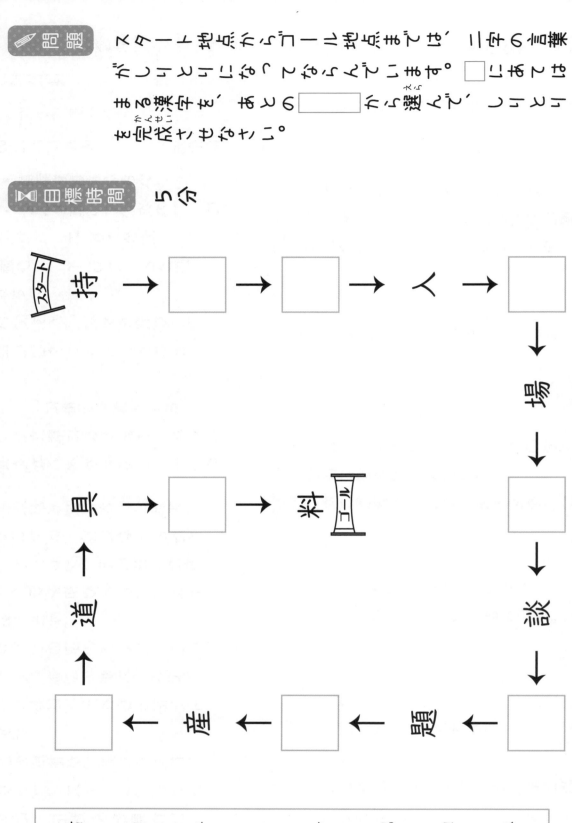

スタート地点からゴール地点までは、二字の言葉がしりとりになってならんでいます。□にあてはまる漢字を、あとの□から選んで、しりとりを完成させなさい。

目標時間　5分

（スタート）持 → □ → □ → 入 → □ → 場 → □ → 談 → □ → 題 → □ → 産 → □ → 道 → 具 → □ → 料（ゴール）

話	面	参	名	材	地	加	浴

最初は「持っていくこと」という意味の熟語だよ。

国語 29 チャレンジテスト 4

なまえ　4年　組

時間 20分　合かく 80点　とく点　点

答え→189ページ

月　日

1 次の文章を読んで、あとの問いに答えなさい。

ここに茶わんが一つあります。中には熱い湯がいっぱいはいっております。ただそれだけではなんのおもしろみもなく不思議もないようですが、よく気をつけて見ていると、だんだんにいろいろのびさいなことが□につき、さまざまのぎもんが起こって来るはずです。ただ一ぱいのこの湯でも、自然のげん象を観察し研究することの好きな人には、なかなかおもしろい見物です。第一に、湯の面からは白い湯げが立っています。これはいうまでもなく、熱い水じょう気が冷えて、小さなしずくになったのが無数にむらがっているので、ちょうど雲やきりと同じようなものです。

（寺田寅彦の文章）

(1) □にあてはまる言葉を漢字一字で書きなさい。（10点）

(2) 「これ」は、何を指しますか。（15点）

(3) この文章で、筆者の意見が書かれているひとつづきの二文をさがし、はじめの三字を書きなさい。（15点）

2 次の詩を読んで、あとの問いに答えなさい。

はじめて小鳥が飛んだとき

原田直友

① はじめて小鳥が飛んだとき
② 森はしいんとしずまった
③ 木々の小えだが手をさしのべた
④ うれしさと不安で小鳥の小さなむねは
⑤ どきんどきん大きく鳴っていた
⑥ 「心配しないで」と　かあさん鳥が
⑦ やさしくかたをだいてやった
⑧ 「さあ　おとび」と　とうさん鳥が
⑨ ぽんと一つかたをたたいた
⑩ はじめて小鳥がじょうずに飛んだとき
⑪ 森ははく手かっさいした

(1) この詩は、三つの連からできています。それぞれの連を何行～何行と、行の番号で書きなさい。（30点）一つ6

第一連［①］～［　］
第二連［　］～［　］
第三連［　］～［　］

(2) かあさん鳥の愛情がよくわかる行の番号を二つ書きなさい。（15点）（完答）

(3) この詩は、どんな感じの詩ですか。次から選び、記号で答えなさい。（15点）

ア 静かで、おだやかな詩
イ ゆったりと落ちついた感じの詩
ウ あたたかくいきいきとした詩

クロスワードパズル②

問題　たて・横のそれぞれの——線部の読み方を入れて、表をうめなさい。

目標時間　5分

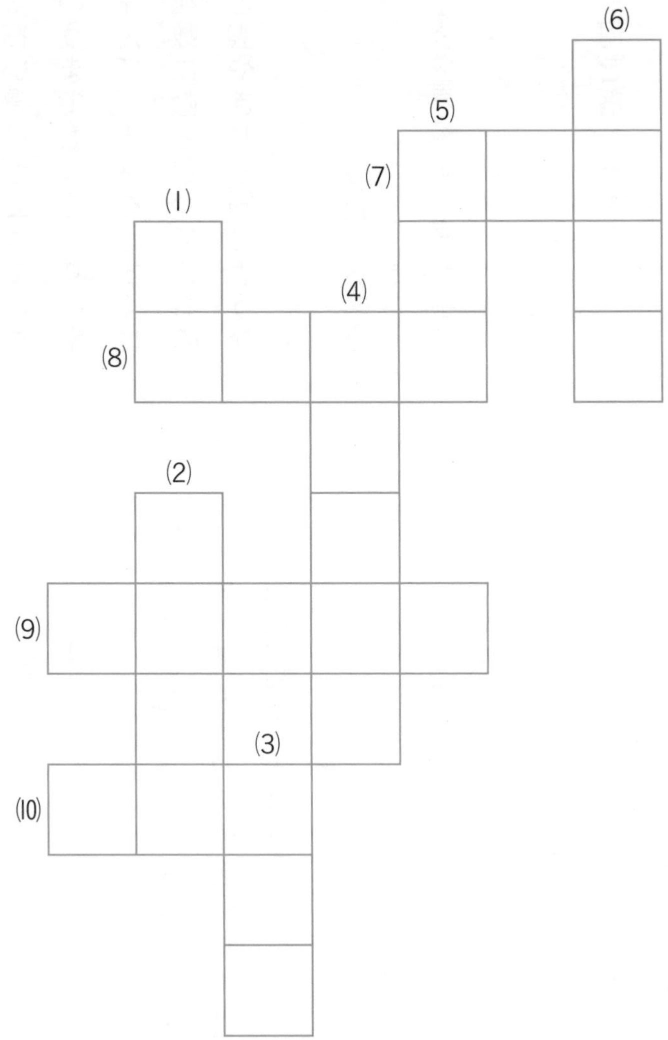

【たてのかぎ】

(1) 毎日、徒歩で登校する。

(2) 方法を変(か)えてやってみる。

(3) 温だんな気候の国。

(4) 対照的な性格(せいかく)の兄弟。

(5) 参加(さんか)者は氏名を記入してください。

(6) 作品が完成する。

【横のかぎ】

(7) 試験の合格(ごうかく)を目指す。

(8) けがをして包帯をまく。

(9) 児童(じどう)会の選挙(せんきょ)で投票する。

(10) 勇気ある行動をたたえる。

国語 30 仕上げテスト1

答え→190ページ

月　日

なまえ　4年　組

時間 25分　合かく 80点　とく点　点

1 次の文章を読んで、あとの問いに答えなさい。

ねむっているのって、休んでることだ、とみんな思っているでしょう。①これは、ちがうんですね。つまり、ねむっている時間は、起きてるあいだにできたマイナスを回ふくする、つまりのうがのうの中のゴミをかたづけている時間なんだ。そうじの時間なんです。

じゅ業をすれば、そのあと、教室のそうじをするでしょ。②それは正しいんです。ちつじょ的にじゅ業をきちんとやったら、どうしてもよごれが出る。で、こんどはそのちつじょ活動とはちがう㋐ホウホウで、出たゴミをかたづけなきゃいけないというわけです。

[㋐]じつは、ねているときと起きているとき、のうのエネルギー消費は等しいんです。人間のきん肉とかは、しゅうしゅくしたら、つまりなにかの運動をしたら、その分だけエネルギーを使う。[㋑]、しゅうしゅくしなきゃ、エネルギーは使いません。もちろん生きているための㋑サイテイげんのきそエネルギーは使いますけどね。いっぽう、意しきはちがいます。意しきは「ある」というだけでゴミが出るんです。

[㋒]かならずねて、③ゴミをかたづけないといけないんですよ。

(養老孟司「バカなおとなにならない脳」)

(1) 〰〰線㋐・㋑のかたかなを漢字で書きなさい。(20点)一つ10

㋐[　　　]　㋑[　　　]

(2) [㋐]〜[㋒]にあてはまる言葉を次から選び、記号で答えなさい。(30点)一つ10

㋐[　　　]　㋑[　　　]　㋒[　　　]

ア だから　**イ** でも
ウ たとえば　**エ** それに

(3) 「①これ」「②それ」は、それぞれ何を指しますか。(20点)一つ10

① [　　　　　　]
② [　　　　　　]

(4) 「③ゴミをかたづけないといけない」とありますが、「ゴミをかたづける」ことを表した別の言葉を文中から二十一字でさがし、はじめと終わりの三字を書きなさい。(10点)

[　　　]〜[　　　]

(5) チャレンジ　この文章で筆者が言いたかったことは何ですか。次から選び、記号で答えなさい。(20点)

[　　　]

ア そうじの大切さ
イ のうの不思議さ
ウ ねむることの大切さ

四字熟語作り

答え→190ページ　月　日

問題 次の意味に合う言葉になるように、□の中から四つの漢字を組み合わせて、四字熟語を完成させなさい。

目標時間 5分

(1) 弱い者が、強い者のえじきになること。

□□□□

(2) 健康のためには、頭を冷やして足を温めたほうがいい。

□□□□

(3) 試合などでは、先に動いたほうが有利であること。

□□□□

(4) あるきっかけから、気持ちを入れかえること。

□□□□

一	食	頭	先
手	寒	強	心
足	勝	必	弱
肉	機	転	熱

国語 31 仕上(し)上(あ)げテスト2

なまえ　4年　組

時間 25分　合かく 80点　とく点　点

答え→190ページ

月　日

1 次の文章を読んで、あとの問いに答えなさい。

> 恭一(きょういち)は①すたすたあるいて、もう向(む)こうに停車場(ていしゃば)のあかりがきれいに見えるとこまできました。ぽつんとしたまっ赤なあかりや、硫黄(いおう)のほのおのようにぼうとした紫(むらさき)いろのあかりやらで、眼(め)をほそくしてみると、まるで②大きなお城(しろ)があるようにおもわれるのでした。
>
> とつぜん、右手のシグナルばしらが、がたんとからだをゆすぶって、上の白い横木を斜(なな)めに下の方へぶらさげました。これはべつだん㋐フシギでもなんでもありません。
>
> 〔㋐〕③シグナルがさがったというだけのことです。一晩(ひとばん)に十四回もあることなのです。
>
> 〔㋑〕そのつぎが大へんです。
>
> さっきから㋑センロの左がわで、ぐゎあん、ぐゎあんと④うなっていたでんしんばしらの列が大威張(おおいば)りで一ぺんに北のほうへ歩きだしました。
>
> （宮沢賢治(みやざわけんじ)「月夜のでんしんばしら」）

(1) ～～線㋐・㋑のかたかなを漢字で書きなさい。（10点）一つ5

㋐［　　　］　㋑［　　　］

(2) 〔㋐〕、〔㋑〕にあてはまる言葉を次から選(えら)び、記号で答えなさい。（20点）一つ10

ア そして　イ つまり
ウ だから　エ ところが

㋐［　　　］　㋑［　　　］

(3) 「①すたすた」「④うなって」のここでの意味を次から選び、記号で答えなさい。（20点）一つ10

①［　　　］　④［　　　］

ア 急いで
イ 元気なく
ウ いさましく
エ 苦しくて声を出して
オ とても感心して
カ 鳴りひびいて

(4) 「②大きなお城」は、何をたとえていますか。（10点）

［　　　　　　　　］

(5) チャレンジ　「③シグナルがさがった」という様子を、人間の動作のようにたとえている一文のはじめの三字を書きなさい。（10点）

［　　　］

2 次のへんとつくりを組み合わせて漢字を五つ作って□に書き、その下に画数を数字で書きなさい。（30点）一つ6

(へん)	(つくり)
扌・彳・亻・原・土・米	頁・皿・斗・動・走

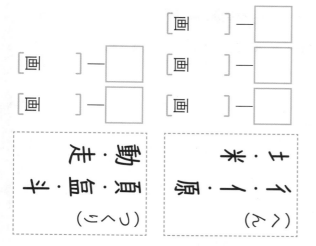

□―［　］画　□―［　］画　□―［　］画
□―［　］画　□―［　］画

思考力トレーニング

国語㉛ 漢字つなぎパズル

答え→190ページ　月　日

問題　次の□に、あとの□の言葉を漢字に直し、左→右、上→下に読めるようにはめこみなさい。

目標時間　5分

指

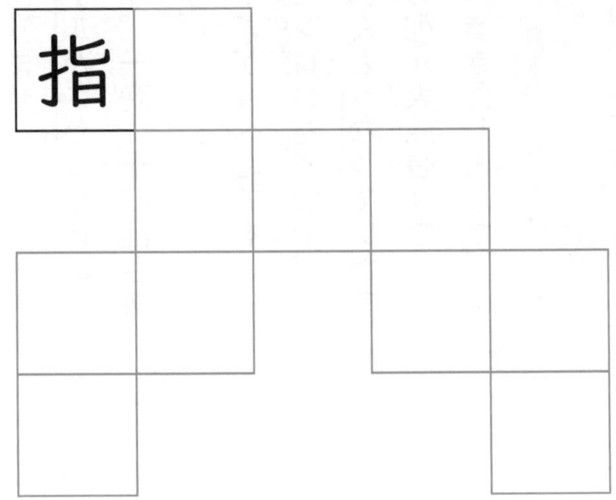

シュキ	メイジンゲイ	チジ
ジンセイカン	サッチ	シュゲイ
カンサツ	シメイ	

「ジンセイカン」の「カン」は「感」じゃないよ。気をつけてね。

国語 32 仕上げテスト 3

なまえ 4年 組

時間 25分　合かく 80点　とく点 点

答え→190ページ

月 日

1 「それ」や「これ」のような言葉を指示語と言います。次の文で――線を引いた指示語は、それぞれ何を指していますか。（30点）一つ10

(1) わたしは「春の小川」のメロディが大好きで、それが流れてくると、とても幸せな気分になります。

[　　　]

(2) わたしのほほの両側には、えくぼがあります。これは、お母さんゆずりです。

[　　　]

(3) オリンピックは、四年に一度開かれます。それを目標に、選手たちは、がんばっています。

[　　　]

2 チャレンジ 次の文章の〰〰線を引いた部分を、指示語を使った言い方に直しなさい。（10点）一つ5

> 理科室には、いろいろな実験器具があります。①理科室には、ビーカーやアルコールランプなどがあります。②ビーカーやアルコールランプなどを使って、実験をします。

① [　　　]

② [　　　]

3 次の上と下をつないで、ことわざを完成させなさい。（20点）一つ4

さるも　・	・　つめをかくす
泣きつらに　・	・　小判
ねこに　・	・　金棒
のうあるたかは　・	・　木から落ちる
おにに　・	・　はち

4 次の漢字の部首名を書きなさい。（20点）一つ4

(1) 通 [　　　]
(2) 海 [　　　]
(3) 持 [　　　]
(4) 教 [　　　]
(5) 問 [　　　]

5 次の言葉につづくものをあとから選び、記号で答えなさい。（20点）一つ10

(1) まったく
ア 決まる　**イ** 決まりなさい　**ウ** 決まるだろう　**エ** 決まらない
[　　　]

(2) たぶん
ア 見る　**イ** 見ろ　**ウ** 見るだろう　**エ** 見よう
[　　　]

問題

次のメモについて正しく発言した人を選(えら)びなさい。

目標時間　5分

課外授業(じゅぎょう)について

◆**日時**：9／14（土）午後2時～
◆**場所**：ふれあい公園
◆**活動内容(ないよう)**：公園内のそうじ
◆**注意事項(じこう)**：
・長そで長ズボンを着用し、軍手(ぐんて)をわすれないこと。
・水分ほ給(きゅう)用の飲み物は各自(かくじ)用意すること。
◆**その他**：
・当日は、南門の前に集合してください。全体で出欠(しゅっけつ)をとったら、はんごとにい動(どう)します。
・タオルは必要(ひつよう)におうじて各自で用意してください。
・わからないことや聞きたいことは、前日までに先生にかくにんしてください。

当日は正門の前に、はんごとに集まってい動すればいいんだね。
リクさん

公園内のそうじをするから、服そうや持ち物が指定されているんだね。
ケンさん

わからないことや聞きたいことは、当日、先生に聞けばいいみたい。
ユリさん

［　　　　］さん

答え 4年

算数

1 大きい数　1ページ

1 (1)三兆八千四百億二百四十万五十二
(2)八兆四千五百二億三千八万六十七
(3)七百八十兆三百二十九万

考え方 大きい数では，右から4けたごとに区切って，それぞれの位を見つけます。
(3)780|0000|0329|0000
　　兆　　億　　万

2 (1)520400308　(2)30000569060000
(3)7040008500070500

3 (1)3000042570000
(2)4500000000000
(3)(和)11300000000
(差)3700000000

4 (1)10000000000007
(2)4999999900000
(3)999800000000000

5 (1)55億　(2)72兆　(3)10兆　(4)60兆
(5)50兆　(6)8兆1千億

6 (1)9400万　(2)1億700万　(3)3千億
(4)6千億　(5)1兆1千億

思考力トレーニング 算数❶　2ページ

(1)3　(2)6　(3)11　(4)9　(5)4　(6)12　(7)4　(8)10
(9)2　(10)11　(11)3　(12)4　(13)10　(14)21　(15)13　(16)1
(17)10　(18)9　(19)4　(20)11

2 わり算の筆算 ①　3ページ

1 (1)2　(2)6　(3)1　(4)2　(5)3，2(2，3)　(6)2
(7)6　(8)15　(9)6　(10)25　(11)6　(12)15　(13)15
(14)5　(15)3，5(5，3)

2 (1)24　(2)11　(3)28　(4)19　(5)19　(6)12
(7)17　(8)12　(9)13　(10)150　(11)178

考え方

```
(6)   1 2      (7)   1 7      (8)   1 2
   8)9 6          5)8 5          7)8 4
     8              5              7
     1 6            3 5            1 4
     1 6            3 5            1 4
       0              0              0

(9)   1 3      (10)  1 5 0    (11)  1 7 8
   6)7 8          3)4 5 0        2)3 5 6
     6              3              2
     1 8            1 5            1 5
     1 8            1 5            1 4
       0                0            1 6
                                     1 6
                                       0
```

思考力トレーニング 算数❷　4ページ

(1)
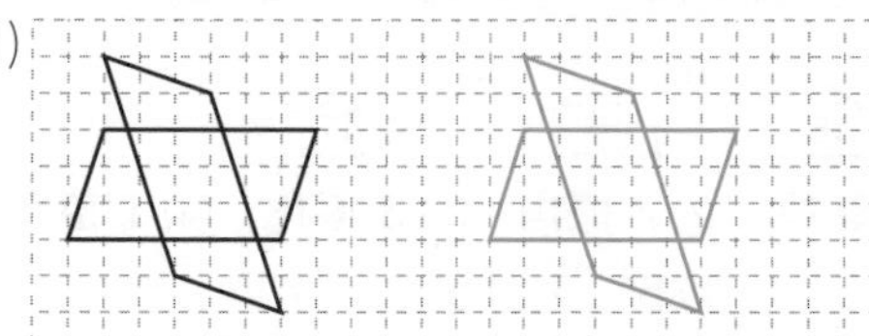

(2)
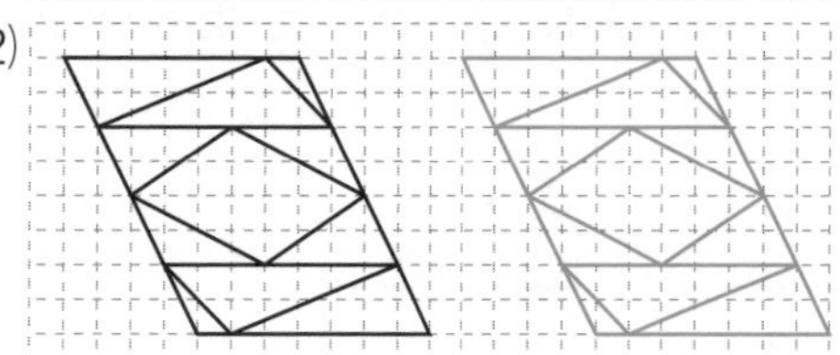

3 わり算の筆算 ②　5ページ

1 (1)23　(2)11　(3)13　(4)24　(5)128　(6)141
(7)127　(8)112　(9)85　(10)64　(11)43　(12)77

考え方 商をたてる位をまちがえないようにしましょう。

```
(5)   1 2 8    (8)   1 1 2    (11)    4 3
   4)5 1 2        7)7 8 4        8)3 4 4
     4              7              3 2
     1 1              8              2 4
       8              7              2 4
       3 2            1 4              0
       3 2            1 4
         0              0
```

2 (1)1，2に○　(2)1，2，3，4，5，6に○

考え方 あまりは，わる数より小さくなります。

3 42まい

考え方 式は 336÷8=42 です。

4 (1)8×6+2=50　(2)8×23+4=188

考え方 (わる数)×(商)+(あまり)=(わられる数)

思考力トレーニング 算数❸　6ページ

```
(1)   6[9]    (2)  [9]3     (3)   4 6
   +[4]7        + 5[8]        + 7[4]
    1 1 6        1 5 1        1[2]0

(4)  1[9]3    (5)  3 4[8]   (6)   5 7 9
   + 2 3[5]     +[3]6 5       +[3][2]4
    [4]2 8       7[1]3         9 0[3]
```

4 およその数と見積もり　7ページ

1 (1)19000　(2)20000　(3)20000　(4)380000
(5)390000　(6)380000　(7)2900　(8)3000
(9)3000

2 (1)6900　(2)2400000(240万)

3 (1)5，6，7，8，9　(2)0，1，2，3，4

4 (1)**47499人**　(2)**46500人**

考え方　数直線を使うとよくわかります。

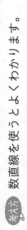

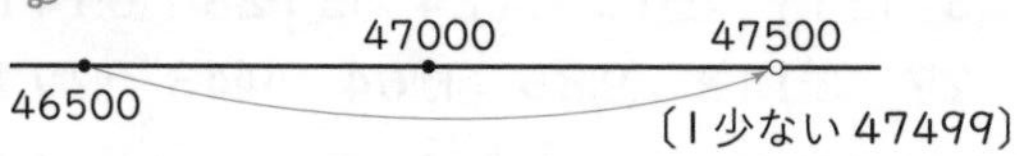

5 **9000**

考え方　3642，5478をそれぞれ百の位で四捨五入すると，4000，5000となるので，和を見積もると 4000＋5000＝9000 となります。

6 **5000**

考え方　6721，2396をそれぞれ百の位で四捨五入すると，7000，2000となるので，差を見積もると 7000－2000＝5000 となります。

7 (1)**8000**　(2)**20000**　(3)**10**　(4)**30**

考え方　四捨五入して上から1けたのがい数にして，積や商を見積もった式は次のようになります。

(1)200×40＝8000

(2)500×40＝20000

(3)600÷60＝10

(4)900÷30＝30

思考力トレーニング　算数④　8ページ

(1)30÷3÷5＝2　(2)30÷3×5＝50

(3)30×3×5＝450　(4)30×3÷5＝18

(5)36÷2×6＝108　(6)36×2×6＝432

(7)36÷2÷6＝3　(8)36×2÷6＝12

5 計算のきまり　9ページ

1 (1)**150**　(2)**450**　(3)**300**　(4)**90**　(5)**50**　(6)**10**　(7)**180**　(8)**75**　(9)**4**　(10)**5**

考え方　かっこの中をいちばん先に計算します。次に，かけ算，わり算，最後にたし算，ひき算をします。

2 (1)**25**　(2)**5**　(3)**56**　(4)**6**　(5)**2.5**　(6)**0.3**　(7)**8**　(8)**6**　(9)**72**　(10)**7**

考え方　逆の計算をして，求めます。

(10)(5＋□)×5＝60

5＋□＝60÷5＝12

□＝12－5＝7

3 (1)**＋**　(2)**×，＋**　(3)**－，×**　(4)**×，－**

4 (1)(式)**120×5＋80×5＝1000**　答**1000円**

(2)(式)**(17＋18)÷5＝7**　答**7グループ**

(3)(式)**(86－30)÷14＝4**　答**4けん**

思考力トレーニング　算数⑤　10ページ

(1)　(2)　(3)

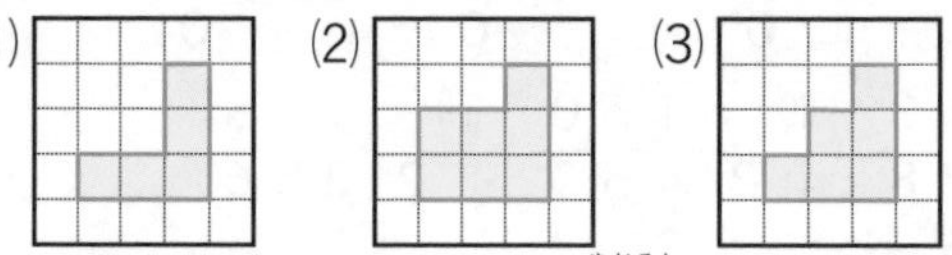

考え方　(3)

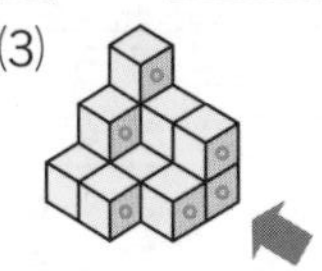

矢印の方向から見たとき，見えているのは○がついている面です。

6 角の大きさ ①　11ページ

1 ㋐**辺**　㋑**角**　㋒**辺**　㋓**頂点**

2 (1)**40°**　(2)**145°**　(3)**300°**　(4)**215°**

3 (1)　(2)　(3)

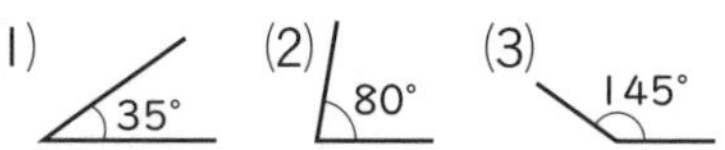

4 (1)**4直角**　(2)**2直角**　(3)**3直角**　(4)**1直角**

5 ㋐**135°**　㋑**75°**　㋒**15°**

考え方　2つの三角じょうぎの角は，次のようになっています。

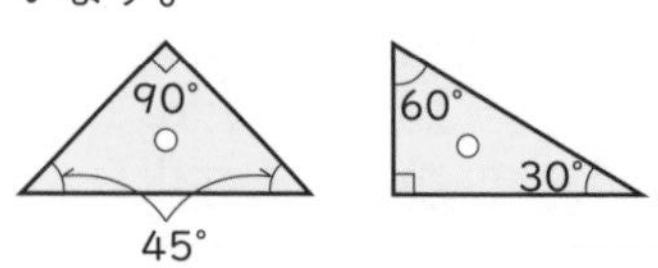

6 (1)**角ウ**　(2)**角エ**　(3)**180°(2直角)**

思考力トレーニング　算数⑥　12ページ

(1)

(2)

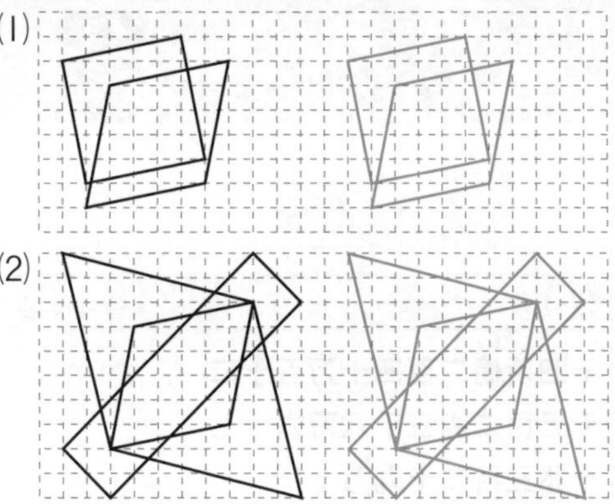

7 角の大きさ ②　13ページ

1 (1)**1直角**　(2)**140°＋60°**　(3)**4直角－100°**

(4)**3直角＋30°**

考え方　1直角＝90°

2直角＝90°×2＝180°

3直角＝90°×3＝270°

4直角(1回転の角)＝90°×4＝360°

2 (1)**145°**　(2)**35°**　(3)**180°**

考え方　(1)180－35＝145

(2)向かい合う角の大きさは等しくなります。

よって，角㋑＝35° です。

(3)㋒＝㋐

よって145＋35＝180 となり180°です。

3 (1)**105°**　(2)**165°**　(3)**60°**　(4)**120°**　(5)**210°**

(6)**90°**　(7)**135°**　(8)**200°**

4 (1)**55°**　(2)**55°**

考え方　(1)65＋60＝125　180－125＝55

(2)260＋45＝305　360－305＝55

思考力トレーニング　算数⑦　14ページ

(1)
```
  [8]2
 − 4 5
   3[7]
```
(2)
```
  7 3
 − 3[9]
  [3]4
```
(3)
```
  1 2 6
 −   4[8]
    [7]8
```
(4)
```
  2 9[3]
 −[1]3 8
  1[5]5
```
(5)
```
 [5][1]7
 − 2 3 8
   2 7[9]
```
(6)
```
 [6]8[2]
 − 5[9]9
     8 3
```

8 折れ線グラフと表 ①　15ページ

1 (1)**1度**　(2)**14時**　(3)**10時**

(4)**12時から13時**

(5)**11時から12時**

(6)**変わるようすを大きく表すことができて，変わり方が見やすくなる。**

考え方　折れ線グラフでは，かたむきで変わり方がわかります。線のかたむきが急であるほど，変わり方が大きいことを表しています。

2 (1)**ウ**　(2)**オ**　(3)**イ**　(4)**ア**　(5)**エ**

3 (1)

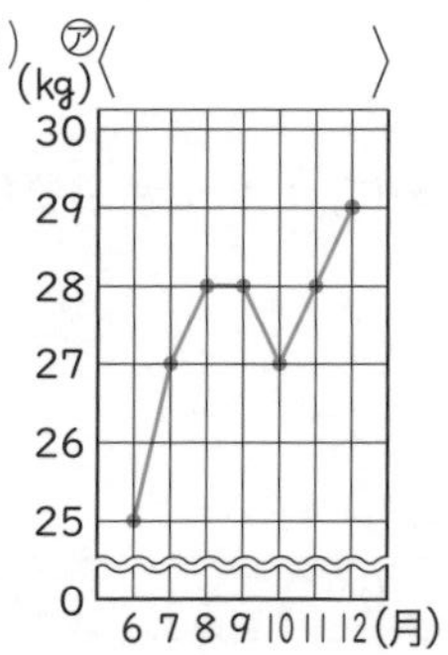

(2)**かずおさんの月別体重調べ**

(3)**6月(から)7月**

思考力トレーニング　算数⑧　16ページ

(1)

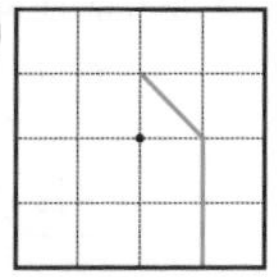

(2)

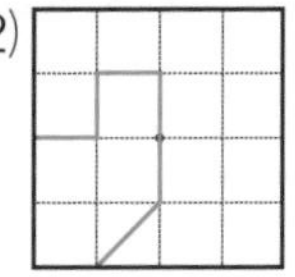

考え方　(1)

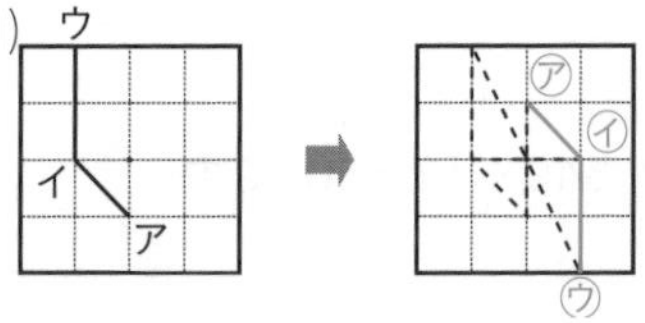

ア，イ，ウから真ん中の黒点を通り反対側に，同じ長さで㋐，㋑，㋒をとって結びます。

9 折れ線グラフと表 ②　17ページ

1

	白	青	計
二等辺三角形	2	2	4
直角三角形	3	0	3
その他の三角形	2	3	5
計	7	5	12

2 (1)

(人)

		バナナ 好き	バナナ きらい	計
りんご	好き	7	5	12
りんご	きらい	3	1	4
計		10	6	16

(2)**7人**　(3)**12人**　(4)**5人**　(5)**1人**　(6)**16人**

3 (1)**12，15，18，21，24，27，30**

(2)**12，16，20，24，28**

(3)**2こ**

(4)**11こ**

(5)右の表

(こ)

3でわる＼4でわる	わり切れる	わり切れない	計
わり切れる	2	5	7
わり切れない	3	11	14
計	5	16	21

思考力トレーニング　算数⑨　18ページ

(1)20[+]8[−]1[−]11＝16

(2)20[−]8[+]1[+]11＝24

(3)20[−]8[−]1[+]11＝22

(4)20[+]8[+]1[−]11＝18

(5)20[−]8[+]1[−]11＝2

(6)20[+]8[+]1[+]11＝40

10 チャレンジテスト [1]　19ページ

1 (1)**1，1000**　(2)**50**　(3)**1**

2 (1)**23**　(2)**13**　(3)**39**　(4)**41**　(5)**44**　(6)**127**

(7)**49あまり3**　(8)**43あまり3**　(9)**13**　(10)**3**

考え方　計算の順番に気をつけます。

(9)<u>12÷4</u>＋<u>2×5</u>＝3＋10

＝13

(10)かっこの中から計算します。

4×(28÷7＋14)÷24

＝4×(4＋14)÷24

＝4×18÷24＝72÷24＝3

3 **3500から4499**

4 (1)**130°**

(2)**225°**

考え方　(1)式は　180−50＝130　です。

(2)式は　360−90−45＝225　です。

5 (1)○　(2)×　(3)○　(4)×　(5)○

考え方　あるものや人の変わり方を見るのは折れ線グラフで，いろいろなものの大きさを表すのはぼうグラフがよいでしょう。

思考力トレーニング　算数⑩　20ページ

(1) 62[5] + [6][4]7 = 1272　(2) [8]49 + 2[3]6 = 108[5]　(3) [9]6[8] + 6[7]4 = 1642

(4) [2][3]5[8] + 4642 = 70[0]0　(5) 879[5] + [6]2[9]7 = 15[0]92

11 わり算の筆算 ③　21ページ

1 (1)**3**　(2)**9**　(3)**30**

2 (1) □○□ 18)270　(2) □□○ 53)523

3 (1)**4**　(2)**3**　(3)**2**　(4)**5 あまり 23**　(5)**12**
(6)**15 あまり 5**

考え方
(1) 12)48 → 4　48　0
(2) 21)63 → 3　63　0
(3) 38)76 → 2　76　0
(4) 90)473 → 5　450　23
(5) 53)636 → 12　53　106　106　0
(6) 65)980 → 15　65　330　325　5

4 (1)**32×8=256**　(2)**23×22+1=507**

5 (1) 1500÷300
↓÷[100]　↓÷[100]
[15]　÷[3]=5

(2) 42000÷6000
↓÷[1000]　↓÷[1000]
[42]　÷[6]=[7]

考え方　わり算では，わられる数とわる数を同じ数でわっても，商は同じになります。

6 (1)**24 人**
考え方　式は 840÷35=24 です。
35)840 → 24　70　140　140　0

(2)**30 本**
考え方　式は 540÷18=30 です。
18)540 → 30　54　0

思考力トレーニング　算数⑪　22ページ

(1)
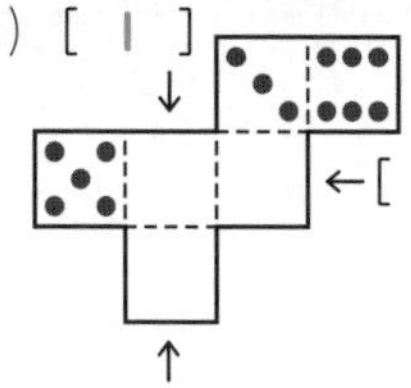

(2)
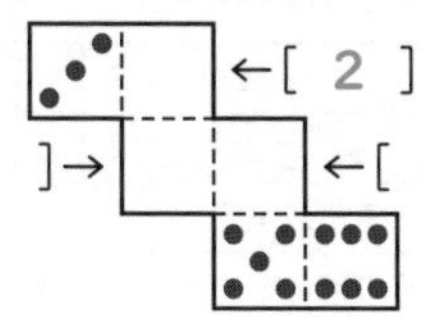

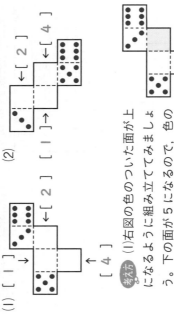

考え方　(1)右図の色のついた面が上になるように組み立ててみましょう。下の面が 5 になるので，色のついた面は 7−5=2 となります。

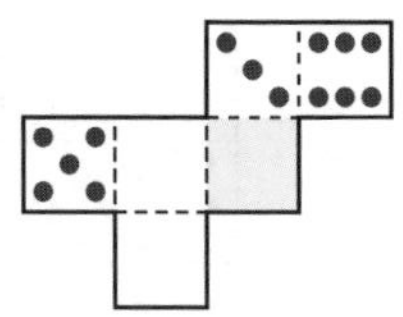

12 わり算の筆算 ④　23ページ

1 (1)**6**　(2)**4 あまり 2**　(3)**2 あまり 19**
(4)**6 あまり 38**　(5)**5**　(6)**6 あまり 29**
(7)**23 あまり 18**　(8)**15 あまり 46**
(9)**11 あまり 35**　(10)**20 あまり 28**
(11)**21 あまり 4**　(12)**17**

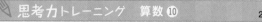

考え方
(1) 16)96 → 6　96　0
(2) 24)98 → 4　96　2
(3) 32)83 → 2　64　19
(4) 48)326 → 6　288　38
(5) 53)265 → 5　265　0
(6) 75)479 → 6　450　29
(7) 27)639 → 23　54　99　81　18
(8) 62)976 → 15　62　356　310　46
(9) 87)992 → 11　87　122　87　35
(10) 38)788 → 20　76　28
(11) 43)907 → 21　86　47　43　4
(12) 43)731 → 17　43　301　301　0

2 (1) 12)86 → **7**　**84**　**2**　(2) 38)238 → **6**　**228**　**10**

3 **27台**
考え方　548÷21=26 あまり 2
あまった 2 この箱を運ぶために，もう 1 台必要(ひつよう)だから，26+1=27 となります。

4 (1)**2 あまり 11**　(2)○

思考力トレーニング　算数⑫　24ページ

いちばん重い…□　いちばん軽い…☆

考え方　軽い順(じゅん)に，☆→△→○→□ となっています。

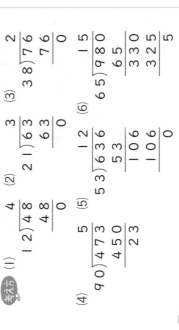

13 小 数 ①
25ページ

1 (1)**小数**　(2)**小数点**　(3)**小数第１位**（しょうすうだいいちい），$\frac{1}{10}$

考え方 分数を学習すると，$\frac{1}{10}$の位（くらい）といいます。

2 (1)**0.7 L**　(2)**2.3 L**

考え方 (1)１目もりが 0.1 L で７つ分あるから，水のかさは 0.7 L です。

3 ㋐**0.07**　㋑**0.15**　㋒**0.33**　㋓**0.073**
㋔**0.107**　㋕**0.116**

考え方 数直線の１目もりの大きさを考えます。上の数直線の１目もりは 0.01，下の数直線の１目もりは 0.001 です。

4 (1)**2，0，10**
(2)**3.7，1.5，7.35，0.5，10.3**

5 **0 → 0.8 → 1 → 3.9 → 5.5**

6 (1)**2**　(2)**400**　(3)**0.7**　(4)**0.5**　(5)**1800**　(6)**0.8**
(7)**2.4**　(8)**1.08**　(9)**700**　(10)**6.3**

思考力トレーニング　算数 ⑬
26ページ

7	1	10
9	6	3
2	11	5

考え方

ア	1	イ
ウ	エ	3
2	11	オ

イ＋3＋オ＝2＋11＋オ
イ＝13−3＝10
ウ＋エ＋3＝10＋エ＋2
ウ＝9
ア＝エ＋1，ア＋エ＝13 より
ア＝7，エ＝6 となります。
よって，いちばん上の横3つの数の和は
7＋1＋10＝18 となるので オ＝5 となります。

14 小 数 ②
27ページ

1 (1)**8.46**　(2)**100**　(3)**426**　(4)**0.069**　(5)**0.08**
(6)**3.4**　(7)**18**

2 (1)**4.05 → 0.54 → 0.45 → 0.4 → 0.054**
(2)**8.5 → 5.68 → 0.85 → 0.658 → 0.65 → 0.508**

3 (1)**8.4**　(2)**24.5**　(3)**5.57**　(4)**4.229**
(5)**2.1**　(6)**9.7**　(7)**4.09**　(8)**8.015**
(9)**1.7**　(10)**6.2**　(11)**17.63**　(12)**9.3**
(13)**11.9**　(14)**0.98**　(15)**4.026**　(16)**4.991**

考え方 (14)７を 7.00 と考えて 7.00−6.02＝0.98 となります。
(16) 5.36 を 5.360 と考えます。

4 (1)**10.7 m**
(2)**1.65 m**

考え方 (1)式は 1.85＋1.85＋3.5＋3.5＝10.7 です。
(2)式は 3.5−1.85＝1.65 です。

思考力トレーニング　算数 ⑭
28ページ

(1)48÷3×4＝64　(2)48×3×4＝576
(3)48÷3÷4＝4　(4)48×3÷4＝36
(5)60÷2÷5＝6　(6)60÷2×5＝150
(7)60×2÷5＝24　(8)60×2×5＝600

15 垂直と平行 ①
29ページ

1 (1)**直線イ**　(2)**直線オ**

2 (1)**垂直**（すいちょく）　(2)**平行**

3 **垂直**

考え方 開くと右の図のようになります。

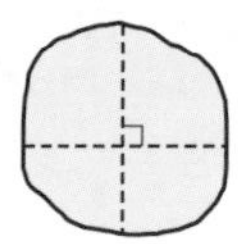

4 (1)

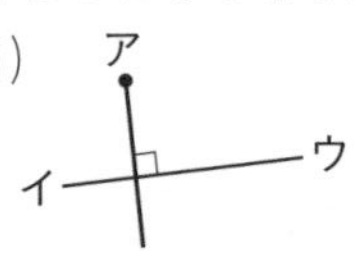

(2)

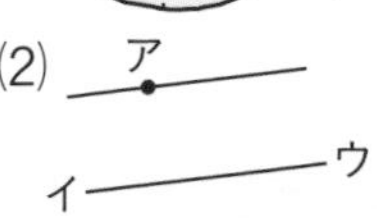

5 (1)**辺アイ，辺エウ**（へん）　(2)**辺アエ**

6 (1)**45°**　(2)**135°**

考え方 (1)右の図のように，三角じょうぎをずらしてかくことができます。

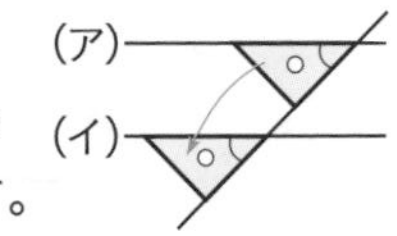

(2)180−45＝135

思考力トレーニング　算数 ⑮
30ページ

(1)
```
  [9]6[8]
−  4 7 5
   4[9]3
```
(2)
```
  5[8]4
− 1 7[6]
 [4]0 8
```
(3)
```
  7 4[1]
− 5[9]3
 [1]4 8
```
(4)
```
  [6]2 3 5
− 5[7]3[6]
     4[9]9
```
(5)
```
  8 0 1[7]
−[2]0[6]9
  5[9]4 8
```

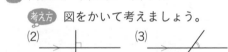

16 垂直と平行 ②
31ページ

1 (1)**直角**　(2)**垂直**　(3)**平行**

考え方 図をかいて考えましょう。

(2)

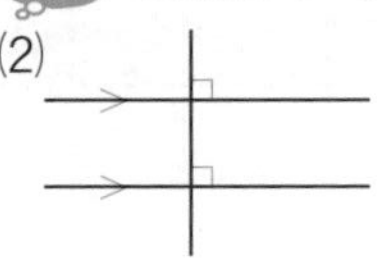

(3)

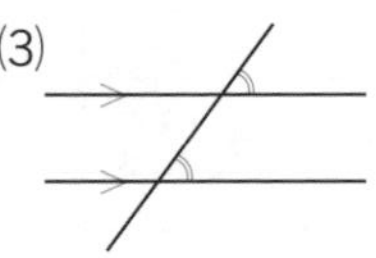

2 (1)

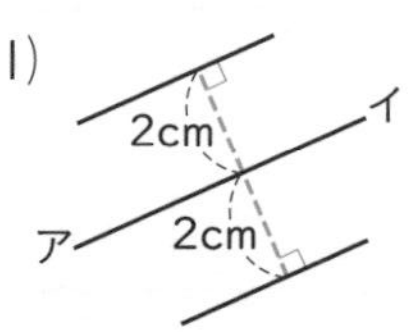

(2)

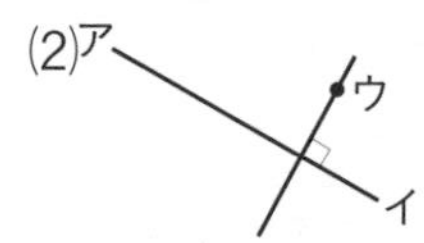

3 (1)**角㋒，角㋔**　(2)**116°**　(3)**180°**

考え方 (1)図の４本の直線で囲（かこ）まれた四角形は，平行四辺形（へいこうしへんけい）です。だから，向かい合う角の大きさは等しくなります。
(2)180−64＝116

4 (1)**135°**　(2)**100°**

考え方 (1)180−45＝135
(2)45＋35＝80　180−80＝100

算数　理科　社会　英語　国語　答え

思考力トレーニング　算数 ⑯　32ページ

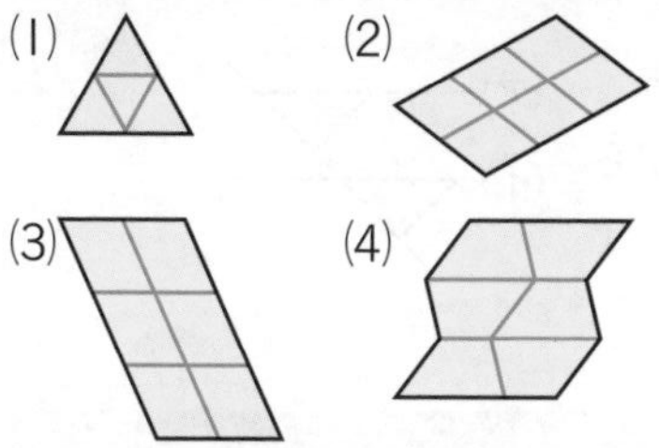

17 四角形 ①　33ページ

1 (1)平行四辺形　(2)長方形　(3)正方形
(4)台形　(5)ひし形

2 ㋐8 cm　㋑6 cm　㋒130°　㋓50°　㋔130°
㋕2 cm　㋖60°　㋗120°

3 (1)長方形　(2)正方形　(3)平行四辺形　(4)ひし形

考え方 直線のはしを順につないで四角形をつくり，その形を見て名まえを考えます。

4

	台　形	平　行四辺形	ひし形	長方形	正方形
向かい合った２組の辺が平行		○	○	○	○
対角線が直角に交わっている			○		○
向かい合った辺が等しい		○	○	○	○
４つの辺がすべて等しい			○		○
４つの角がみな同じ大きさ				○	○

思考力トレーニング　算数 ⑰　34ページ

1

考え方 下の図のように広げて考えていきます。

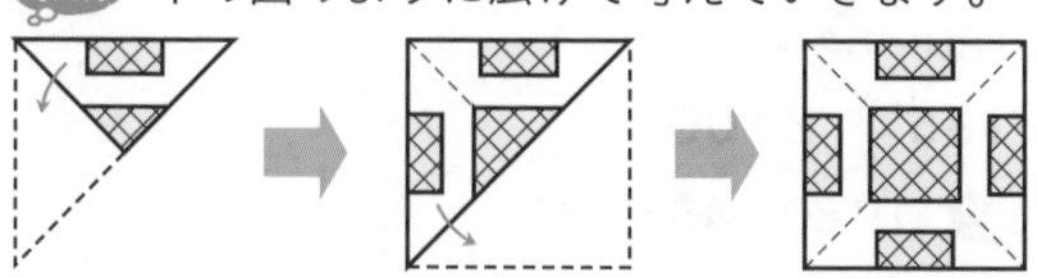

18 四角形 ②　35ページ

1 （しょうりゃく）

考え方 作図のしかたは，下のようにします。

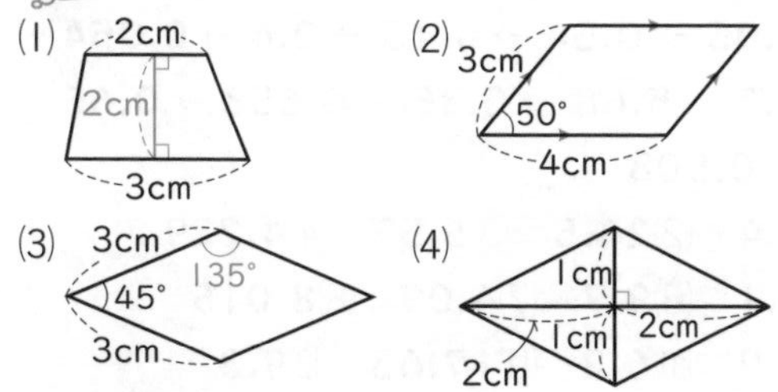

2 平行四辺形

3

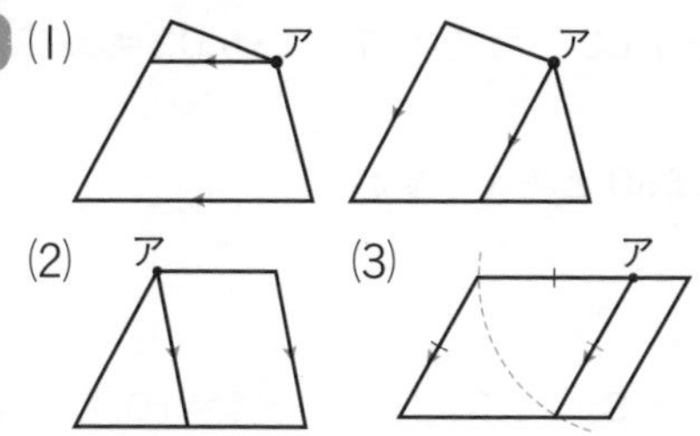

考え方 台形，平行四辺形，ひし形について，向かい合う辺は平行になるというせいしつを使います。(3)は，４つの辺の長さがみな等しいというせいしつを使ってもできます。

4 （三角形）5 こ，（平行四辺形）3 こ，
（四角形）6 こ

考え方 三角形は，アエカ，エオカ，ウオカ，イエオ，アイウの５こできます。

思考力トレーニング　算数 ⑱　36ページ

(1)
```
   1 9
 × 4 3
   5 7
 7 6
 8 1 7
```
(2)
```
   2 8
 × 3 4
 1 1 2
 8 4
 9 5 2
```
(3)
```
    4 5
  × 2 7
  3 1 5
  9 0
1 2 1 5
```
(4)
```
    3 3
  × 3 9
  2 9 7
  9 9
1 2 8 7
```

19 チャレンジテスト 2　37ページ

1 (1)**54.437**　(2)**17.46**

2 **30 あまり 4**

考え方 ある数を求めると $23×41+21=964$ となるので，正しい計算の式は $964÷32=30$ あまり 4 です。

3 (1)**ウとカ，エとオ**
(2)**イとエ，イとオ**

4 (1)**平行四辺形，ひし形**　(2)**ひし形，正方形**

5 (1)**7 cm**　(2)**5 cm**　(3)**4 cm**　(4)**4 cm**

思考力トレーニング　算数 ⑲　38ページ

(1)25 − 3 − 10 − 6 = 6
(2)25 ＋ 3 − 10 − 6 = 12
(3)25 ＋ 3 ＋ 10 − 6 = 32
(4)25 − 3 − 10 ＋ 6 = 18
(5)25 ＋ 3 − 10 ＋ 6 = 24
(6)25 − 3 ＋ 10 − 6 = 26

20 小数のかけ算・わり算 ①　39ページ

1 (1)**12.81**　(2)**4.8**　(3)**50.4**　(4)**48.6**
(5)**185.84**　(6)**1519**

2 (1)**1.58**　(2)**0.097**　(3)**8.5**　(4)**0.125**
(5)**0.504**　(6)**0.0825**

3 (1)**7 あまり 2.4**　(2)**6 あまり 3.7**
(3)**23 あまり 18.9**

4 (1)**12.4**　(2)**1.6**　(3)**5.7**

考え方 (1)

```
          4
       12.3 9
37)458.5
   37
    88
    74
    145
    111
     340
     333
       7
```

(3)

```
         7
      5.6 7
58)329
   290
    390
    348
     420
     406
      14
```

このように$\frac{1}{100}$の位まで求めて，$\frac{1}{100}$の位を四捨五入します。

5 (1)**0.4**　(2)**0.42**

考え方 (1)式は 42−16×2.6=0.4 です。
(2)式は (3−0.06)÷7=0.42 です。

思考力トレーニング　算数 ⑳　40ページ

(1)
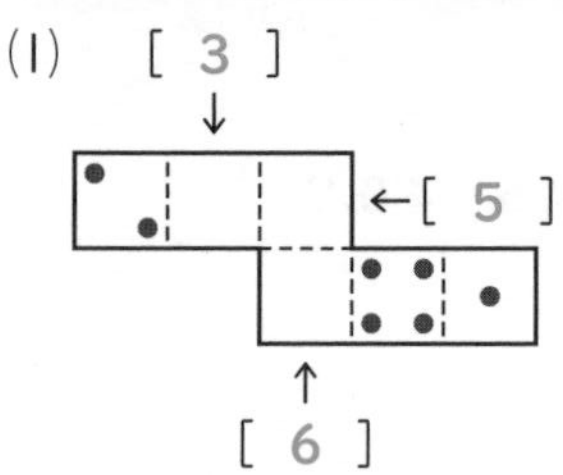

(2)
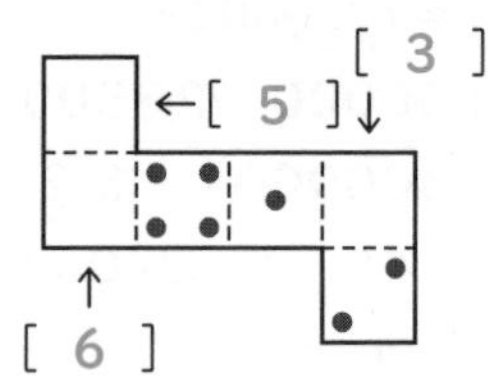

21 小数のかけ算・わり算 ②　41ページ

1 (1)**27.3 m**　(2)**675.25 kg**　(3)**28 dL**

考え方 (1)式は 1.82×15=27.3 です。
(2)式は 1.85×365=675.25 です。
(3)式は 1.75×16=28 です。

2 **108.5 cm**

考え方 式は 18.5×6=111　0.5×(6−1)=2.5
111−2.5=108.5 です。

3 (1)**0.75 m**　(2)**0.48 kg**

考え方 (1)式は 8.5−0.25=8.25
8.25÷11=0.75 です。
(2)式は 14.12−2.6=11.52
11.52÷24=0.48 です。

4 **5**

考え方 式は 42×2.85=119.7　119.7+0.3=120
120÷24=5 です。

思考力トレーニング　算数 ㉑　42ページ

(1)

```
    7[4]
  × 5 6
  4 4 4
3[7]0
4[1]4 4
```

(2)

```
    8 9
  × 3[7]
  6[2]3
2[6]7
3[2][9]3
```

(3)

```
     3[1]7
  ×   4[3]
     9 5 1
 1 2[6]8
 1[3]6 3 1
```

(4)

```
     3 6[8]
  ×   [7]5
   [1]8 4 0
 2 5[7]6
 2 7[6]0 0
```

22 分　数 ①　43ページ

1 (1)**8, 3**　(2)$\frac{5}{9}$　(3)**3**　(4)$\frac{4}{7}$　(5)$\frac{7}{12}$　(6)**1**　(7)$\frac{1}{5}$

2 (1)$\frac{3}{5}$　(2)$\frac{4}{9}$　(3)$\frac{4}{5}$

3 ㋐$\frac{1}{10}$　㋑$\frac{4}{10}$　㋒$\frac{6}{10}$　㋓$\frac{9}{10}$

4 (真分数)$\frac{1}{2}$, $\frac{7}{10}$, $\frac{8}{9}$
(仮分数)$\frac{8}{7}$, $\frac{6}{6}$, $\frac{3}{2}$
(帯分数)$1\frac{1}{4}$, $1\frac{5}{6}$

5 (1)(仮分数)$\frac{5}{3}$ **dL**　(帯分数)$1\frac{2}{3}$ **dL**
(2)(仮分数)$\frac{17}{7}$ **m**　(帯分数)$2\frac{3}{7}$ **m**

考え方 1目もりがどれだけの大きさを表しているか，考えます。
(1) 1目もりは$\frac{1}{3}$dL です。
(2) 1目もりは$\frac{1}{7}$m です。

6 (1)**4**　(2)**6**　(3)**7**　(4)**10**

思考力トレーニング　算数 ㉒　44ページ

(例)

(1)
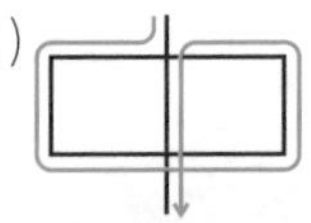
(2)

(3)
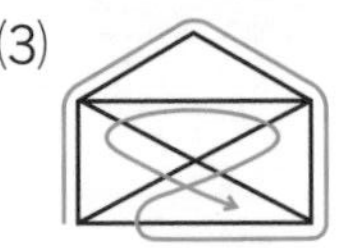
(4)
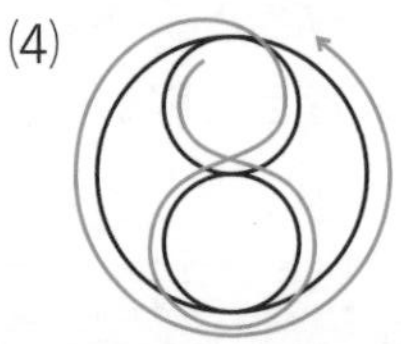

23 分　数 ②　45ページ

1 (1)$1\frac{3}{4}$　(2)$8\frac{1}{2}$　(3)$4\frac{3}{8}$　(4)$\frac{7}{5}$　(5)$\frac{13}{4}$　(6)$\frac{38}{7}$

2 (1)$\frac{1}{3}$ → $1\frac{1}{3}$ → $\frac{5}{3}$ → 2
(2)1 → $1\frac{1}{6}$ → $1\frac{1}{4}$ → $1\frac{1}{2}$
(3)$\frac{1}{8}$ → $\frac{3}{8}$ → $\frac{5}{8}$ → 1
(4)$\frac{1}{5}$ → $\frac{1}{3}$ → $\frac{1}{2}$ → 1

考え方 分母が同じ分数は，分子が大きいほど大きいです。また分子が同じ分数は，分母が大きいほど小さいです。

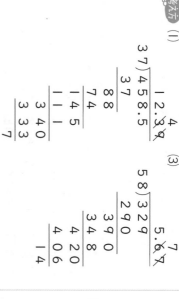

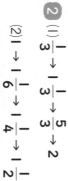

3 (1)$\frac{5}{6}$　(2)$\frac{1}{7}$　(3)**6**　(4)$\frac{1}{6}$　(5)**7**　(6)$\frac{3}{4}$

4 (1) $\frac{5}{7}$ (2) $\frac{2}{2}$ **(または 1)**

(3) $\frac{10}{4}$ **(または** $2\frac{2}{4}$**)** (4) $\frac{8}{7}$ **(または** $1\frac{1}{7}$**)**

(5) $\frac{10}{5}$ **(または 2)** (6) $\frac{12}{10}$ **(または** $1\frac{2}{10}$**)**

(7) $\frac{2}{8}$ (8) $\frac{1}{7}$ (9) $\frac{2}{9}$ (10) $\frac{2}{4}$ (11) $\frac{5}{6}$ (12) $\frac{4}{12}$

(13) **6** (14) **5** (15) $5\frac{3}{7}$ (16) $2\frac{6}{8}$ (17) $3\frac{2}{7}$ (18) $2\frac{2}{4}$

5 $\frac{7}{6}$ **時間(または** $1\frac{1}{6}$ **時間)**

考え方 式は $\frac{3}{6}+\frac{4}{6}=\frac{7}{6}$ です。

思考力トレーニング 算数 23 46ページ

2 番目に重い…△ 2 番目に軽い…○

24 変わり方 47ページ

1 (1)

だんの数(だん)	1	2	3	4	5	6	7	8	9	10
上がった高さ(cm)	15	30	45	60	75	90	105	120	135	150

(2) **15×□=△**

(3) **2 m 25 cm**

(4) **24 だん**

考え方 (2)(1 だんの高さ)×(だんの数)=(上がった高さ)より式に表します。

(3) 15×15=225(cm)　225 cm=2 m 25 cm です。

(4) 3 m 60 cm=360 cm　360÷15=24 です。

2 (1) **5 まい**

(2)

はる子(まい)	0	1	2	3	4	5	6	7	8
あき子(まい)	8	7	6	5	4	3	2	1	0

(3) **8 まい**

3 (1)① **12** ② **8** ③ **4.8** (2) **△×○=48**

考え方 (1)① 48÷4=12 ② 48÷6=8

③ 48÷10=4.8

4 **平ゴム㋐**

考え方 平ゴム㋐は45÷15=3(倍)

平ゴム㋑は50÷25=2(倍)なので,

平ゴム㋐の方がよくのびます。

思考力トレーニング 算数 24 48ページ

(1)
```
    [1]7
 5)[8]5
   5
   [3][5]
   [3][5]
      0
```
(2)
```
    [2]3
 4) 9[2]
    8
    [1][2]
    [1][2]
       0
```
(3)
```
      [9]9
 [2]) 1 9[8]
      1 8
        1[8]
        1[8]
          0
```
(4)
```
      [9]3
  5)[4][6]5
     4 5
       [1][5]
       [1][5]
          0
```

25 面 積 ① 49ページ

1 (1) **5 cm²** (2) **4 cm²** (3) **5 cm²** (4) **4 cm²**

(5) **5 cm²** (6) **6 cm²**

2 (1) **24 cm²** (2) **16 cm²**

3 (1) **12** (2) **7**

4 (1) **315 cm²** (2) **144 cm²**

5 **正方形**(のほうが) **4 cm²** (広い。)

考え方 12×8=96…長方形の面積(めんせき)

12+12+8+8=40…長方形のまわりの長さ

40÷4=10…正方形の 1 辺(へん)の長さ

10×10=100…正方形の面積

100−96=4 となります。

注意 まわりの長さと面積の関係(かんけい)を理かいしておきましょう。

思考力トレーニング 算数 25 50ページ

(1) 18÷2÷3=3　(2) 18×2÷3=12

(3) 18÷2×3=27　(4) 18×2×3=108

(5) 48×4×3=576　(6) 48÷4÷3=4

(7) 48÷4×3=36　(8) 48×4÷3=64

26 面 積 ② 51ページ

1 (1) **1** (2) **10000** (3) **10** (4) **100** (5) **100**

(6) **10000** (7) **1000** (8) **1000000**

考え方 (2) 1 m²=1 m×1 m

=100 cm×100 cm

=10000 cm²

(8) 1 km²=1 km×1 km

=1000 m×1000 m

=1000000 m²

2 (1) **60000** (2) **3500** (3) **45** (4) **0.7**

(5) **800000** (6) **3.2**

3 (1) **144 m²** (2) **208 km²**

4 **12 m**

考え方 6×6=36　36×2=72

36+72=108…庭の面積

108÷9=12 となります。

5 **1925 m²**

考え方 40−5=35　60−5=55

35×55=1925 となります。

6 **120 cm²**

考え方 8×8×2=128…正方形 2 つ分の面積

8−6=2　8−4=4

2×4=8…重なりの部分

128−8=120 となります。

思考力トレーニング　算数 26　52ページ

(1)123＋4－5＋67－89＝100
(2)12＋3－4＋5＋67＋8＋9＝100
(3)1＋2＋34－5＋67－8＋9＝100

考え方 (1)89 をたすと 100 より大きくなるので，－89 となります。
(2)全部たすと 108 になり，－4 とすると 8 へるので 100 になります。

27 直方体と立方体 ①　53ページ

1 (1)**直方体**　(2)**立方体**

2 (ねん土玉)**8 つ**，(ひご)**12 本**

3

たて	横	まい数
8 cm	6 cm	2 まい
6 cm	10 cm	2 まい
8 cm	10 cm	2 まい

注意 たてと横が反対になっていてもかまいません。

4 (1)**辺イウ，辺カキ，辺オク**
(2)**辺アエ，辺イウ，辺アオ，辺イカ**
(3)**面オカキク**
(4)**面アエクオ，面アイカオ，面イウキカ，面エウキク**

5 (1)**(5 cm，4 cm，2 cm)**
(2)**(0 cm，4 cm，0 cm)**
(3)**(0 cm，2 cm，2 cm)**

考え方 頂点アは(0 cm，0 cm，0 cm)，頂点イは(5 cm，0 cm，0 cm)と表されます。

思考力トレーニング　算数 27　54ページ

(1)**6**　(2)**5**

28 直方体と立方体 ②　55ページ

1 (1)**面ア**　(2)**垂直**　(3)**面ウ，面オ**

2 (例)

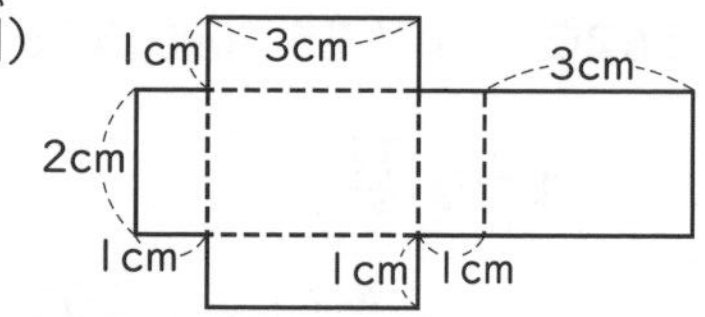

3 (1)**立方体**　(2)**面エ**
(3)**面イ，面ウ，面オ，面カ**
(4)**辺IH**　(5)**点E，点G**

考え方

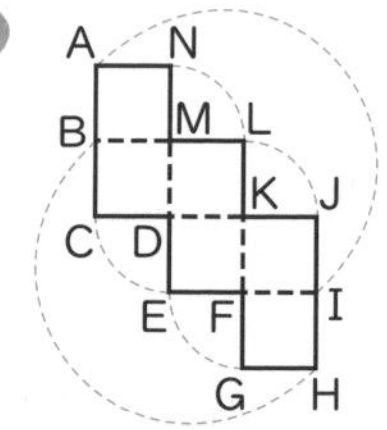

重なる頂点を点線で結ぶと，A→I，B→H，C→E→G，N→L→J となることがわかります。

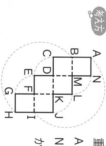

4

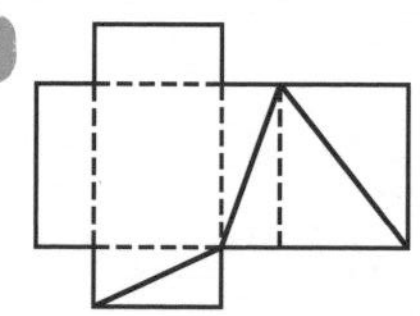

思考力トレーニング　算数 28　56ページ

(1)
```
      46
 8)368
   32
    48
    48
     0
```
(2)
```
     74
 4)296
   28
    16
    16
     0
```
(3)
```
      32
 16)512
    48
     32
     32
      0
```
(4)
```
      43
 23)989
    92
     69
     69
      0
```

29 いろいろな問題　57ページ

1 **32**

考え方 問題のぎゃくに計算してみましょう。
17－8＋23＝32

2 (1)**9，21**　(2)**81**

考え方 (1) 1 と 5，13 と 17 の差に注目します。差は 4 なので，4 ずつふえているきまりでならんでいます。
(2) 3，9，27 の順に注目すると，前の数に 3 をかけた数字が次の数になっているきまりでならんでいることがわかります。

3 **6 まい**

考え方 式は (36－24)÷2＝6 です。

4 **190 cm**

考え方 式は 170－35＋55＝190 です。
170＋(55－35)＝190 でもかまいません。

5 (兄さん)**340 円**　(はるとさん)**260 円**
(弟)**200 円**

考え方 はるとさんのお金を求める式は，(800－80＋60)÷3＝260，兄さんははるとさんより 80 円多いので 260＋80＝340，弟ははるとさんより 60 円少ないので 260－60＝200 になります。

6 (ノート)**220 円**，(えん筆)**90 円**

考え方 あきらさんがはらった金額からひろ子さんがはらった金額をひくと，えん筆 2 本分のねだんになることから，えん筆 1 本のねだんは
(710－530)÷(3－1)＝90 と求められます。
ひろ子さんはノート 2 冊とえん筆 1 本を買って 530 円はらったのでノート 1 冊のねだんは
(530－90)÷2＝220 と求められます。

算数　理科　社会　英語　国語　答え

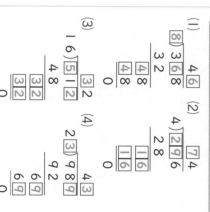

思考力トレーニング　算数 ㉙　58ページ

いちばん軽い…☆　3 番目に重い…△

30 チャレンジテスト ③　59ページ

1 (1)(仮分数(かぶんすう)) $\frac{7}{5}$ m, (帯分数(たいぶんすう)) $1\frac{2}{5}$ m

(2)(仮分数) $\frac{13}{6}$ m, (帯分数) $2\frac{1}{6}$ m

2 (1)1　(2) $\frac{1}{6}$　(3)7　(4)2

3 (1)55.6　(2)7.52　(3) $\frac{23}{8}$ (または $2\frac{7}{8}$)

(4) $\frac{8}{6}$ (または $1\frac{2}{6}$)　(5)3

4 (1)320　(2)15

(3)□×40＝△(△÷□＝40, △÷40＝□でもよい。)

5 144 cm²

考え方　2×2＝4　4×8＝32

4＋32＝36…かけている部分の面積(めんせき)

10×18＝180…全体の面積

180−36＝144 となります。

6 (えん筆) 60 円　(ノート) 120 円

考え方　180÷3＝60…えん筆

60×2＝120…ノート

ノートはえん筆 2 本分のねだんです。

思考力トレーニング　算数 ㉚　60ページ

(1)

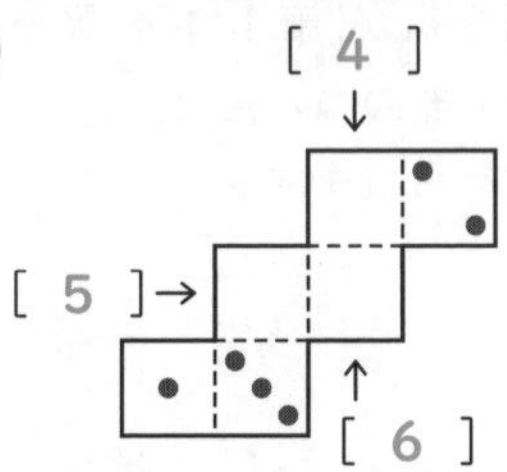

(2)

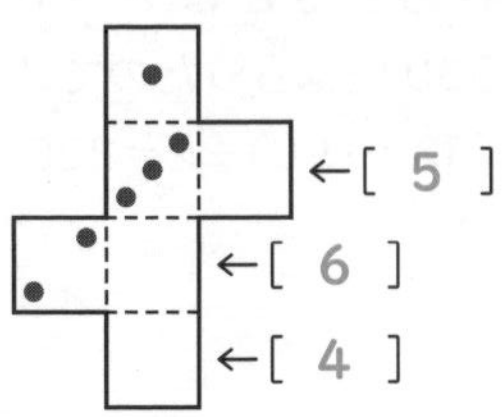

31 仕上げテスト ①　61ページ

1 (1)5.065　(2)1.179　(3)6.86　(4)0.191

(5)15.6　(6)1620　(7)0.475　(8)0.575

(9)13　(10) $11\frac{1}{7}$ (または $\frac{78}{7}$)

(11) $1\frac{1}{3}$ (または $\frac{4}{3}$)　(12) $4\frac{4}{9}$ (または $\frac{40}{9}$)

2 (1)580700003824

(2)702005006000000

3 (1)120°　(2)135°　(3)60°

4 □×4＝△

5 (1)直方体　(2)4 つ　(3)面オ

思考力トレーニング　算数 ㉛　62ページ

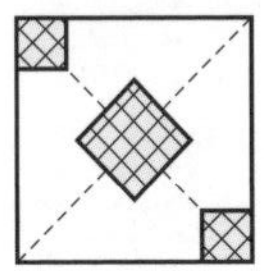

考え方　下の図のように広げて考えていきます。

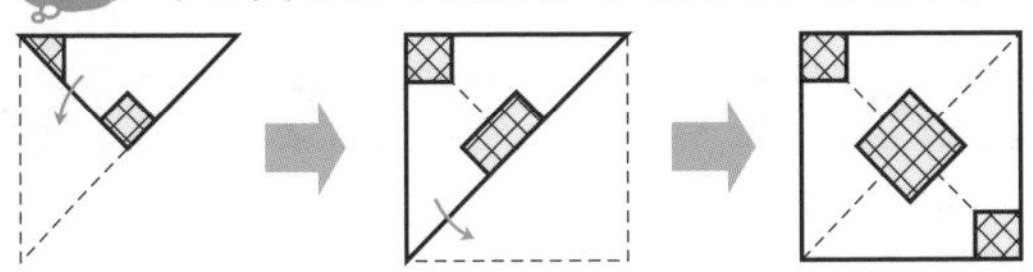

32 仕上げテスト ②　63ページ

1 (1)9876543210　(2)1023456789

(3)98765432　(4)2987654310

2 (いちばん多い) 36499 人

(いちばん少ない) 35500 人

3 24 m²

考え方　式は (4＋2)×(6＋2)−4×6＝24 です。

4 (1)14 人　(2)4 人

(3)

（人）

	男	女	計
子ども	14	14	28
大　人	4	8	12
計	18	22	40

5 (ただし) 70 まい, (あきら) 60 まい

考え方　多い 10 まいを先にひいて 2 でわると, 少ないほうの 1 人分になります。

6 (1)9 月

(2) 11 月

考え方　(1)4 月から数えて 6 か月ですが, 6 か月の中には 4 月もはいっているので, 4＋6−1 と 1 か月をひきます。

思考力トレーニング　算数 ㉜　64ページ

10	11	9
9	10	11
11	9	10

考え方

ア	11	9
9	イ	ウ
エ	オ	10

9＋イ＋ウ＝9＋ウ＋10

イ＝10

9＋10＋エ＝9＋ウ＋10

エ＝ウ

ア＋9＋エ＝9＋ウ＋10

ア＝10

よって, いちばん上の横3つの数の和は

10＋11＋9＝30 となります。

したがって, ウ＝エ＝11 オ＝9 となります。

理科

1 生き物のくらし　65ページ

1 (1)**ア**　(2)**1cmくらい**　(3)**ひ料**

2 (1)**ウ**　(2)①**3**　②**4**　③**1**　④**5**　⑤**2**　(3)**種**

3 (1)**春**　(2)**夏**　(3)**夏**　(4)**秋**　(5)**冬**　(6)**秋**

4 (1)①**イ，カ**　②**ウ**

(2)①**さなぎになるこん虫と，ならないこん虫。**

②**植物を食べるこん虫と，動物を食べるこん虫。**

参考　(1)モンシロチョウはさなぎ，オオカマキリとトノサマバッタはたまご，ナナホシテントウは成虫，カブトムシとクマゼミはよう虫で冬ごしをします。
(2)①モンシロチョウ，ナナホシテントウ，カブトムシは，よう虫から成虫になる間にさなぎになります。
②モンシロチョウは花のみつ（よう虫はキャベツなど），オオカマキリやナナホシテントウはほかの虫，カブトムシは木のしる（よう虫はふ葉土），クマゼミは木のしる，トノサマバッタは草を食べます。

思考力トレーニング　理科❶　66ページ

オオカマキリ　春…**ウ**，夏…**エ**，秋…**ア**，冬…**イ**

ツバメ　春…**エ**，夏…**イ**，秋…**ウ**，冬…**ア**

2 電気のはたらき　67ページ

1 (1)①**電流**　②**回路**　(2)③**＋（プラス）**

④**－（マイナス）**

2 (1)**ア**　(2)③　(3)**へい列つなぎ**　(4)②　(5)④

(6)**直列つなぎ**

(7)**豆電球に流れる電流の大きさがちがうから。**

参考　かん電池を直列につなぐと，へい列につないだときよりも豆電球に大きい電流が流れます。

3 (1)**キ**　(2)**カ**　(3)**カ**　(4)**イ，ウ**

考え方　④はかん電池の直列つなぎで最も大きい電流が流れます。③はかん電池のへい列つなぎで，豆電球は①と同じ明るさですから，**カ**を流れる電流の大きさは**ア**と同じです。また，**エ**と**オ**を流れる電流が合わさって**カ**に流れこんでいるので，**エ**と**オ**を流れる電流の大きさは**カ**の半分です。②はかん電池の向きがちがうため，電流が流れていません。

4 (1)①**イ**　②**ア，ウ**

(2)**かん電池オの＋極と－極を入れかえる。**

考え方　(1)①２つのかん電池が直列つなぎになるようにスイッチを入れます。②２つのかん電池がへい列つなぎになるようにスイッチを入れます。
(2)電流の向きが変わると，モーターの回る向きが反対になります。

思考力トレーニング　理科❷　68ページ

ウ

3 星や月の動き　69ページ

1 (1)①**イ**　②**ア，ウ，エ**　(2)**白**　(3)　**1等星**

参考　(1)(2)星の色は，星によってちがいがあり，このちがいは，星の表面温度と関係があります。赤い色の星やだいだい色の星は表面温度が低く，白い色の星や青白い色の星は表面温度が高いです。
(3)星の明るさも，星によってちがいがあります。星の明るさは等級で表し，明るい星から順に，1等星，2等星，3等星，…と分けられます。1等星は，2等星の約2.5倍，6等星の約100倍明るいです。

2 (1)A…**北斗七星**　B…**北極星**

C…**カシオペヤざ**

(2)**北**　(3)**夏**　(4)A…**ア**　C…**エ**　D…**オ**　(5)**30**

考え方　(4)(5)北の空に見える星は北極星を中心として反時計回りにほぼ1日で1周します。したがって，1時間には，360度÷24＝15度回転します。

3 (1)**半月（上げんの月）**　(2)**イ**　(3)**ウ**

(4)**午前0時（午後12時）**　(5)**イ**　(6)**オ**

(7)**イ，ウ，エ，ア，オ**

考え方　(2)月の動き方は太陽の動き方とにていて，東からのぼり，南の高いところを通り，西にしずみます。
(4)(5)満月の見える時こくと方位はだいたい決まっていて，満月の出は午後6時ごろです。月が同じ位置に見える時こくを前の日とくらべると，およそ50分おそくなるため，満月の次の日の月が地平線からのぼる時こくは，およそ午後6時50分です。最も近いものを選ぶと，午後7時になります。

思考力トレーニング　理科❸　70ページ

イ

4 空気や水のせいしつ　71ページ

1 (1)**下に下がる。**　(2)**もとにもどる。**

(3)**おし下げられない。**

(4)**空気はおしちぢめられるが，水はおしちぢめられない。**

参考　空気は，おされると体積が小さくなり，そのとき，もとにもどろうとする力が生まれます。また，おされて体積が小さくなるほど，もとにもどろうとする力は大きくなります。水はおしちぢめることができません。

2 (1)①**空気**　②**空気**　③**ちぢむ**

④**体積（大きさ，かさ）**

(2)①**長くする。**　②**速くおす。**

(3)ちがい…**Bのほうがよく飛ぶ。**

理由…**Bはおしちぢめられた空気が前玉だけに力を加えるが，Aでは前玉と中玉と水に**

力を加えることになるから。

3 (1)ガラス管の中をのぼっていく。（ガラス管の先からふき出す。）

(2)ゴム風船の中の空気がフラスコの中の水をおしたから。

考え方 ゴム風船の中の空気がフラスコの中におし出されると，フラスコの中の空気の体積がふえ，空気が水をおすようになります。おされた水は，ガラス管の中をのぼり，その先から外へ出ます。

思考力トレーニング 理科❹ 72ページ

ア

5 天気のようす，雨水のゆくえ 73ページ

1 (1)イ，エ (2)1.5m（1.2～1.5m）

(3)エ

参考 百葉箱は，外側を白くぬって日光を反しゃさせ，よろい戸にして風通しをよくしています。また，戸を開けたとき，直しゃ日光が入らないように戸は北向きになっています。風通しのよい，しばふのしかれた場所に，高さ1.5mくらいのところに温度計の球部がくるようにつくられています。

2 (1)ⓐ太陽の高さ ⓑ地面の温度 ⓒ気温

(2)太陽が地面をあたため，あたためられた地面によって空気があたためられるから。

3 ⓐ雨 ⓑくもり ⓒ晴れ

考え方 晴れの日は，太陽の光がよくあたるため，昼すぎにかけて気温が大きく上がります。また，明け方にかけて気温が大きく下がり，1日の気温の変化が大きくなります。

4 (1)ア (2)イ

(3)アのほうがイよりもつぶが小さく，水が通りにくかったから。

参考 土のほうがすなよりもつぶが小さいので，水がしみこみにくいです。そのため，雨がふったとき，土のほうがすなよりも水たまりができやすいです。

思考力トレーニング 理科❺ 74ページ

①エ ②オ ③ウ ④イ ⑤ア

理由…地球上の水がじょう発して雲となるから。

6 もののあたたまり方と体積 75ページ

1 (1)② (2)ウ，イ，ア (3)①

2 (1)大きくなる。 (2)大きくなる。

参考 金ぞくは温度が変わると，その体積がふえたり，へったりします。

3 (1)ほぼ同じ。

(2)ウ，イ，ア (3)ア

4 (1)①水 ②水じょう気

(2)③水じょう気 ④じょう発

(3)⑤100 ⑥上がらない（変わらない）

(4)⑦0

(5)⑧小さい ⑨大きくなる

(6)⑩1700

参考 (3)～(5)水は，100℃でふっとうし，0℃でこおり（とけ）始めます。同じ重さの水でくらべると，4℃のとき体積が最も小さくなります。

(6)18 g の水の体積は18 cm³になります。30600÷18＝1700〔倍〕

思考力トレーニング 理科❻ 76ページ

ウ

理由…あたためられて，ピンポン玉の中の空気の体積が大きくなるから。

7 からだのつくりと運動 77ページ

1 (1)200

(2)からだをささえる。のうや内ぞうを守る。

(3)きん肉

2 (1)Ⅲ (2)曲げる場合…イ のばす場合…ウ

(3)なまえ…けん

役わり…きん肉をしっかりほねにつなげる。

(4)関節 (5)なんこつ (6)B

参考 (2)うでを曲げたり，のばしたりする動きができるのは，AとBのきん肉が交ごにゆるんだりちぢんだりしているからです。自分のうでを曲げて，AとBのきん肉にふれてみるとよくわかります。

(6)物をおすときは，うでの外側のきん肉をおもに使い，物を引くときは，うでの内側のきん肉をおもに使います。

3 (1)きん肉 (2)ウ (3)ほねがないから。

参考 きん肉にはからだを動かすはたらき，ほねにはからだをささえるはたらきがあります。ヒトやウサギは，からだの中にほねがあり，からだをささえていますが，セミはからだの外側にかたいからがあり，これでからだをささえています。ナメクジはきん肉があるため動きますが，からだをささえるほねやからがありません。

思考力トレーニング 理科❼ 78ページ

ア，エ

8 仕上げテスト 79ページ

1 (1)エ，イ，ウ (2)①ア ②ウ ③イ

2 (1)直列つなぎ (2)ア (3)ア (4)ア

(5)モーターがはやく回転するほど，かん電池の弱

まり方が大きい。

参考 (1)～(3)かん電池を直列につなぐと，へい列につないだときよりも，大きい電流が流れ，モーターがはやく回転します。(4)(5)へい列つなぎになっているイのほうが，直列つなぎになっているアよりも，流れる電流が小さいのでモーターが回転するはやさはおそいですが，かん電池が長持ちするのでモーターが回転する時間は長いです。

3 (1)**ア…東　イ…南　ウ…西**
(2)**午前0時（午後12時）** (3)**D**
(4)①**50（51）** ②**おそく**

考え方 (3)満月は，真夜中の午前0時に南の空高くに上がります。月の動き方は太陽の動き方ににています。
(4)上げんの月が南の空高くに上がって見えるのが午後6時ごろで，その7日後，満月が南の空高くに上がって見えるのは午前0時ごろです。よって，同じ位置に月が見える時こくは，7日間で12－6＝6（時間）おそくなることがわかります。6時間＝60分×6＝360分なので，1日たつとおそくなる時間は，360÷7＝51.4（分）

4 (1)**100** (2)**ふっとう** (3)**水じょう気**

思考力トレーニング　理科⑧　80ページ

まず，温度計を氷水に入れて，0℃の目もりをつける。次に，ふっとうした湯につけて，100℃の目もりをつける。この2つの目もりの間をものさしを使って10等分して，10～90℃の目もりをつける。

社会

1 都道府県のようす　81ページ

1 (1)①西…**山形県** ②南…**福島県** (2)**奥羽山脈**
(3)**仙台平野** (4)**阿武隈高地** (5)③・④**に○**

2 (1)**北海道** (2)**秋田県** (3)**栃木県** (4)**沖縄県**

思考力トレーニング　社会①　82ページ

宮崎県

考え方 宮崎県は九州地方，高知県は中国・四国地方にあり，海をへだててはなれています。

2 地図に親しむ　83ページ

1 (1)**240m** (2)**60m** (3)**寺** (4)**等高線** (5)②**に○**
(6)①**に○**

参考 縮尺5万分の1の地図では，2cmが1000mです。2万5千分の1では，4cmが1000mです。

2 **2(cm)×25000＝50000(cm)**
50000cm＝500m　より500m

3 ①**縮尺** ②**20万分の1** ③**北** ④**等高線**

参考 等高線とは，海面を0mとし，海面から同じ高さのところをむすんだ線のことです。土地の高低がわかるだけでなく，等高線のかんかくが広いところは斜面がゆるやか，せまいと急であるとわかります。また，山頂から見て，等高線が外に出ているときは「尾根」，反対に内がわにくぼんでいるときは「谷」を表します。

4 (1)**北東** (2)**東** (3)**南** (4)**南西** (5)**西** (6)**北西**

思考力トレーニング　社会②　84ページ

(1)**ア** (2)**ウ** (3)**イ** (4)**エ**

考え方 ①は鳥いの形をした地図記号なので，アの神社の絵。②の絵は工場なので，歯車の形をした地図記号のウ。③はゆう便局のマークから，地図記号のイ。④はしろの形をしているので，エのしろの絵を選びます。

3 水とくらし　85ページ

1 (1)**じょうすい場** (2)①**ウ** ②**イ** ③**エ** ④**ア**

参考 じょうすい場はちんでん池などのいくつものしせつをとおり，すなやどろをしずめ，水をこして小さなごみをとります。最後に塩素という薬を入れて消毒し，飲める水にしています。今は，高度なじょうすいしょりを行い，より安全でおいしい水をつくっています。

2 (1)…× (2)…○ (3)…× (4)…○

考え方 グラフ（表）には，必ず何を表しているのか，何年に調べたものかが書いてあります。このグラフの場合は，2018年に奈良市企業局が調べた「市の給水人口と水道給水量のうつりかわり」です。
グラフ（表）を読みとるときは，たて・よこじくの数字，単位をしっかり見て，ひと目もりがいくつかを読みとるようにします。このグラフでは，たてじくは右と左で単位がちがいます。人口と量で単位をまちがえないようにしましょう。給水人口とは，水道を利用している人口のことで，このグラフの場合，たてじくは左のほうで読みとります。

3 (1)**イ** (2)**キ** (3)**オ** (4)**エ**

思考力トレーニング　社会③　86ページ

エ

考え方　エの左がわは，ヒントに県庁所在地が横浜市とあるので神奈川県。右は新潟県。神奈川県の人口は，東京都について都道府県２位（2018年現在）なので，左にかたむいているのが正しい。なお，新潟県の人口は15位（2018年現在）。

4 ごみとくらし　87ページ

1 (1)①に○

参考　「リサイクル」とは，使い終わったものや使えなくなったものをもう一度使えるようにしたり，別のものにつくりかえたりすることです。

(2)パッカー車（ごみ収集車，収集車）
(3)うめ立てしょぶん場
(4)②に○　(5)あ…ウ　い…ア

2 (1)…×　(2)…○　(3)…○

3 (1)・(3)に○

参考　ごみの種類を整理すると，
もえるごみ：生ごみ・紙・プラスチック
もえないごみ：金属・ガラス・せともの
大きな（そ大）ごみ：家具・ふとん
しげん（リサイクル）ごみ→再生すると，
びん→新しいびん
かん→新しいかんや鉄製品
ペットボトル→服などの製品
トレイ→トレイや植木ばち
新聞紙・紙パック→再生紙

思考力トレーニング　社会④　88ページ

兵庫県

考え方　どの道筋でもかならず通る県は，北も南も海にせっしている県になります。本州であてはまるのは兵庫県です。

5 自然さい害から人々を守る　89ページ

1 (1)イ　(2)エ　(3)ア　(4)ウ

参考　2011年におこった東日本大しんさいでは，つなみにより大きなひ害が出て，福島第１原子力発電所の事こにもつながりました。

2 (1)ふん火　(2)台風
(3)たつまき（とっ風，つむじ風）

3 (1)ウ　(2)ア　(3)エ　(4)イ

参考　地いきによって，ひなんの場所やしかたはちがいます。自分の学校や住んでいる地いきのひなんのしかたもかくにんしましょう。

思考力トレーニング　社会⑤　90ページ

	②こ	う	え	ん
	う			
	ず		③ぼ	た
①た	い	ふ	う	
か			④さ	く

考え方　空らんに合うことばをわかるところから順番にうめていきましょう。

6 昔から伝わる行事，きょう土を開く　91ページ

1 (1)坂本養川　(2)大河原用水　(3)1762年
(4)15本　(5)①1785年　②滝之湯用水

考え方　人物年表は，人物の動き，できごとに注目して読みとり，人物とできごとの関連に着目しましょう。

2 (1)①イ　②オ　③カ　(2)①キ　②ク

3 (1)エ　(2)イ　(3)ア　(4)ウ

思考力トレーニング　社会⑥　92ページ

(1)七夕　(2)たん午の節く（子どもの日）　(3)正月

考え方　(3)３つのことばから連想される年中行事を考えてみましょう。

7 県内の特色ある地いき　93ページ

1 (1)オ　大阪府
(2)ウ　滋賀県
(3)カ　広島県
(4)ア　北海道
(5)イ　東京都
(6)エ　奈良県

2 (1)エ　(2)オ　(3)ウ　(4)イ

思考力トレーニング　社会⑦　94ページ

(1)

山	形
口	

(2)

	高
愛	知
媛	

(3)

		徳
	福	島
静	岡	

(4)

		石
神	奈	川
	良	

8 仕上げテスト
95ページ

1 (1)3日 (2)生ごみ，紙くず，あきかん，ざっし・新聞
(3)水曜日 (4)トレイ (5)②に○

2 (1)ウ (2)ア (3)イ (4)エ

3 (1)キ (2)オ (3)ク (4)ア (5)エ (6)イ

参考 伝統(でんとう)工業は，原料(げんりょう)や土地（気候(きこう)）の条件(じょうけん)をいかして，昔からの技術(ぎじゅつ)を使って，製品(せいひん)をつくる工業です。製品には，織物(おりもの)，焼(や)き物，ぬり物，そめ物，和紙などの身のまわりの日用品が多くあります。自分の県の伝統工業は，覚(おぼ)えておきましょう。

思考力トレーニング 社会8
96ページ

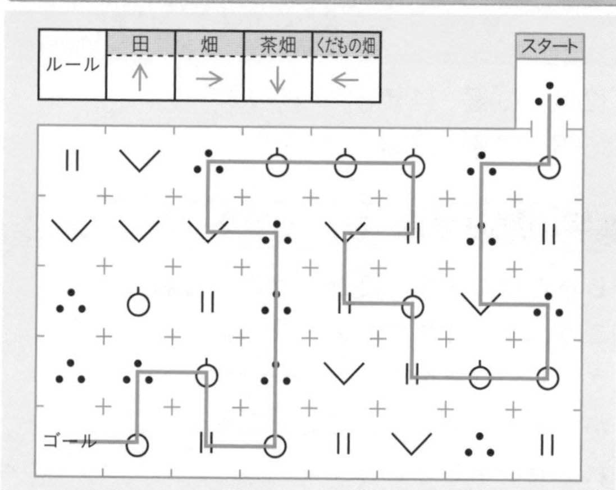

考え方 田はⅡ，畑は∨，茶畑は∴，くだもの畑は○の地図記号である。

英語

1 アルファベットのふく習
97ページ

2 (1) FGHI
(2) QRST
(3) klmn
(4) vwxy

注意 (1)(2)大文字は1番目から3番目までの線を使って書きます。

3

スタート	D-b	M-m	L-l	Q-q
B-b	E-e	G-g	A-o	D-d
I-l	V-u	N-m	J-j	F-f
H-k	B-q	E-a	R-r	J-i
T-t	I-i	G-e	Y-y	ゴール

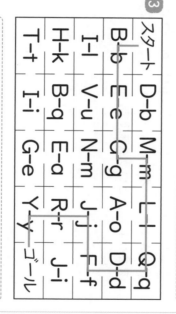

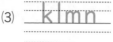

注意 B-b, D-d, I-i, J-j, L-l, P-p, Q-q の組み合わせは，まちがえやすいので注意しましょう。

思考力トレーニング 英語1
98ページ

(1)

[③] [②] [④] [①]

(2)

[④] [②] [①] [③]

2 曜日・数字
99ページ

3 (1) ウ (2) イ (3) ア (4) ア

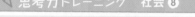

考え方 (1)〜(3)How many 〜？は数をたずねる言い方です。
(1)How many rabbits?「ウサギは何びきですか。」—Four.「4ひきです。」
(2)How many pens?「ペンは何本ですか。」—Nine.「9本です。」
(3)How many apples?「りんごはいくつですか。」—Five.「5つです。」
(4)What day is it?「何曜日ですか。」—It's Saturday.「土曜日です。」

思考力トレーニング 英語2
100ページ

(1) ア (2) ア

考え方 (1)I play baseball today. What day is it today?は「わたしはきょう，野球をします。きょうは何曜日ですか。」という意味です。絵から，火曜日に野球をすることが分かります。It's Tuesday.「火曜日です。」と答えます。
(2)I like oranges. How many oranges?「ぼくはオレンジが好(す)きです。オレンジはいくつですか。」という意味です。絵から，オレンジは5つあることが分かります。Five.「5つです。」と答えます。

3 好きなもの・ほしいもの
101ページ

2 (1) ウ (2) ア (3) エ (4) イ

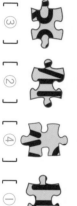

考え方 好きなものやほしいものをたずねるときは，

Whatで文を始めます。

(1)What sport do you like?「あなたは何のスポーツが好きですか。」—I like tennis.「わたしはテニスが好きです。」

(2)What food do you like?「あなたは何の食べ物が好きですか。」—I like pizza.「わたしはピザが好きです。」

(3)What color do you like?「あなたは何色が好きですか。」—I like red.「わたしは赤色が好きです。」

(4)What do you want?「あなたは何がほしいですか。」—I want a pen.「ぼくはペンがほしいです。」

思考力トレーニング　英語 3　102ページ

(1) **ウ**　(2) **エ**　(3) **ア**　(4) **イ**

考え方　好きなものを言うときは，I like ～.，ほしいものを言うときは，I want ～.を使います。

(1)I like lions.「ぼくはライオンが好きです。」

(2)I like tomatoes.「わたしはトマトが好きです。」

(3)I want milk.「ぼくは牛乳(ぎゅうにゅう)がほしいです。」

(4)I want a rabbit.「わたしはウサギがほしいです。」

4 わたしの1日　103ページ

2 (1) get

(2) wash

(3) have

(4) do

(5) go

考え方　(1)「起きる」はget up,

(2)「顔をあらう」はwash my face,

(3)「昼食を食べる」はhave lunch,

(4)「宿題をする」はdo my homework,

(5)「ねる」はgo to bedで表します。

思考力トレーニング　英語 4　104ページ

(1) **エ**　(2) **イ**　(3) **ア**　(4) **オ**　(5) **ウ**

考え方　それぞれの絵を見て，何をしているのかを考えます。□の中の英文(えいぶん)は，**ア** I leave home.「わたしは家を出ます。」，**イ** I wash my face.「わたしは顔をあらいます。」，**ウ** I take a bath.「わたしはおふろに入ります。」，**エ** I get up.「わたしは起きます。」，**オ** I have lunch.「わたしは昼食を食べます。」という意味です。

国語

1 漢字の読み書き ①　105ページ

1 (1)うてん・あまど　(2)お・ろうじん
(3)ちゃくりく・つ　(4)しあわ・さいわ
(5)まんてん・み　(6)よ・かいりょう
(7)た・けん　(8)はんせい・はぶ

2 (1)必ず　(2)求める　(3)試みる

3 (1)手芸　(2)実験　(3)約束　(4)努力　(5)記念
(6)散歩　(7)動機　(8)直径　(9)残量　(10)案内
(11)健康　(12)速達　(13)結果　(14)印刷

4 (1)覚・冷　(2)初・始　(3)付・着　(4)成・鳴

思考力トレーニング　国語 1　106ページ

(1)塩　(2)競　(3)置　(4)焼
(5)結　(6)器　(7)察　(8)協

2 漢字の読み書き ②　107ページ

1 (1)じゅんばん・す　(2)びょうき・なお
(3)こうぶつ　(4)たてもの・まわ
(5)さくじつ（きのう）・せきせつ
(6)がいとう・て　(7)いぜん・あた
(8)れいせい・こうどう

2 (1)養う　(2)伝える　(3)争う　(4)最も
(5)笑う　(6)選ぶ

注意　送りがなを覚(おぼ)えることは，読み方を覚えることにつながります。

3 (1)特別・料理　(2)飛行機・便利
(3)無事・願　(4)出産・季節
(5)熱帯魚・種類

4 (1)望む　(2)香る　(3)加える　(4)借りる
(5)栄える　(6)働く　(7)改める

思考力トレーニング　国語②　108ページ

(1)席　(2)失　(3)料

3 漢字の読み書き ③　109ページ

1 (1)関係　(2)副業　(3)鏡台　(4)訓練　(5)希望
(6)新芽　(7)目標　(8)貨物船　(9)南極　(10)各自
(11)気候　(12)位置

2 (1)あ　(2)あさ　(3)は　(4)わ　(5)とな

3 (1)覚える　(2)努める　(3)失う　(4)戦う
(5)固める　(6)静かだ

4 (1)ともだち・たっせい
(2)きょうそう・けいば　(3)つ・つら
(4)はじ・はつゆき　(5)ぎょぎょう・たいりょう

注意　同じ漢字でもいろいろな読み方をするものがあります。正しく使えるようにしっかり覚(おぼ)えましょう。

思考力トレーニング　国語③　110ページ

参加賞

結	果	位	置	辞
加	健	倉	賞	書
命	康	庫	合	唱
中	参	予	定	薬
熱	心	調	子	品

4 部首と画数　111ページ

1 (1)王・おうへん　(2)彳・ぎょうにんべん
(3)牛・うしへん　(4)广・まだれ
(5)車・くるまへん　(6)門・もんがまえ
(7)阝・こざとへん　(8)艹・くさかんむり
(9)攵・のぶん　(10)食・しょくへん

2 例(1)読・話・語　(2)算・第・答

(3)積・秋・種　(4)雲・雪・電　(5)寒・実・察

注意　同じ部分があっても，「空」がうかんむりではなく，あなかんむりであるように，部首がちがうものがあるのでまちがえないようにしましょう。

3 (1)5　(2)18　(3)12　(4)7　(5)8　(6)11
(7)12　(8)10　(9)9　(10)12

4 (1)7　(2)9　(3)9　(4)11　(5)4　(6)1
(7)14　(8)3

5 求・努（順不同(じゅんふどう)）

注意　筆順を正しく覚えると画数も覚えられて正しい形の字が書けるようになるので，しっかり覚えましょう。

思考力トレーニング　国語④　112ページ

M

共	包	希	民	仲
成	老	辺	灯	争
印	努	羊	低	伝
各	必	令	以	好
兆	完	改	別	衣

5 漢字辞典の使い方　113ページ

1 (1)
まったく知らない漢字のとき
読み方を知っているとき
どこが部首かわかるとき

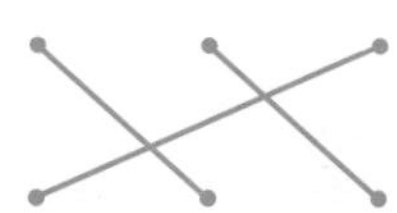

音訓(おんくん)さくいん
部首さくいん
総画(そうかく)さくいん

(2)①にんべん・2・7
②れんが（れっか）・4・12
③おおがい・9・19
④こざとへん・3・12
⑤まだれ・3・11

2 (1)6　(2)10　(3)8　(4)12　(5)6

3 (1)イ・うかんむり
(2)イ・くち
(3)イ・にんべん
(4)ア・まだれ
(5)ア・かたな
(6)イ・れんが（れっか）

4 (1)包　(2)飯　(3)鏡
(4)旗（機）　(5)城　(6)散

思考力トレーニング　国語⑤　114ページ

(1)達　(2)場　(3)機

6 慣用句　115ページ

1
(1)羽を　(2)われを　(3)気を　(4)ごまを　(5)しっぽを　(6)お茶を　(7)くぎを　(8)なみだを

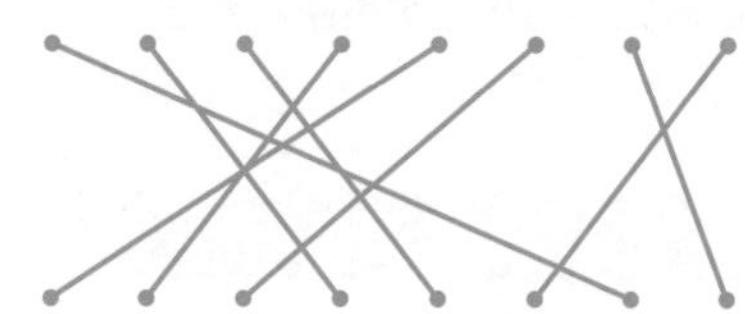

わすれる　のむ　のばす　にごす　さす　配る　つかむ　する

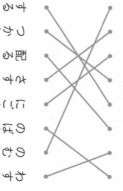

2 (1)耳　(2)頭　(3)手　(4)目
(5)首　(6)口
(7)うで　(8)へそ

3 (1)ウ　(2)イ　(3)オ　(4)エ　(5)ア

4 (1)イ　(2)エ　(3)ウ　(4)ア

注意　慣用句(かんようく)は決まった言い方です。意味とあわせてしっかり覚えておきましょう。

思考力トレーニング　国語⑥　116ページ

						(1)か	た
					(2)あ	わ	
				(3)さ	じ		
		(4)あ	ぶ	ら			
		た					
(5)く	る	ま					

注意　慣用句(かんようく)は文の形にして意味を覚(おぼ)えて，使えるようにしましょう。

7 文と文をつなぐ言葉　117ページ

1 (1)**エ**　(2)**オ**　(3)**イ**　(4)**ア**　(5)**ウ**

2 (1)**×**　(2)**○**　(3)**×**　(4)**○**

3 ㋐**ア**　㋑**エ**　㋒**オ**　㋓**ウ**　㋔**イ**

考え方　前後の文の内ようが通るかどうかをたしかめながら考えます。

思考力トレーニング　国語⑦　118ページ

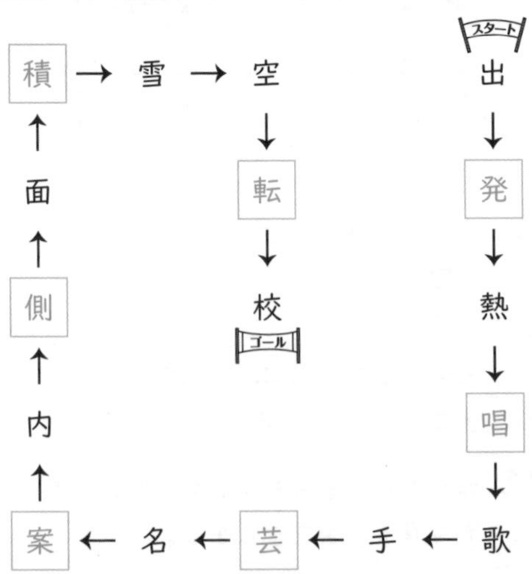

8 熟語の意味を考える　119ページ

1 学校・青葉・祝日・行動・手芸・目印（順不同(じゅんふどう)）

2 (1)身体・寒冷・倉庫

(2)高低・明暗・苦楽

(3)最古・残飯・急病・清流

考え方　熟語(じゅくご)の意味を考えるときは，それぞれの漢字がもつ意味を考えるとわかりやすいです。

3 (1)加　(2)満（読）　(3)事　(4)説（言）　(5)要

4 (1)一・千　(2)四・八

(3)一・二　(4)二・三

(5)一・一　(6)百・百

注意　四字熟語は，漢字や読み方に加(くわ)えて意味や正しい使い方もしっかり覚え，使えるようにしましょう。

思考力トレーニング　国語⑧　120ページ

(1)食	堂		(2)小	説	(3)家
塩			麦		庭
(4)水	温	(5)計			科
		(6)算	数	(7)教	室
(8)卒	業	式		科	
園			(9)図	書	館

9 多義語　121ページ

1 (1)**エ**　(2)**ウ**　(3)**イ**　(4)**ア**　(5)**オ**

2 (1)**ウ**　(2)**イ**　(3)**ア**

3 (1)**ア**　(2)**イ**　(3)**イ**

4 (1)①**イ**　②**ア**　(2)①**イ**　②**ウ**

注意　同じ音をもつ言葉にもいろいろな意味があり，使い方もちがいます。前後の関係(かんけい)をみて言葉の意味を読み取るようにしましょう。

思考力トレーニング　国語⑨　122ページ

(1)**かける**　(2)**出る**　(3)**立つ**

注意　「かけている」「かけた」など形がちがっていてもかまいません。

10 同音異義語・同訓異字　123ページ

1 (1)会・合　(2)速・早　(3)変・代　(4)着・切

(5)重・思　(6)成果・生花　(7)会心・改心

(8)関心・感心　(9)機械・機会　(10)以外・意外

2 (1)汽・気　(2)世・夜　(3)始・初

3 (1)○・鳴　(2)開・帰　(3)○・話

注意　同じ訓(くん)や音でも意味がちがうので，使い分けられるようにしましょう。

思考力トレーニング　国語⑩　124ページ

典	愛	印	包	努	冷	億
給	管	器	共	銀	業	功
信	感	短	加	協	兆	灯
物	辞	神	児	写	電	夫
養	量	席	照	暗	連	度
浴	放	無	族	然	炭	親
童	貴	陽	治	果	有	成

11 チャレンジテスト 1　125ページ

1 **ア→エ→イ→ウ**

考え方　文の内ようをよく読んで，どのようにつながっているかを考えます。

2 (1)**エ**　(2)**ア**

3 (1)**ウ**　(2)**ア**

注意　「星」の部首は「日」，「間」の部首は「口」なのでまちがえないようにしましょう。

4 (1)耳　(2)鼻　(3)手　(4)目　(5)口　(6)足

> 注意　慣用句には体の一部を使ったもの，数字を使ったものなど，さまざまです。意味といっしょに覚えましょう。

5 (1)愛　(2)国旗　(3)議題　(4)変化　(5)信用
(6)楽器　(7)英語　(8)完結　(9)季節　(10)投票

6 例 **これは，楽しんで，勉強もできる，一石二鳥のゲームだ。**

思考力トレーニング　国語⑪　126ページ

身体・道路・寒冷・倉庫・戦争・願望（順不同）
（残った漢字でできる熟語）五大陸

12 段落に気をつけて読む　127ページ

1 (1)**イ**
考え方「だろう」につながる言葉を考えます。
(2)（第一段落）**なかった**
（第二段落）**たそうだ**
（第三段落）**たものだ**
考え方　内ようのまとまりに注意して段落に分けていきます。
(3)**約六百年前**
(4)（だれ）**伊藤若冲**　（いつ）**三百年ほど前**
(5)**ア**　(6)**ウ**

思考力トレーニング　国語⑫　128ページ

13 説明文を読む ①　129ページ

1 (1)**ア**　(2)例 **秋にとれた野菜を土の中に入れてたくわえること。**
(3)**イ**
(4)例 **あまい（。）・みずみずしい（。）**

2 ア×　イ×　ウ○

思考力トレーニング　国語⑬　130ページ

高低・東西・動静・集散・長短・勝負・自他（順不同）
（残った漢字でできる四字熟語）完全無欠

14 説明文を読む ②　131ページ

1 (1)例 **おなかがすいたときに，グーグー鳴ること。**
(2)例 **おなかがすいたとき。**
(3)**ア**　(4)**はらの虫がおさまらない・はらの虫のいどころが悪い**

2 (1)（**空をおおった**）**あつい雲**
(2)**あつい雲の上のほう**
(3)**かみなり**
考え方　指示語が指す言葉や文は，ほとんどの場合，その指示語のすぐ前にあります。
このことを頭において，おおよその見当をつけ，その後，細かい部分に気をつけながらきちんととらえるようにしましょう。

思考力トレーニング　国語⑭　132ページ

（二十画以上の熟語）かんさつ・しゅるい・がんぼう・じゅうりょう・けっか・ぶじ
（考えた二十画以上の熟語）例 競走
（三画の熟語）例 一人
考え方　四年生までに習う漢字のなかで一画のものは「一」のみ，二画は「入・十・二・力・刀」など10こあります。「議」「競」は一字で二十画です。

15 説明文を読む ③　133ページ

1 (1)㋐**ウ**　㋑**ア**　㋒**イ**
(2)**ウ**　(3)**⑨**　(4)**⑧**
(5)例 **明日こそひのきになろうという意味。**
考え方 (4)「からです」と理由を表す言葉に着目して考えます。

思考力トレーニング　国語⑮　134ページ

天然記念物

16 説明文を読む ④　135ページ

1 (1)㋐**イ**　㋑**ウ**
(2)（**海岸の**）**がけ**
(3)（海岸）**水鳥**　（まち）**ハトやスズメ**
(4)**イ**
(5)例 **すばやく目的の岩石をとってくるところがハヤブサににているから。**
(6)例 **これはまさにわたしがほしかった物です。**
考え方「まさに〜だ」や「まったく〜ない」「あたかも〜のような」など，決まったかたちで覚えると，言葉の使い方の練習になります。

思考力トレーニング　国語⑯　136ページ

(1)**エ**　(2)**カ**　(3)**ア**　(4)**キ**　(5)**イ**　(6)**ク**　(7)**コ**　(8)**ウ**
（熟語）節約

17 チャレンジテスト 2　137ページ

1 (1)**ウ**
(2)**春までの長い間，何も食べずにすごすことができる**
(3)**イ**

2 (1)①×　②○　③○　④○　⑤×
(2)例 **中国から漢字が伝わったこと。**

思考力トレーニング　国語⑰　138ページ

徒歩・節目・訓練・児童・追加・目的（順不同，このうち5つ）

18 物語を読む ①　139ページ

1 (1)㋐ウ　㋑オ　㋒ア　㋓イ　㋔エ
(2)アフリカ・おじさん
(3)緑の森・暗い夜の空
(4)シマウマのしっぽが入っていたほうがうれしい。
(5)ウ　(6)①イ　②ア

思考力トレーニング　国語⑱　140ページ

(1)案　(2)必　(3)類　(4)庫　(5)信

19 物語を読む ②　141ページ

1 (1)㋐ア　㋑イ　㋒エ　㋓ウ
(2)例 ごんが，兵十のうちのうら口から，こっそり中へ入ったとき。
(3)例 うなぎをぬすむいたずら。
(4)例 兵十にくりをあげるため。
(5)例 いつもくりをくれていたごんを，じゅうでうってしまったから。
考え方 兵十が，ごんがくりをくれたのに気づいたことをつかみましょう。

思考力トレーニング　国語⑲　142ページ

(1)エ　(2)カ　(3)ア　(4)ク　(5)イ　(6)オ　(7)ウ　(8)キ

20 物語を読む ③　143ページ

1 (1)お父さん　(2)イ
(3)おじいちゃん　(4)イ
(5)息をしてい　(6)夜，みんな
考え方 登場人物の気持ちが表れている文に線を引いて，おさえておきましょう。

思考力トレーニング　国語⑳　144ページ

(1)加　(2)課　(3)飯　(4)英　(5)景　(6)陸　(7)億　(8)喜

21 物語を読む ④　145ページ

1 (1)㋐ウ　㋑イ
(2)例 遊びすぎて気がつくと，もう夕ぐれだったから。　(3)イ
(4)例 三日月の光か，星の光のような明るさ。
(5)例 まどには雨戸がしめてあり，光がさしこむはずがないのに部屋が明るいから。

思考力トレーニング　国語㉑　146ページ

単刀直入・意気投合

22 伝記を読む　147ページ

1 (1)㋐ウ　㋑イ　(2)①ア　②イ
考え方 よく耳にする慣用句は，意味を調べて覚えておきましょう。文章の読み取りに役立ちます。
(3)一八五二・熊本・古い家がら・武士・軍人・オランダ語・（熊本の）医学所

思考力トレーニング　国語㉒　148ページ

(1)ウ・交　(2)キ・完　(3)ア・会　(4)オ・発
(5)イ・節　(6)カ・軍　(7)エ・巣

23 チャレンジテスト 3　149ページ

1 (1)次の日
考え方 自転車がなくなった日と，次の日のことが書かれています。時間や場所を表す言葉に注意して読みましょう。
(2)例 自転車のかぎをかけないで（文ぼう具屋の前に）止めておいたから。
(3)手品みたい　(4)ア　(5)自転車をなくした

思考力トレーニング　国語㉓　150ページ

(1)始・好・姉
(2)固・回・国
(3)課・訓・議
(4)底・府・康

24 生活文を読む　151ページ

1 (1)日曜日
(2)ウ　(3)ア
(4)㋐イ　㋑ア
(5)着がえのシャツとタオル
(6)イ
(7)（学校の）運動場・体育館
(8)（いつ・何時）毎週土曜日・二時
（れんらく）おくれたり休んだりするとき。
(9)例 わたしたちは，明日はかならず八時十分までに登校しなければならない。

思考力トレーニング　国語㉔　152ページ

102

25 詩を読む ①　153ページ

1 (1)四（4）
考え方 「連」は詩のなかのまとまりのことです。行と行の間が空いているところで区切ります。
(2)かえるが（春になると）地上に出てくること。
(3)ほっ・ケルルン　クック
(4)①太陽　②地上に出たから。
(5)①かえる　②かぜ
(6)いぬのふぐりがさいている。

2 (1)ぼうや・お父さん
(2)広場　(3)白い息

思考力トレーニング　国語 ㉕　154ページ

黄緑（色）

考え方 漢字をあてはめると，「白旗（しろはた）をあげる」「しゅに交（まじ）われば赤くなる」「目を白黒させる」「しりが青い」「白羽の矢が立つ」となります。「黄」と「緑」が残（のこ）るので，それをまぜるとどんな色になるかを考えましょう。

26 詩を読む ②　155ページ

1 (1)**宇宙・銀河・地球・太陽・いきもの（たち）**
（順不同（じゅんふどう））
(2)**ア**　(3)**地球・いきもの（たち）**
(4)**だっこ（している。）**
(5)**あくびしたり　ねむったりしていた**
(6)**宇宙**　(7)**ふっくら**　(8)**エ**

思考力トレーニング　国語 ㉖　156ページ

以心伝心
（品種・苦労・研究・気温・牧場・南極・兵隊・大群）

27 作文の書き方 ①　157ページ

1

も	く	タ	き	っ		と		¬	見	す	ま	
止	が	ロ	で	し	ぼ	言	た	ず	て	。	す	ぼ
ま	止	ウ	す	ょ	く	い	ね	い	、	母	。	く
り	ま	も	。	に	は	ま	」。	ぶ		さ	名	は
ま	る	走	ぼ	遊	、	し		ん		ん	前	犬
す	と	り	く	ぶ	タ	た		大		が	は	を
。	、	ま	が	の	ロ	。		き		タ	タ	か
	タ	す	走	が	ウ			く		ロ	ロ	っ
	ロ	。	る	大	と			な		ウ	ウ	て
	ウ	ぼ	と、	す	い			っ		を	で	い

2 (1)**イ**　(2)**イ**　(3)**ア**　(4)**イ**　(5)**ア**　(6)**イ**
(7)**イ**　(8)**ア**　(9)**ア**　(10)**イ**

思考力トレーニング　国語 ㉗　158ページ

徒競走・一大事・音楽隊・決勝戦

夫	反	省	勝	大
人	音	種	目	徒
失	礼	戦	標	楽
一	必	要	決	信
隊	走	事	競	用

28 作文の書き方 ②　159ページ

1 (1)（右から）**4・5・1・3・2**
考え方 「それら」「そこ」という指ししめす言葉に注目しましょう。
(2)**エ**

2 例(1)**山田・女・高い**
(2)**京都・二階**
(3)**国語・算数**
考え方 自分の学校や学校生活をふり返って書きましょう。

3 (1)**わたしは，犬が大好きだし（が），ねこも大好きだ。**
(2)**ぼくは，しいたけがきらいだが（けれど，けれども），がんばって全部食べ切った。**

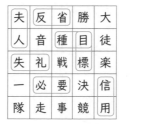

4 (1)例**天気があやしくなってきました。だから，遊ぶのをやめました。**
(2)例**山に登った。そして，景色を見下ろした。**

注意 文の終わりの「。」（句点）をわすれないようにしましょう。

5 (1)**わたしわ，短かい文をつずった。**
　　　　　は　い　づ
(2)**鳥が，ぴいぴいとさえづっている。**
　　　　　　　　　ず

思考力トレーニング　国語 ㉘　160ページ

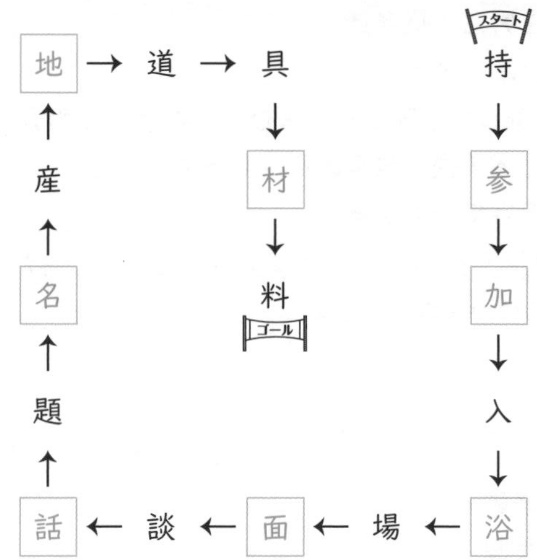

29 チャレンジテスト 4　161ページ

1 (1)**目**　(2)**（湯の面から出る）白い湯げ**
(3)**ただそ**

2 (1)第一連：（①～）③・第二連：④～⑨・第三連：⑩～⑪
(2)**⑥・⑦**　(3)**ウ**

思考力トレーニング　国語 ㉙　162ページ

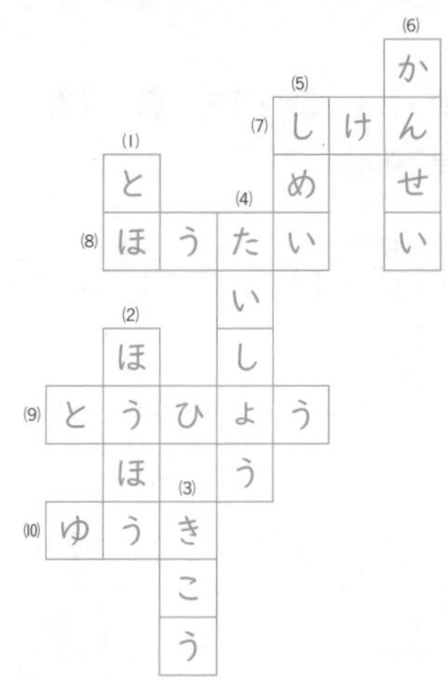

30 仕上げテスト ① 163ページ

1 (1)あ**方法**　い**最低**

(2)ア**エ**　イ**イ**　ウ**ア**

例(3)①**ねむることは休むことだという考え。**

②**じゅ業後，教室のそうじをすること。**

(4)**起きて～くする**

考え方「そうじ」や「ゴミ」がどんなことをたとえているのかを読み取りましょう。

(5)**ウ**

思考力トレーニング　国語 30　164ページ

(1)弱肉強食
(2)頭寒足熱
(3)先手必勝
(4)心機一転

31 仕上げテスト ② 165ページ

1 (1)あ不思議　い線路

(2)ア**イ**　イ**エ**

(3)①**ア**　④**カ**

(4)**停車場**

考え方 恭一(きょういち)が何を見ているのかを考えましょう。

(5)**とつぜ**

2 **徒・10，働・13，願・19，塩・13，料・10**（順不同(じゅんふどう)）

思考力トレーニング　国語 31　166ページ

指	名			
	人	生	観	
手	芸		察	知
記				事

32 仕上げテスト ③ 167ページ

1 (1)**「春の小川」（のメロディ）**

(2)**（わたしのほほの両側の）えくぼ**

(3)**オリンピック**

2 ①**そこ**　②**それら（これら）**

3

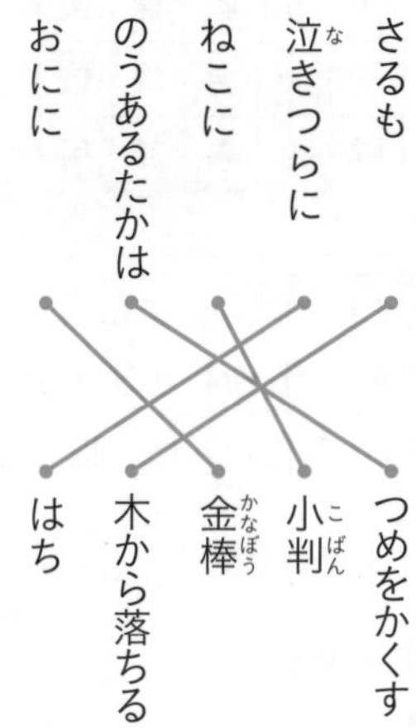

4 (1)**しんにょう（しんにゅう）**　(2)**さんずい**

(3)**てへん**　(4)**のぶん（ぼくづくり）**　(5)**くち**

5 (1)**エ**　(2)**ウ**

注意「たぶん～だろう」といった，あとに決まった表現(ひょうげん)をする言葉があります。正確(せいかく)に使えるようにしましょう。

思考力トレーニング　国語 32　168ページ

ケン（さん）

考え方 メモの要点は何かを考え，一つ一つの発言とメモを照(て)らし合わせましょう。それぞれに正しいところが一つとはかぎらないので，すべての内ようを読んで，そう合的にまとめましょう。

メモ